냉철한 머리보다
따뜻한
가슴으로 II

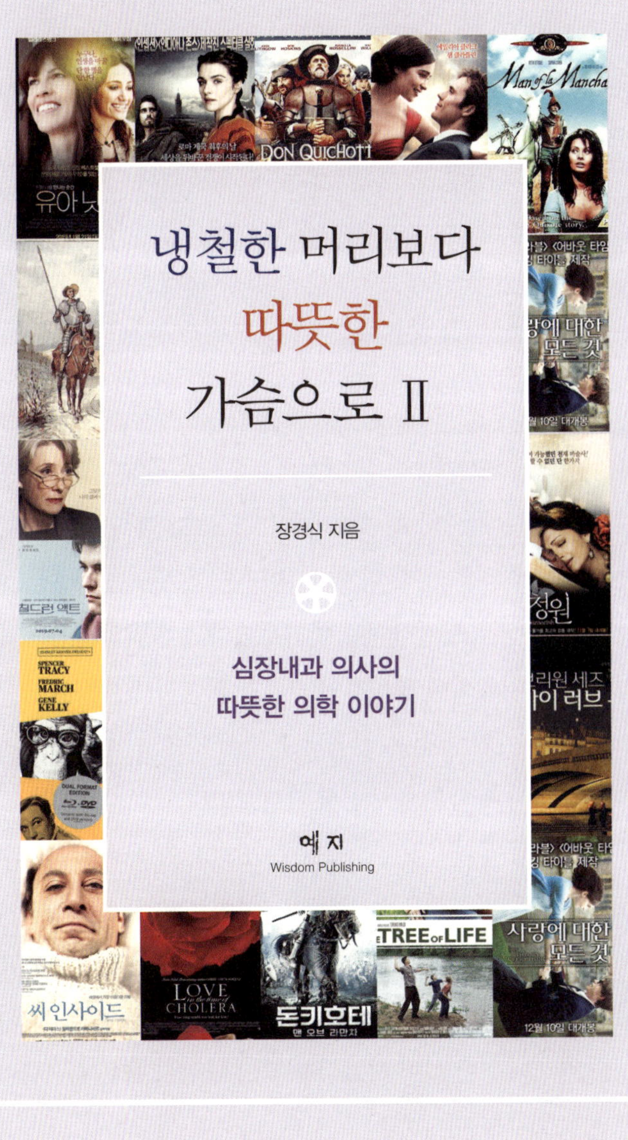

냉철한 머리보다 따뜻한 가슴으로 Ⅱ

장경식 지음

심장내과 의사의
따뜻한 의학 이야기

예지
Wisdom Publishing

선배, 동료, 후배 의사 선생님들께

이번 의료사태는 네 번째로, 파업이라고도 불린다. 저자는 두 번은 대학교수 직위였고, 한 번은 정년을 앞둔 노년 교수로, 이번에는 개원의 신분으로 사태를 바라보았다. 1차 의약분업 시작 전 파업 때는 궐기대회에 참석하여 구호를 외치기도 했지만 그 후엔 나이가 들어 가면서 젊은 선생님들 대신 병원을 지켰다. 이번에는 개원의로서 환자를 돌보면서 바라보았다.

개원의 모임에 나가 보면 이전과는 전혀 다른 분위기이고, 레지던트와 학생들의 주장을 잘 이해하지 못하는 것 같은 느낌도 들었다. 의사들은 개원의, 봉직의, 교수 등으로 나누어져 근무하고, 그마저 서로 경쟁을 벌이고 있다. 더구나 전공과목이 내과, 외과 등 수많은 과로 나뉘어 있어 서로의 이익이 다르기 때문에 단합이 잘 되고 한목소리를 내지 못하고 있다. 더욱이 의약분업 사태 이후 환자의 신뢰가 많이 떨어졌고, 인터넷, 소셜미디어의 발달 등으로 좋은 의료정보뿐만 아니라 조금 이상한 정보도 난무하고 있다. 의사가 많은 것 같지만 다른 의료인이나 약사보다 그 숫자가 적다. 그리고 많은 사람들이 의사를 의심의 눈초리로 바라보고 있다.

일본 드라마 「의룡」(시즌 2) 2화에는 다음과 같은 대사가 나온다.

"나쁜 것은 의료제도지. 당직과 휴일 출근으로 많은 의사들이 지쳐가고 늘 의료사고의 공포에 떨면서, 노동시간과 리스크에 걸맞다고는 말할 수 없는 급료밖에 받지 못하지. 의사의 헌신과 노력에 의해 겨우 지킬 수 있는 것이 우리 의료의 현 상태다. 사람들은 의사가 성인군자로 있어 주기를 바라지. 하지만 의사에게도 한계가 있어. 그럼에도 환자들은 안 좋은 매스컴의 영향으로 어리광만 부릴 대로 부리지."

2007년에 방송된 드라마지만 우리 의료 환경을 표현하고 있는 것 같다.

1960년대 미국 사회개혁가 솔 알린스키는 "있는 그대로의 세상과 우리가 원하는 세상에는 큰 차이가 있다."며 "머릿속 세상이 아닌, 있는 그대로의 세상으로 들어가서 잘못된 생각들을 하나씩 버려 나가야 한다."고 말했다. 그는 정당한 요구가 무자비한 폭력으로 진압당한 후 앞으로 어떻게 해야 하느냐는 학생들의 질문에 이렇게 답했다.

"첫째, 가서 통곡의 벽을 쌓고 너 자신을 위로하라. 둘째, 미쳐 버린 후에 폭탄 투척을 시작하라. 하지만 그 방법은 단지 사람들을 반대편으로 돌아서게 만들 뿐이다. 셋째, 교훈을 얻어라. 고향으로 가서 조직화하고, 힘을 모아서 다음 전당 대회에서는 너희 자신이 대의원이 되어라."

이 말을 깊이 생각해 보기를 우리 선배, 동료, 후배 의사들에게 부탁드린다. 환자들이 의사 편이라고 생각하지만 그렇지 않으며, 의사들은 혼자 잘난 맛에 살고 있어 우리 편이 별로 없다. 따라서 사회로 나가 봉사활동뿐만 아니라 시민단체 활동을 하며 정당에 가입하고 후원하여 의료체계를 홍보하는 것이 보다 좋은 해결방안이다.

로마제국 황제이자 철학자였던 마르쿠스 아우렐리우스는 "우리는 세상을 있는 그대로 보지 않고 우리의 의도대로 본다."고 말했다. 한편 경영학자 피터 드러커는 자신이 원하는 방식이 아니라 세상을 있는 그대로 바라볼 줄 아는 능력을 '지적 완전성 (intellectual integrity)'이라고 했다. 이 책을 보는 동료, 후배 선생님들이 우리 끼리끼리라는 어떤 울타리(에코 체임버, echo chamber)를 벗어나 조금 높은 곳에서 세상을 바라봤으면 한다. 인터넷 등을 통해 세상과 연결되고 많은 정보를 얻고 있다고 생각하지만 필터버블(filter bubble)이라 해서 우리가 원하는 정보만 걸러져서 제공되는 세상에서는 다른 사람들의 목소리가 들리지 않는다.

이 글을 읽는 선배, 동료, 후배 의사 선생님께 행운이 가득하고 항상 행복하게 지내시길 빈다.

아직도 숨조차 크게 쉬지 못하고 내 옆을 지켜주고 있는 아네스에게 사랑을 보낸다.

저자 장경식

차례

Ⅱ 따뜻한 의학 이야기

Ⅲ 살아가는 이야기와 죽음

1부

어쩌다 영화

인문학의 한 분야로서 영화의학교육[*]

'굿닥터 만들기' 프로젝트

Cinemeducation

의학교육에서 인문학의 목표는 좋은 의사를 양성하는 데 있다. 물론 좋은 의사(good doctor)를 정의하기는 쉽지 않다. 권상옥 원주의대 교수는 의료 인문학 교육이 추구하는 좋은 의사상은 인간적인 의사(humane doctor), 즉 환자를 깊이 이해할 뿐만 아니라 개성이나 가치관의 차이를 인정하고 윤리적인 문제를 해결할 수 있으며 의료 경험이나 지식을 비판할 수 있는 의사라고 정의하고, 이를 위해서는 문학 혹은 예술을 통해 정서적 감수성과 공감을 키우고 비판적 성찰 능력을 키우는 것이 필요하다고 하였다.

영화는 종합예술의 주요 분야로 시각과 청각을 주로 이용하는데 이는 의사가 환자를 직접 눈으로 보고 그들의 말을 귀로 듣는 과정과 비슷하다. 특히 영화의 감성적인 힘은 의학교육 과정에서 소홀히 하기 쉬운 부분인 공감과 자기성찰, 연민, 이타성, 전문성

[*] 위 원고는 류마티스학회에서 발행한 '류마인' 2024 봄호에 연재된 것을 일부 수정한 것이다.

을 가르치는 데 유용하게 사용될 수 있다.

이 글에서는 영화의학교육을 소개하면서 좋은 의사가 될 수 있는 인문학적 소양을 키우는 방법을 논의하고자 한다.

영화는 시청각을 모두 사용하기 때문에 기억에 오래 남을 수 있고, 아리스토텔레스의 카타르시스뿐만 아니라 브레히트의 생소화 효과를 통해 몰입과 비판적 시각을 기를 수 있다. 또한 환자의 말을 경청하고 공감하게 하는 소위 좋은 의사를 만드는 교육방법 중 하나다. 의학교육에서 영화 이용 방법은 의학관련 영화 혹은 다큐 등의 한 편 전체를 보거나 일부 장면을 같이 보고 그룹 토의를 거친 다음 발표하고 토론하는 과정으로 이루어진다. 같은 장소에서 영화를 보았다고 하더라고 느끼는 점은 각자 큰 차이가 있는데 이를 의료라는 틀에서 그룹 간 토론하고 전체 발표와 토론을 진행한다. 그 과정을 통해 개인이 느끼지 못했던 점을 배울 수 있고, 토론 과정에서 또 다른 공감과 성찰에 이를 수 있다.

영화의학교육에서 사용되는 영화는 「The Doctor」(1991), 「Wit」(2001), 「Patch Adams」(1999), 「Gifted Hands」(2009), 「Something The Lord Made」(2004), 「Concussion」(2015), 「The Death Of Mr. Lazarescu」(2008) 등이 있다. 최근에는 잘 만들어진 유튜브 등도 사용할 수 있지만 감독과 연출가, 작가 등의 공동체 협력으로 이루어진 영화나 다큐를 따라가지 못하는 경우가 많다.

인간의 고통은 육체적 고통뿐만 아니라 정신적, 사회적, 영성적 고통이 포함되어 있다. 그런데 의학에서는 육체적 고통만을 주로 다루며, 정신적(심리적) 고통도 정신의학과 등에서 그 일부만 다루고 있는 것이 사실이다. 물론 의료인이 정신적, 사회적, 영적 고통을 모두 치료할 수는 없으며, 사회복지사나 성직자의 도움이 필요할 수 있다. 그러나 환자의 고통을 들어 주고 이해하려고 노력한다면 그 노력만으로도 치유에 이를 수 있다.

'듣다'라는 한문에는 '들을 청(聽)'과 '들을 문(聞)'이 있는데 이는 영어의 listening과 hearing의 차이와 유사하다. 문(聞, hearing)은 물리적으로 듣는 것으로 내 의지와는 상관없이 단순히 들리는 소리를 듣는 것을 말하지만, 청(聽, listening)은 내가 관심을 가지고 대화나 강의 등 여러 상황에서 귀를 기울여 듣고 그 뜻을 이해하는 과정이다. 의료 행위에서 중요한 신체검진 중 하나이며 청진기를 사용하는 청진(聽診, auscultation)에서도 '들을 청'을 사용하고 있다. 한자를 풀이하는 것은 조금 복잡할 수 있지만 '들을 청'은 큰 귀를 열어놓고 — 이것만 보면 '들을 문'의 의미이지만 — 환자와 눈을 맞춘(eye contact) 뒤 잘 듣는 것이다. 물론 몸도 환자 쪽으로 약간 기울이면[경청(傾聽)] 좋다.

독일 아동문학가 미하엘 엔데의 집 앞에는 큰 귀를 들고 앉아 있는 모모의 동상이 있다. 엔데의 책 『모모』의 주인공 꼬마 모모가 가진 능력은 '귀를 기울여 듣는 일'이다. 모모는 그저 가만히 들어 주는 것만으로 사람들의 마음을 편안하게 만들었다. 그거야 별특별한 재간이 아니라고 생각할지 모르지만 들어 주는 것도 쉽지 않고, 다른 사람에게 골치 아픈 걱정거리를 거리낌 없이 얘기하기도 쉽지 않다. 모모는 단지 이야기를 경청함으로써 말하는 사람에게 기적을 일으켰다. 그저 들어 주기만 했지만 모모에게 이야기를 털어놓은 사람은 죄를 고백하기도 하고 스스로 해결책을 찾고 돌아갔다. 의료인이 정말 본받아야 할 부분이다.

들을 때 서로 눈을 맞추는 것도 중요한데 연구에 의하면 눈 맞춤만으로도 서로에 대한 호감도가 상승한다고 한다. 철학자 랠프 에머슨은 "사람의 눈은 혀만큼이나 많은 말을 한다."면서 "눈으로 하는 말은 시전이 없이도 전 세계 누구나 이해할 수 있다."고 하였다. 그래서 상대방 말에 귀를 기울일 때[聽] 그의 눈을 상대방 눈에 얼마나 잘 맞추는지, 즉 눈 맞춤을 얼마나 잘하는지가 중요하다.

경청은 4단계로 나눌 수 있다. 첫 단계는 배우자 경청(Spouse listening), 둘째 단계는 수동적 경청(Passive listening), 셋째 단계는 적극적 경청(Active listening), 넷째 단계는 맥락적 경청(Contextual listening)이다. 또한 첫 단계보다 낮은 '무시하기(들리지만 듣지 않는 것)'가 있는데 스티븐 코비는 이를 포함하여 경청을 5단계로 나누기도 하였다. 그러므로 '들을 청(聽)'은 맥락적 경청, 공감적 경청의 의미를 포함하는 것이다.

스즈키 히데코 수녀는 적극적 경청의 원칙을 설명했는데 "비판하지 않는다, 동정하지 않는다, 가르치려고 하지 않는다, 평가하지 않는다, 칭찬하지 않는다, 격려하지 않는다."라면서 "그럴 때 가장 좋은 것은 부드럽게 손을 잡고 곁에 앉아 들어 주는 것, 그리고 그 슬픔을 인정하고 이해하고 기도하는 것"이라고 하였다.

일본 의사 도쿠나가 스스무는 '귀신같이 귀가 밝아 절대 안 들릴 정도로 멀리서 작게 한 말도 다 듣는 귀'라는 의미의 일본어 '지옥 귀(地獄耳)'에 대응하여 '천국 귀'라는 개념을 소개하였다. 그는 "천국 귀, 괜찮은 것 같지 않은가? 남이 하는 말을 잘 듣는다는 것은 역시 힘든 일이다. 힘든 작업인 만큼 대단한 일이다. 듣기 위해서는 들을 귀를 가져야 한다. 들을 귀가 있는지 여부에 따라 그 환자에게 의지가 되기도 하고 격려를 주기도 하며 치유가 되기도 한다."고 하였다. 그의 책 『들꽃 진료소』 한국판 겉표지에는 "이런 의사 앞이라면 웃으며 죽을 수 있을 것 같다!"고 쓰여 있다.[1]

어떤 언동(言動)이 습관화해 연속된 습성 — 세상을 사는 방식과 태도, 타인과 나를 구별 짓는 취향 — 을 아비투스[Habitus, 아우라(Aura)]라고 하는데 좋은 습성일 경우 '덕성'이라고 하고, 나쁜 습성일 경우 '악습'이라고 한다. 때로 부자/거지 근성, 마마보이/파파걸 근성이라는 말을 할 때 이러한 근성도 아비투스에 해당한다. 학생에서 인턴, 전공의, 전문의, 원장(교수)으로 성장해 감에 따라 이 아비투스는 진보해 가며, 위로 올라갈수록 어떤 아우라, 즉 독특한 품위나 품격이 동반된다.

한편 시간이나 정보가 불충분하여 합리적인 판단을 할 수 없거나, 굳이 체계적이고 합리적인 판단을 할 필요가 없는 상황에서 신속하게 사용하는 어림짐작의 기술을 휴리스틱(Heuristic)이라 하는데 흔히 '통밥'이라고 하기도 한다. 이러한 통밥이 몸에 배어 버렸을 때 습관 히스테리시스(Habitus hysteresis, 돈키호테 효과)라고 한다. 즉 돈키호테가 안개 속에서 방황할 때 나타난 풍차를 거인이라고 생각하고 돌진하는 것처럼 — 안개가 없어지고 잘 보일 때는 정확한 판단을 하겠지만 — 이전에 들었던 옛날이야기 속 거인이라 어림잡아 생각하고 공격한다는 것이다. 공부를 열심히 하고 시험에 통과하면 다음 단계로 올라가지만 아비투스가 변화하기에는 시간이 걸리고 몸이 따라주지 않기도 하며, 평소 습관대로 어떤 일을 대충 처리해 버리기도 한다. 안개 속에서 방황하듯 잘 보이지 않을 때, 보일 듯 보이지 않는 돈과 명예 등을 좇다 보면 어릴 때부터 몸에 밴 아비투스 근성이 나타난다는 것이다. 역시나 사람은 잘 변화하지 않을 뿐만 아니라 머리로는 이해한다고 해도 몸이 따라주지 않는다.

병을 이해하는 데 가장 효과적인 방법은 그 병을 앓아 보는 것이다. 즉 한번 아파 본 사람이 환자의 고통을 더 잘 이해할 수 있다. 그러나 모든 병을 앓아 볼 수 없기 때문에 영화를 통해 그 병을 간접적으로 경험하고 환자의 고통을 동정, 공감, 감정이입, 긍휼(Pity-Sympathy‒Empathy‒Compassion)할 수 있어야 하고, 악어의 눈물을 흘리는 것을 초월하여 행동과 습관이 변해야 하는데 이를 교육하는 방법이 영화의학교육이다.

이은성은 『소설 동의보감』에서 "좋은 의사[심의(心醫)]란 환자로 하여금 늘 마음이 편안케 하는 인격을 지닌 인물로 환자가 그 의사의 눈빛만 보고도(아비투스, 아우라) 마음의 안정을 느끼는 경지로 환자에 대해 진실로 긍휼히(Empathy‒Compassion) 여기는 마음가짐이 있어야만 가능한 품격이다."라고 하였다. 다시 말하면 눈 맞춤을 잘하고 청진(듣기)을 잘하는 사람이 좋은 의사라는 것이다. 의학은 단순한 과학이 아니라 예술의 한 분야다. 의사의 성품이, 의사의 몇 마디 말과 들어 주기[聽]가 환자에게 사용된 약보다 더 강력하게 작용할 수 있다. 우리 의료인이 마음속 깊이 새겨야 할 부분이다.

김상근 연세대 교수는 인문학의 목표는 노 젓는 방법을 가르치는 것이 아니라 우리에게 잠시 노를 내려놓으라고 요구하며 잠시 멈추고 고개를 들어 밤하늘의 별을 바라보는 것이라고 한다. 시인 고은의 말대로 강에서 노를 놓치고 나야 비로소 넓은 물을 돌아다볼 수 있고, 하늘을 쳐다볼 수 있다. 환자의 육체적 질병만 보지 말고 정신적, 사회적, 영성적 고통을 보려고 노력하며, 영화를 한 편 보기도 하면서 좋은 인성이 함양되어 어떤 상황에서도 몸이 먼저 반응하게 했으면 한다.

영화를 보고 그룹별 토론을 한 뒤 정리하여 그룹 간 발표를 하다 보면 굿닥터에 이르는 길에 쉽게 접근할 수 있다. 영화의학교육은 현대의학의 부족한 부분인 의료인의 경청 능력을 높여주고 환자와의 공감 능력을 키워주어 의료인의 덕성을 높이는 데 큰 역할을 할 수 있다.

---

1) 장경식. 『심장내과 의사의 따뜻한 영화 이야기: 사랑은 기적입니다.』 예지, 2021. p154

영화를 통한 의학교육 경험

나는 조금 속된 말로 잘나가던 순환기내과 의사였다. 일본 가고 시마대학 연수를 마치고 한국 심초음파학회 1.2세대로 회장으로 학회를 이끌기도 하고, 대한순환기(심장)학회 의료정보 이사 등을 10여 년 연임하였다. 마라톤도 열심히 하여, 주로 하프코스를 뛰었지만 42.195km 풀코스도 10번 넘게 뛰었다. 그러던 내가 간세포암 진단을 받은 뒤 수술을 받고 눈앞이 캄캄했다. 나름 환자들에게 잘 대해 주는 '좋은 의사'였다고 생각하고 살았는데 의사 입장이 아닌 환자가 되고 생각해 보니 결코 좋은 의사가 아니었다. 다행히 전이되지 않는 상태에서 수술이 잘 끝났다.

고등학교 다닐 때 영화를 너무 좋아해서 개봉 영화를 놓치지 않고 보곤 했다. 하지만 의학과 공부를 하다 보니 영화관에 갈 기회가 별로 없었는데 쉬는 동안 많은 영화를 보게 되었다. 특히 질병 등 의학관련 영화를 많이 본 뒤 나의 의사생활, 아니 우리나라 의료의 많은 부분이 잘못돼 가고 있다는 생각을 했다.

강의는 의학과 2년 과정 중 진단학 총론 부분을 맡고 있었는데 시간을 쪼개 학생들과 영화를 보고 토론하면서 나 자신도 변화하고 학생들의 생각을 조금이라도 변화시켜 보려고 했다. 본격적으로 강좌를 개설하려 했으나 쉽지 않아 고민하던 중 본부 대학 핵심 교양과목에 몇몇 교수님과 같이 응모하여 '영화 속의 생명 이야기'라는 과목을 개설하였다. 또한 의과대학 심사에서 인문학 강의가 부족하다는 지적 때문에 '의학과 문화사회학'이라는 과목의 일부분을 담당하게 되었다. 처음에는 학문적 배경 없이 무작정 시작했지만 나중에 확인해 보니 '영화의학교육'(Cinemeducation: Cinema in medical education)이라는 학문이 있다는 것을 알게 되었고, 이론적 배경을 보충할 수 있었다.

영국의 히포크라테스라고 하는 토머스 시드넘은 '훌륭한 의사가 되려면 어떻게 해야 하느냐?'는 학생들의 질문에 소설 『돈키호테』를 읽으라고 했고, 영화의학교육 전문가인 셔피로는 시간이 없다면 「돈키호테」 영화를 보라고 주장하였다.

영화란 상업적 본성으로 출발했지만 인간의 희로애락, 꿈과 욕망, 그리고 인간 삶의 진솔한 모습과 숨겨진 모습이 녹아 있는 살아 움직이는 그림이다. 또한 영화는 인간 삶의 거울로서 인간의 여러 모습을 엿볼 수 있기 때문에 우리에게 우리 삶을 반영해 주는 거울의 기능을 한다. 또한 영화라는 렌즈를 통해 역사와 삶의 역동뿐만 아니라 다양한 인생관과 가치관을 보다 세밀하게 바라볼 수 있다.

그럼 정말로 영화가 세상을, 아니 의료 상황을 바꿀 수 있을까? 2019년 칸 영화제에서 봉준호 감독이 「기생충」으로 작품상을 받았지만, 감독상은 「영 아메드」(2019)라는 작품을 연출한 다르덴 형제[장피에르 다르덴(68), 뤼크 다르덴(65)]가 받았다. 이들은 기자회견에서 "영화가 세상을 바꿀 수 있다고 생각합니까?"라는 질문에 "그렇다. 우리가 만든 영화가 교육적 영향을 끼치길 바란다. (중략) 사회 현실에 완벽한 해결책을 제시할 수는 없지만 다 함께 질문하고 토론할 수 있다."고 말했다. 정말로 '영화가 개인의 삶을 넘어 세상을 바꿀 수 있을까?'라는 질문에 수없이 많은 답이 있다. 우리나라에서도 영화 「도가니」(2011)가 끼친 영향은 막대했다고 볼 수 있으며, 「택시운전사」(2017)는 5.18광주민주화운동 진상 조사에 박차를 가하는 촉매제가 되었다.

물론 영화를 볼 때 눈물을 흘리던 학생이 모두 다 좋은 의사가 되는 것은 아닐 것이고, 영화관에서 눈물을 흘리던 독재자도 있다고 하니 그 성과를 예측하기란 쉽지 않다. 하지만 영화는 왜곡된 근거중심의학, 아니 의료상업주의에 빠져 살고 있는 우리의 시각을 조금이라도 돌려주는 서사의학(narrative based medicine)의 한 분야이며, 잃어버린 히포크라테스 정신으로 돌아가는 길이다.

노벨상 관련 영화*

뷰티풀 마인드, 노벨스 라스트 윌,
마리 퀴리, 더 와이프

의학과 관련된 노벨상 분야는 생리의학상이지만 정신질환 등 질병을 극복한 이야기(「뷰티풀 마인드」)와 노벨상을 받기 위한 음모와 암투를 그린 「노벨스 라스트 윌」, 노벨상을 2개나 받은 여성 과학자의 감동적인 이야기(「마리 퀴리: 지식의 용기」, 「마리 퀴리」 등), 그리고 노벨문학상과 관련하여 2019년 개봉한 「더 와이프」(71세의 글렌 클로즈가 골든글로브상을 받았다.)가 노벨상과 관련 있다.

「뷰티풀 마인드」는 비운의 천재 수학자 존 내시의 일생을 그린 영화다. 젊은 시절 천재 수학자로 이름을 날리던 내시는 30세 무렵 조현병에 걸려 인생이 완전히 망가지고 만다. 그 뒤 '프린스턴의 유령'으로 불리며 폐인 같은 삶을 살다 아내의 헌신적인 사랑 덕분에 여러 가지 망상으로부터 차츰 벗어나기 시작했다. 그는

---

* 대한의학회 E-Newsletter No. 118 July, 2020에 소개되었다.

[그림 1] 영화 「뷰티풀 마인드」 중 노벨상 시상식 장면.

45년이 지난 1994년, 21세에 발표했던 '내시의 평형이론'으로 노벨경제학상을 받으며 화려하게 재기한다(노벨수학상은 없다.). 본인의 강인한 의지와 아내의 헌신적인 사랑, 그리고 주위 사람들의 따뜻한 도움이 한데 어우러진 감동적인 스토리일 뿐만 아니라 스릴러 영화에서처럼 충격적인 반전을 보여주기도 한다.

한 사람이 출세하려면 3대가 고생해야 한다는 옛말이 있다. 본인과 배우자는 물론이고 그의 부모와 자식도 희생을 감수해야 한다는 것이다. 이 영화에서는 조현병에 걸린 수학자를 지극히 간호하여 노벨상을 받게 한 동료 수학자인 아내의 헌신적인 희생을 보여준다. 하지만 이러한 아내의 고통도 노벨상 수상식장에서 아내 이름을 크게 불러준다면 조금은 위안이 되지 않을까 싶다.

"저는 오랜 세월 남들이 발견하지 못한 창조적 이론을 발견하기 위해 살아왔습니다. 그리고 저는 발견했습니다. 세상에서 가장 위대하고 아름다운 것은 바로 사랑입니다. 저는 그것을 제 아내 알리샤를 통해 배웠습니다."

이 대사는 영화 속 존 내시의 노벨상 수상 소감인데 원문 영어가 더 감동적이다.

"You are the reason I am. You are all my reasons."
(당신은 내가 존재하는 이유이며, 내 모든 존재 이유예요.)

존 내시는 2015년 3월 수학자 루이스 니렌버그와 함께 편미분 방정식 분야에서 획기적인 기여를 한 공로로 수학계 노벨상으로 꼽히는 아벨상 수상자로 선정되었고, 시상식에 참석한 뒤 귀국해 집으로 돌아가는 길에 아내와 함께 교통사고로 사망했다(향년 87세).

마리 퀴리(퀴리 부인)는 1903년 여성 최초로 노벨물리학상을 받았고, 1911년에는 노벨화학상을 받아 세계 최초로 노벨상을 2회 수상하였다. 폴란드 출신으로 프랑스로 이주해 엄청난 고생을 하며 공부했으며, 결혼 후 남편과 같이 노벨물리학상을 받았으나 남편이 사고로 죽고 만다. 혼자 연구를 계속하여 노벨화학상을 받았으나 많은 스캔들에 휩싸이기도 했다. 그렇지만 딸 교육을 잘 시켜 큰딸 이렌 퀴리도 노벨상을 받았고, 작은딸은 프랑스 최고 훈장인 레지옹 도뇌르를 받았으며, 사위는 노벨평화상을 받았다. 라듐에 대한 특허를 신청하여 개인적 이익을 취하는 것이 과학 정신에 위배된다고 생각하여 연구비가 부족함에도 불구하고 신청하지 않았다고 한다. 불꽃 같은 삶을 살다 간 마리 퀴리에 대한 수많은 다큐와 영화, 뮤지컬 등이 있으며, 최근에도 「마리 퀴리: 지식의 용기(Marie Curie: The Courage of Knowledge)」(2016), 「마리 퀴리(Radioactive)」(2019) 등이 제작되었다.

「노벨스 라스트 윌(Nobel's Last Will)」(2012)은 노벨상을 두고 암투를 벌이는 영화다. 노벨상 수상에 관한 비화 등이 많이 알려져 있는데 실제로 왓슨과 크릭의 노벨상 수상에 결정적 역할을 한 DNA의 X선 3차원 사진을 찍은 사람은 로잘린드 프랭클린이라는 여성 과학자였다는데 아무도 이 과학자에 대한 제대로 된 언급을 하지 않았다고 한다. 이 영화도 이런 노벨상 관련 비화를 소재로 삼았다. 영화는 스릴러로 살인자를 쫓는 과정이 주요 스토리지만 노벨재단의 모습과 연구자들의 연구와 경쟁, 배려, 비리 등을 볼 수 있고, 노벨상 수상에 관련된 여러 모습을 볼 수 있다.

영화 「더 와이프(The Wife)」(2017)는 노벨문학상을 받는 남편과, 자신의 아내를 킹메이커라고 소개하면서 전개되는 이야기다.

"아내는 제 정신이자 제 의식이며 제가 느끼는 모든 영감의 원천입니다. 조안, 당신은 내 뮤즈이며 내 사랑이고 내 영혼이오. 이 영광을 그대와 나누고 싶소.”

이 정도 찬사를 받았으면 지금까지의 고생이 봄눈 녹듯이 사라질 것 같지만 영화의 진행은 전혀 다른 방향으로 나아간다.

노벨상은 타고난 천재적 재능도 필요하지만 몸을 깎는 노력 또한 필수적이고, 위대한 스승을 만나는 등 시대를 잘 타고나야 한다. 그렇지만 천재라기보다는 노력파가 받는 경우도 있는데 2012년 유도만능줄기세포(iPS)로 노벨생리의학상을 받은 일본의 야마나카 신야는 손재주가 없어 수술시간이 많이 걸린다는 놀림을 받는 바람에 외과의사에서 기초학 분야인 줄기세포 연구로 전환하여 큰 성과를 달성하였다. 그런데 재미있는 것은 일본에서 노벨생리의학상을 받은 사람 대부분은 유명한 대학 교수가 아니라는 것이다.

영화 감상도 중요하지만, 나의 조그만 한 소망 중 하나는 내가 가르치고 있는 학생, 레지던트, 후배 중에서, 아니 우리나라에서 노벨생리의학상을 받는 사람이 나왔으면 하는 것이다.

'돈키호테(Don Quixote)' 영화와 소설[*]

행동한다, 고로 존재한다

영국의 히포크라테스라고 알려진 토머스 시드넘은 "훌륭한 의사가 되기 위해 어떤 경력을 쌓으면 좋겠느냐?"는 학생들의 질문에 "소설 『돈키호테』를 읽어라." 하고 대답했다고 한다. 영화의학교육(Cinemeducation) 전문가인 셔피로(Shapiro)는 책을 보기 어려우면 피터 예이츠 감독의 「Don Quixote」(2000) 영화를 보라고 권유하였다. 국내에서는 이 영화를 구하기 힘들지만 돈키호테 관련 다른 영화인 「Man of La Mancha」(1972, 뮤지컬 영화), 「돈키호테 맨 오브 라만차」(2015)는 비교적 쉽게 구할 수 있다.

많은 사람들이 그렇겠지만 어릴 때 읽은 동화책의 이미지, 즉 풍차에 돌격하는, 정신이 이상한 사람, 현실을 무시하고 공상에 빠져 사는 사람, 물불 가리지 않고 불가능에 도전하는 사람 등 조

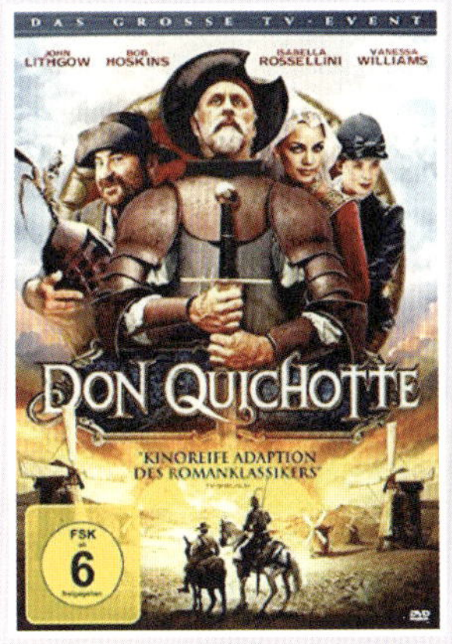  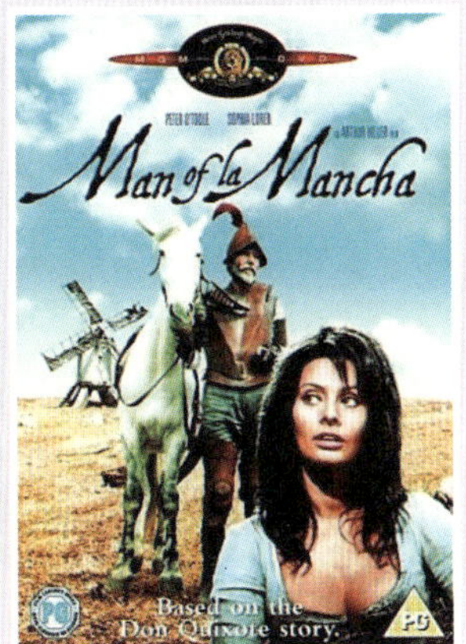

시놉시스

스페인의 향사(鄕土, 시골 귀족) 아론소 기하노는 밤낮으로 기사도 이야기를 탐독하다 정신이 이상해져 자기 스스로를 중세 기사라 믿는다. 기하노는 세상의 부정과 비리를 도려내고 학대당하는 사람들을 돕고자 스스로를 '돈키호테'라고 칭하며 로시난테라는 앙상한 말을 타고 근처에 사는 농부 산초와 함께 편력 기사 여행을 떠난다. 현실과 동떨어진 고매한 이상주의자인 돈키호테와, 순박한 농사꾼으로 우직하고 욕심꾸러기이며 애교 있고 충실한 산초는 대조적인 짝을 이룬다. 돈키호테의 광기, 몽상은 가는 곳마다 현실 세계와 충돌하면서 우스꽝스러운 이야기가 이어진다. [이 내용은 『돈키호테』 1권의 아주 짧은 일부다. 책에서는 더 많은 이야기가 계속되고, 후편(2권)이 이어지면서 돈키호테와 산초의 모험은 계속된다.]

금 이상한 사람을 일컬을 때 '돈키호테'라는 용어를 사용하는데 좋은 의사가 되는 방법이 『돈키호테』를 읽는 것이라고 하니 조금 혼란스러웠다. 이번 원고에서는 2015년 제작된 「돈키호테 맨 오브 라만차」와 소설 『돈키호테』를 중심으로 돈키호테에 대한 오해를 풀고 영화의학교육에서 사용되는 '돈키호테 효과' 등에 대해 이야기한다.

편력 기사

돈키호테는 편력 기사(Knight-errant)이다. 사전적 의미는 무사 수행자, 협객이지만 편력 기사로 번역되는데 모험을 찾아 이리저

[그림 1] 편력 기사 돈키호테와 그의 시종 산초 판사.
Jules David, 'Don Quixote and Sancho Panza'(1887), Wikimedia Commons.

리 떠돌며 불의를 바로잡고 정의를 확립시키는 기사를 말한다고 한다. 오래전 영화이긴 하지만 앤서니 만 감독의 「엘시드(El Cid)」(1961, 찰턴 헤스턴, 소피아 로렌 주연)에서 그 모습을 상상해볼 수 있다. 영화에서 양국 영토분쟁을 조정하기 위해 수석 무장끼리 결투를 벌이는데 말을 탄 채 긴 창을 들고 서로 부딪쳐서 승부를 결정하는 모습이 돈키호테에 나오는 편력 기사의 모습이라고 할 수 있다. 책에서도 엘시드와 그의 명마 바비에카 이야기가 언급되는데 엘시드는 11세기 스페인 국토회복전쟁의 국민적 영웅이다(『돈키호테』 1-1장).

"시간이 갈수록 점점 더 (세상의) 악습이 늘어나자 그것을 막자고 편력 기사라는 게 생겨난 게지요. 처자들을 지키고 미망인들을 보호하며 고아와 가난한 사람들을 구제하라고 말이오. 내가 바로 이에 속하는 사람이라오."
— 『돈키호테』 1-11장

둘시네아 공주

돈키호테는 기사라면 마음에 품고 모시는 공주가 있어야 한다면서 둘시네아라는 가상의 존재를 만들어낸다. 돈키호테는 고향 주변 엘토보소에 살고 있던 돼지를 키우는 농부의 딸 알돈자를 마법에 빠진 둘시네아 공주로 생각하고 있다. 환상에 불과하지만 돈키호테에게는 강한 동기부여와 열정의 대상이자 정신적 에너지를 쏟아붓는 대상이 된다.

"나를 지배하시고 나의 주인 되시니 신분은 두말할 것도 없이 공주
요. 그 공주의 아름다움은 인간의 것이 아니오. 시인들이 자기 여인
들에게 부여하는 불가능하고도 가공적인 아름다움의 자질들이 그녀
에게는 실제로 있으니 말이오."
―『돈키호테』1-13장

소설『돈키호테』는 1, 2권으로 이루어져 있는 비교적 방대한 내
용이다. 책을 읽기 전에 시청하면 좋은 유튜브 자료에는 플라톤
아카데미TV에서 제작한 '8대 고전읽기: 돈키호테'(안영옥 교수),
'TV, 도서관에 가다'(147회 돈키호테), 평생학습 파트너, 휴넷 HD에
서 제작한 박철 교수의 '시대를 관통하는 돈키호테' 등이 있다. 안
영옥 교수에 의하면 우리는 정상궤도에서 어긋나 괴짜 행동을 하
는 이를 두고 부정적 의미로 돈키호테라고 잘못 부르는데 돈키호
테는 가난하고 소외된 사람을 돕는 정의로운 사람으로 따뜻한 인
간성과 절대적 의지를 갖고 실제 행동한다고 주장한다.

러시아 소설가 투르게네프는 인간의 성격을 햄릿형과 돈키호
테형으로 구분했는데 햄릿형은 방황하는 인간의 전형이고, 돈키
호테형은 행동을 우선하는 인간이다. 즉 햄릿처럼 생각이 깊어 쉽
게 행동에 옮기지 못하는 사람을 햄릿형 인간이라고 하고, 생각
이 나면 먼저 저돌적으로 행동하는 사람을 돈키호테형 인간이라
고 한다. 중국 전국시대의 전설적인 명의 편작(扁鵲)은 의지는 강
하지만 기질이 약해 무슨 일이든 끝까지 밀어붙이지 못하는 노나
라 공호와, 의지는 약하지만 강한 기질 탓에 일단 시작하면 결실

을 보고 마는 조나라 제영의 심장을 맞바꾸는 수술을 했다는데 의지가 강한 사람을 햄릿형이라고 하고, 기질이 강한 사람을 돈키호테형이라고 하는 것 같다.

> "장차 이룰 수 있는 세상을 상상하는 내가 미친 거요? 아니면 세상을 있는 그대로만 보는 사람이 미친 거요?"

> "생각한다, 고로 존재한다."가 아니라 "행동한다, 고로 존재한다."

돈키호테와 산초의 대비

돈키호테가 환상을 꿈꾸는 이상주의를 나타낸다면 산초는 지극히 현실주의자다. 이 두 사람이 서로 대립하기도 하고 조화를 이루기도 하면서 이야기가 계속된다. 우리 사회에서도 이 둘의 조화는 이루어지고 있는데 카메론은 "몽상가(이상주의자)들이 태양에 너무 가까이 접근하지 못하도록 현실주의자들이 필요하다. 그리고 현실주의자들은… 꿈을 꾸는 사람들이 없다면 그들은 결코 땅에서 떨어지지 않을 것이다."라고 하였다. 우리 모두가 돈키호테 같은 이상주의자는 아니고, 그렇다고 산초처럼 지나친 현실주의자도 아닐 것이다. 만일 이상주의자를 1.0이라 하고 현실주의자를 2.0이라 하면 우리는 그 중간의 어디쯤 [이상주의자에 가까운지, 현실주의자에 가까운지(1.1~1.9)]에 속하는지 생각해볼 만하다.

산초가 바라타리아섬의 통치자가 된다는 소식을 들은 돈키호테는 정약용의 『목민심서』와 유사한 조언을 한다. 그것을 요약하면 다음과 같다.

> "하느님을 두려워하라. 너 자신을 알라. 농부 출신이라는 사실을 부끄러워하지 마라. 미덕을 중용으로 생각하고 후덕한 행동을 자랑으로 삼아라. 가난한 자의 눈물에 더 많은 동정심을 가져라. 동정심을 가진 재판관의 명성을 얻어라. 노역으로 벌을 준 사람에게 말로 모욕하지 마라. 식사는 조금씩 하되, 저녁은 더욱 적게 먹어라. 음주는 절도 있게 하라. 사람들의 면전에서 트림하지 마라."

> "혹시 정의의 회초리를 꺾어야 하는 경우가 있다면 그것은 뇌물의 무게 때문이 아니라 자비의 무게 때문에 그렇게 해야 하네."

소설 『돈키호테』에는 남녀의 자유의지 사상을 보여주는 수많은 러브스토리가 삽입 소설(액자 소설) 형태로 들어 있는데 남녀 간의 이상적인 사랑은 두 사람의 자유의지에 따라 사랑하는 것이라고 역설하면서 1600년 당시 억압된 여성의 모습을 표현해 주고 있다. 여인을 사모하다 죽은 그리소스토모의 장례식에 짝사랑 대상인 여성 당사자가 나타나 다음과 같이 이야기한다.

> "저는 자유롭게 태어났고 자유롭게 살고자 들과 산의 고독을 선택했습니다. 이 산의 나무들이 제 친구들이고, 시내의 맑은 물이 제 거울입니다. 저는 나무들과 물에게 제 생각과 아름다움을 이야기합니다. (중략) 사랑하는 마음이 희망으로 지탱된다면 저는 그리소스토

모뿐만 아니라 어느 누구에게도 희망을 준 적이 없으므로 저의 무정함보다도 오히려 그분의 집념이 그분을 죽였다고 말할 수 있을 것입니다."

—『돈키호테』1-14장

세르반테스는 여성도 인간으로서 독립된 자신의 권리를 지닌다는 사상을 이야기하면서 사랑에 있어서도 자유의지를 강조한다. 그 외에도 남장 여자가 나타나기도 하고, 여자 선장이 나오기도 하며, 사랑하는 남자를 따라 아버지를 버리고 달아나는 무어인 여자 이야기 등이 있다.

스페인은 가톨릭 국가이고, 이 소설은 이슬람인(무어인)들을 쫓아낸 후에 쓰였기 때문에 다양한 기독교관이 실려 있는데 다음은 돈 디에고 데 미란다가 돈키호테에게 자기를 소개하는 내용이다.

"남의 말 하는 걸 좋아하지 않으며, 다른 사람들이 내 앞에서 남의 이야기를 하는 것도 좋아하지 않습니다. (중략) 날마다 미사를 드리고 내 재물을 가난한 사람들에게 나누어 줍니다만, 위선과 허영이 내 마음속에 들어올 틈을 주지 않기 위해 선행을 자랑하지도 않습니다. 위선과 허영은 아무리 신중한 마음이라도 슬그머니 장악해 버리는 적들이니까요. 사이가 틀어진 사람들을 보면 화해를 시키려고 노력합니다. 나는 성모를 믿으며, 항상 우리 주 하느님의 무한한 자비에 모든 것을 맡깁니다."

—『돈키호테』1-16장

소설 등 문학작품이나 영화 등 멀티미디어 속의 유머와 은유는 사람들이 큰 깨달음을 얻는 힘을 가지고 있을 뿐만 아니라 사람들을 변화시키는 데 탁월한 효능이 있다고 알려져 있다. 이를 스토리텔링(storytelling)이라고도 하고, 전문용어로는 치료적 은유라고 한다.

셔피로는 수련 중인 의사들이 영화를 볼 때 실제 환자를 보는 것보다 더 감동을 받는다고 주장한다. 영화를 통해 수련의들이 공감과 이타주의에 대한 긍정적인 태도를 확립해 가면서 감성적인 이상주의를 만들 수 있다고 한다. 이것을 '돈키호테 효과'라고 하며, 이러한 돈키호테 효과라는 개념적인 모델로 설정하여 의학교육에 이용하고 있다. 즉 영화를 통한 상상을 통해 환자를 볼 때 불편하게 느낄 수 있는 현실 등을 극복할 수 있다는 것이며, 공감 능력과 이타심을 배양하여 환자에게 진정한 도움을 주는 의사가 될 수 있는 소양을 길러 준다는 것이다. 그러나 사회학의 관점에서 돈키호테 효과는 '히스테리시스(habitus hysteresis)'에 해당하며, 히스테리시스는 원인과 결과 사이에 시간이 지연될 때 발생하는 등 조금 복잡한 이론이다.

돈키호테에 미쳐서 살고 있다고 주장하는 박철 교수는 휴넷 강의에서 "힘든 절망의 시대를 살지라도 한 번뿐인 인생을 자유롭고 명예롭게 살아야 한다."면서 21세기는 돈키호테형 리더를 원한다고 한다. 실제로 우리 주변에는 좋은 의미의 돈키호테로 살고 있는 사람이 많다. 청십자 의료보험조합을 설립하고 의료와 사회

봉사활동을 많이 한 장기려 박사를 필두로, 최근에는 외상외과라는 어렵고 힘든 의료 활동에 뛰어들어 응급의료의 중요성을 일깨워준 이국종 교수도 돈키호테적 삶을 살아가는 의료인이 아닐까 생각된다. 노벨물리학상과 노벨화학상을 받은 폴란드 출신 프랑스인 마리 퀴리 역시 매우 어려운 환경에도 불구하고 연구를 계속하여 연구 성과를 달성하였으나 "라듐은 질병 치료에 사용될 것이므로 개인적 이익을 결코 취해서는 안 될 것이다. 과학정신에 반대되므로 절대 그럴 수 없다."며 특허 등록을 하지 않았다는 것을 보면 그 역시 돈키호테 정신이지 아닐까.

실제로 해 보지 않은 일을 마음속으로 그려 보는 것을 '상상'이라고 하고, 현실적이지 못하거나 이루어질 수 없는 것을 상상하는 것을 '공상'이라고 하는데 공상 중에 충동에 이끌려 저돌적으로 움직이며 튀는 행동을 하는 사람을 일컬어 돈키호테라 치부해 버리지만 "미치지 않으면 미치지 못한다.[불광불급(不狂不及), 미쳐야 미친다.]"는 말이 있듯이 돈키호테는 꿈과 이상을 가지고 끊임없이 도전하는 우리 자신의 모습이라 할 수 있다. 다음은 돈키호테를 읽으면서 내가 느낀 가장 큰 주제가 아닐까 하는 문단이다.

"어찌 그런 일이 있을 수 있습니까? 오늘 이 땅에 미망인을 돕고 처녀들을 보호하며 유부녀들의 명예를 지키고 고아를 구하는 사람이 있다는 게 저는 도저히 납득이 되지 않습니다."

—『돈키호테』2-16장

“돈키호테는 나다. 내 직업은 모험을 찾아다니는 기사다. 내 규칙
은 잘못을 바로잡고 선을 퍼뜨리며 악을 피하는 것이다. 나는 편안
한 삶, 야망 또는 위선에 관심이 없다. 나는 나 자신의 영광을 위해
가장 좁고 어려운 길을 찾는다. 이것이 어리석거나 무식한 것인가?”
— 미겔 데 세르반테스

루게릭병 관련 영화[*]

「유아낫유」를 중심으로

2014년 여름 '아이스버킷챌린지'가 한동안 유행한 적이 있는데 얼음물로 루게릭병 환자의 근육 수축 고통을 느끼면서 환자들에 대한 관심을 가져달라는 캠페인의 하나로 연예인 등 많은 유명인사가 참여하였다. 또한 얼마 전 '루게릭병 환자가 가족에게 보낸 4년 만의 문자 메시지'라는 뉴스가 화제가 된 적이 있다. 루게릭병으로 신체를 전혀 움직일 수 없는 환자가 특정 글자를 일정 시간 쳐다보면 키보드를 치듯 화면에 글자가 입력되어 눈으로 스마트폰 메시지를 보낼 수 있는 기술을 벤처기업이 만들어주어, 환자가 다른 사람의 도움 없이 가족과 의사소통할 수 있게 했다고 한다.

한편 일본에서는 루게릭병 환자가 눈의 움직임만으로 전자기기를 조작할 수 있는 새로운 기술을 개발했다고 한다. 3년 전 루

* 대한의학회 E-Newsletter No. 119 August, 2020에 소개되었다.

게릭병 진단을 받은 30세 환자 본인이 만들었는데 루게릭병 환자의 경우 근육이 굳어 가더라도 눈은 정상적으로 움직인다는 점에 착안하여 안경에 장착된 센서가 눈의 움직임을 해독해 방의 조명을 켠다든지, 로봇을 움직이게 만들었다고 한다.

루게릭병(Lou Gehrig's Disease)의 의학 용어는 근위축성 측삭경화증(Amyotrophic Lateral Sclerosis, ALS)이라는 복잡한 이름인데 너무 복잡하다 보니 간단히 루게릭병이라 부른다. 루게릭병은 상부와 하부의 운동 신경원 모두가 망가져 이 두 가지 증상이 동시에 나타나게 된다. 살짝 대기만 해도 튈 정도로 무릎반사가 증폭되고, 그와 동시에 근육이 위축된다. 반면 감각이나 인지 능력에는 사망할 때까지 이상이 없다는 것도 이 병의 특징이다. 대부분의 환자는 3~5년 내 목숨을 잃는다고 알려져 있으나 스티븐 호킹 박사처럼 오래 사는 경우도 있다. 유사한 질환으로는 비교적 양호한 경과를 보이고 남자에게서만 발생하는 유전성 질환인 케네디병(Kennedy Disease)이 있다.

이 질환명의 유래가 된 야구 선수 루게릭은 가난한 노동자 집안에서 태어나 부모님의 소망대로 컬럼비아대학교에서 엔지니어를 꿈꾸었지만 1923년 뉴욕양키스 구단에 입단하여 23개의 그랜드슬램과 2,130경기 연속 출전이라는 대기록을 세웠다. 하지만 루게릭병으로 1939년 은퇴하고, 2년 뒤 사망하였다. 은퇴 연설에서 "나는 지구상에서 가장 행복한 남자였다."고 말해 많은 관중의 심금을 울렸는데 이 연설은 미국 역사에서 명연설로 남아

[그림 1] 영화 「유아낫유」(왼쪽)와 「사랑에 대한 모든 것」(오른쪽) 포스터.

있다. 그의 생애는 「야구왕 루게릭」이라는 할리우드 영화로 만들어지기도 했다.

　루게릭병 관련 영화는 「모리와 함께한 화요일」(1999), 「호킹」(2004), 「내 사랑 내 곁에」(2009), 「사랑에 대한 모든 것」(2014) 등이 있는데 「호킹」과 「사랑에 대한 모든 것」이 스티븐 호킹 박사에 관한 영화다. 2014년 개봉한 「사랑에 대한 모든 것」은 호킹의 젊은 시절, 결혼식, 중년 시절 등에 찍은 사진과 매우 유사하게 제작했으며, 호킹 역할을 한 에디 레드메인는 루게릭병으로 동작이 어려워지고 신체가 왜소해지는 호킹 박사의 모습을 사실적으로 연기하여 2015년 아카데미 남우주연상을 받았다.(김명민은 우리나라 영화「내 사랑 내 곁에」에서 체중을 20kg 감량했는데 에디 레드메인은 10kg 감량했다고 한다.)

　「유아낫유(You're Not You)」(2014)는 잘나가던 피아니스트가 루게릭병으로 죽어가는 과정을 보여주는 여성 영화다. 예쁘고 피아노를 잘 치고 요리도 잘하는 등 무엇 하나 부족한 점 없이 멋지게 살아가던 주인공은 어느 날 갑자기 손가락이 마비되기 시작하고, 루게릭병으로 진단받으면서 어쩔 수 없는 운명을 맞이하게 된다. 처음에는 변호사 남편이 간병하지만 병세가 심해지면서 간병인을 쓰게 된다. 그러던 중 남편의 외도를 알게 되면서 주인공은 심한 좌절에 빠진다. 주인공에게는 본인을 진심으로 사랑하는 사람이 있었으나 그 남자보다는 쇼윈도형 화려한 배우자를 선택하였다는 것을 뒤늦게 깨닫는다.

　제목인 '유아낫유(You're Not You)'를 직역하면 '너는 네가 아니다'라는 뜻인데 그 해석이 조금 어렵다. '지금 너의 모습은 네가 아니다'라는 철학자들의 명제는 아니더라도 '어제의 나는 오늘의 내가 아니다'라는 것은 사실인 것 같은데 이 제목과는 관련이 없는 것 같다. 문장 뒷부분의 보어가 생략되어 있기는 하지만 '지금 보이는 너의 모습은 진정한 네가 아니다'라는 뜻일 가능성이 높다. 가면을 쓰거나 포장된 것은 본래의 모습이 아니라는 것이다. 영화 내용에서 연결해 보면 '너의 진정한 모습을 있는 그대로' 봐주는 사람을 찾으라는 문맥에 더 가깝지 않을까 생각해 본다. 배우자는 하늘이 점지해 준다는 말도 있지만 '돈에 울고 사랑에 우는’ 이수일과 심순애의 신파극은 아니더라도 자본주의 세상에서 사랑으로만 살아가기 힘들어 다른 선택을 할 때가 많다.

> "우리는 왜 내 모습 그대로를 봐주는 사람 대신 그렇지 않은 사람을 택하는 걸까?
> 네 모습 그대로를 봐주는 사람을 찾아. 그리고 너도 그처럼 있는 모습 그대로를 봐야 해."

영화 끝부분에서 변호사 남편과 부모 등 주인공 가족을 제쳐놓고 간병인 벡이 환자에게 인공호흡기 다는 것을 거부하고 퇴원시키는 결정을 내리는데, 이것은 주인공 케이트가 벡을 항구적 법적대리인(항구적 대리인 위임장, DPAHC: durable power of attorney for health care)으로 지정해 놓았기 때문이다. 보건의료에 관한 항구적 법적대리인은 어떤 불의의 사태에 의해 본인의 의사결정 능력이 없는 경우 그 환자를 대신하여 결정권(심폐소생술 거부, 연명치료 거부 등)을 행사하도록 대리결정권자를 지명해 놓는 것을 말한다. 우리나라에서도 사전의료의향서를 준비할 때는 '대리인 지정'이라는 항목이 있었지만 사전연명의료의향서법이 국회를 통과할 때 사라져 버렸다.

이 영화에는 의료용 마리화나를 피우는 장면이 나오는데 암이나 에이즈, 루게릭병, 다발성경화증 등 중증질환이나 난치병 환자에게 마리화나가 사용 가능한 나라가 많아지고, 그 규제가 완화되고 있는 추세다. 마리화나의 주요 성분에는 THC(Tetrahydrocannabinol)와 CBD(CannaBiDiol)가 있는데 THC와 달리 CBD는 환각작용이 없고 진통 등 치료효과가 있다고 한다. 담배처럼 피우거나 캡슐, 연고 등으로 만들어져 시판되고 있다. 우리나라에서도 대마 성분 의료용 합법화 개정안 등을 준비하고 있으나 대마초 추출물이라는 점이 걸림돌로 제기돼 그 법제화가 요원하기만 하다.

루게릭병은 치매 등 다른 만성질환과 달리 마지막까지 정신이 너무 깨끗하여 본인의 의사를 적극적으로 표현할 수 있다. 그렇다 보니 안락사(존엄사), 조력 자살 등을 요구하는 경우가 많다고 한다. 돌아가신 호킹 박사도 73세 부근에 "고통이 너무 심하거나 내가 세상에 더 이상 기여하는 게 없고 짐이 될 뿐이라고 느낀다면 조력 자살을 고려할 수 있다."는 말을 했다. 그 전에도 호킹 박사는 "말기 환자 안락사 선택권을 존중해야 한다."고 주장하여 안락사를 공개적으로 지지한 적이 있다.

'아이스버킷챌린지' 할 때만 해도 루게릭병에 대해 많은 관심을 보였으나 모든 일이 그렇듯 시간이 지나면서 관심이 사라지고 만다. 그렇지만 루게릭병으로 투병하다 작년에 숨진 전 프로농구 코치 박승일은 승일희망재단을 만들었고, 그의 꿈인 국내 최초 루게릭 요양병원 건립을 희망했다. 또한 줄기세포 치료 등 많은 연구가 계속되고 있어 언젠가는 이 불치병도 정복되는 날이 올 것이다.

안락사 관련 영화[*]

씨 인사이드, 청원

'안락사'라는 용어가 어렵기도 하고, 생명을 살리는 의료인에게 죽음이라는 의미는 전혀 상관없는 것 같지만 보라매병원 사건과 김 할머니 사건에서와 같이 의사들이 결코 방관할 수 없는 용어다. 간접적, 직접적, 소극적, 적극적이라는 수식어를 붙이면 더 어려워지고, 때로 서로 혼용하여 쓰이기 때문에 더욱 혼란스럽다. 실제로 많이 쓰고 있는 '자의 퇴원'이라는 용어는 보라매병원 사례에서 보듯이 '의학적 충고에 반한 퇴원' 혹은 '가망 없는 퇴원'일 수 있으며, 두 가지 모두 '소극적 안락사'에 속한다고 볼 수 있다. 그 외에도 당사자의 의지 유무에 따라 자발적, 반자발적(involuntary), 비자발적(nonvoluntary) 안락사로 분류하기도 한다.

안락사에 관한 영화는 많이 있다. 비자발적 안락사에 속하는

* 대한의학회 E-Newsletter No. 117 June, 2020에 소개되었다.

영화에는 「뻐꾸기 둥지 위로 날아간 새」, 「베티 블루」, 「밀리언 달러 베이비」가 있고, 자발적 안락사에는 「내 인생은 나의 것」, 「씨 인사이드」, 「유 돈 노우 잭」 등이 있다. 우리나라에서도 루게릭병을 앓고 있는 환자가 의사에게 안락사를 요구하지만 가족은 끝까지 환자의 곁을 지키는 영화 「내 사랑 내 곁에」(2009)가 개봉된 적이 있는데 이번에 소개하는 인도 영화 「청원」은 자발적 안락사에 관한 영화다.

「내 인생은 나의 것」, 「씨 인사이드」, 「유 돈 노우 잭」 등의 자발적 안락사와 관련된 영화는 경추 손상 등으로 인한 사지마비로 거의 움직일 수 없으나 정신은 맑은 환자가 안락사를 원하는 상황으로 이루어져 있다. 「내 인생은 나의 것」에서는 사지마비뿐만 아니라 혈액 투석 등을 하지 않으면 생명을 유지할 수 없는 천재

[그림 1] 영화 「씨 인사이드」(왼쪽)와 「청원」(오른쪽) 포스터.

조각가가 치료받지 않고 죽을 수 있는 권리를 주장하는데 이를 도와주려는 의사와 판사와의 갈등을 그린 미국 영화다. 「씨 인사이드」 역시 죽을 수 있는 권리를 위해 법적 투쟁을 하는 영화이며, 「유 돈 노우 잭」은 안락사를 원하는 환자들의 안락사를 도와주다가 마지막에는 직접 약물 주입을 시행하여 큰 반향을 일으킨 미국인 의사 잭 케보키언의 삶을 영화화하였다.

「청원(Guzaarish)」(2010)은 「씨 인사이드(The Sea Inside)」(2004)의 인도판이다. 스페인 영화 「씨 인사이드」에 비해 보다 동양적 사고방식을 느낄 수 있으며, 볼리우드(Bollywood) 영화라고 불리는 인도 영화 특유의 춤과 노래도 감상할 수 있다. 사고로 경추 손상을 입어 전신마비로 14년을 살아가는 당대 최고의 마술사와 그 곁을 한결같이 지키고 있는 간호사의 이야기로 진행된다. 마술사는 간호사의 도움으로 장애를 극복(?)하고 사람들에게 희망을 주는 라디오 DJ로서의 삶을 살아가지만 어느 한순간도 움직이는 자유가 허락되지 않는다. 오랜 친구인 변호사에게 안락사를 청원하게 하지만 허락될 리 없다. 안락사를 하고 싶어 하는 사람과, 사랑하는 사람을 떠나보낼 수 없는 사람들의 갈등이 계속되는 줄거리다.

영화에서처럼 전신마비로 말을 할 수 있고 젓가락 같은 막대기로 컴퓨터 자판도 칠 수 있지만 본인의 의지로는 아무것도 할 수 없는 상황인 환자나, 루게릭병처럼 전신이 서서히 마비되어 가는

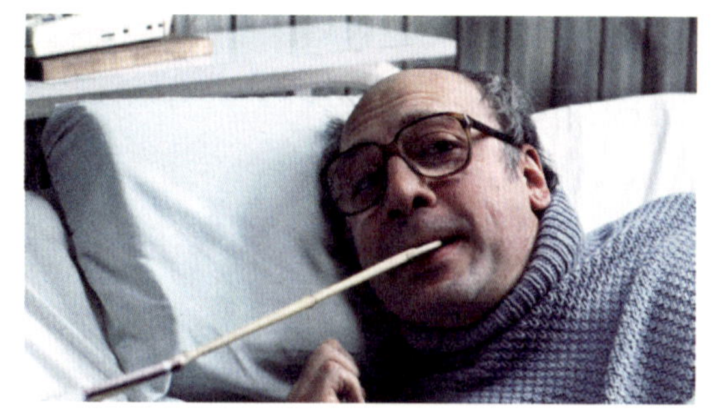

[그림 2] 영화 「씨 인사이드」의 주인공은 목 윗부분은 움직일 수 있기 때문에
막대기를 물고 컴퓨터 자판을 치고 있다.

환자를 만났을 때 어떤 도움을 줄 수 있을지, 이들이 안락사를 원할 때 의료인이 어떻게 해야 하는지는 한 번쯤 생각해볼 문제다.

안락사처럼 생명윤리 관련 문제에는 당사자일 때와 의사 혹은 보호자, 방관자일 때의 처지가 각각 다르다. 장애가 심한 아들을 간호하고 있는 노모를 만나 이야기를 나눈 적이 있다. 당신이 살아 있을 때는 그래도 아이를 돌봐줄 수 있지만 죽고 나면 아이를 어떻게 해야 하나 하는 생각이 들어 아이에게 "우리 같이 죽자."고 했더니 "내가 왜 죽어요?"라고 매몰차게 거절하더란다. 영화 「저스트 라이크 헤븐(Just Like Heaven)」에서는 평소 안락사를 주장하던 젊은 여의사가 불의의 사고로 뇌사 상태에 빠진다. 영화 「사랑과 영혼」에서처럼 육체와 영혼이 분리되어 있는 상태로 6개월이 지난 뒤 호흡기를 떼려는 병원 당국자와 돌아갈 자신의 몸을 지키려는 주인공 영혼의 투쟁을 그리고 있다.

다음은 영화 「청원」의 대사 중 하나다.

"Life is short, my friends.

But it is long enough, if you live with all your heart.

Break the rules.

Forgive quickly, kiss slowly, love truly, laugh uncontrollably.

And never regret anything that made you smile."

("인생은 짧아요, 친구. / 하지만 마음을 다해 산다면 충분히 길어요./ 규칙을 깨세요. / 빨리 용서하고, 천천히 키스하고, 진심으로 사랑하고, 활짝 웃으세요. / 그리고 당신을 미소 짓게 한 것에 대해 절대 후회하지 마세요.")

칠드런 액트*

아동의 복지를 우선한다 – 선행의 원칙

The Children Act(2018)

우리나라에서도 수혈 거부와 관련되어 의사와 환아의 보호자가 법정에 선 일이 있는데 영화 「칠드런 액트」는 종교적 소신으로 수혈을 받지 않겠다는 백혈병 환자에게 수혈 여부를 결정하는 판결에 관한 것이다. 실화를 바탕으로 한 동명의 소설을 기반으로 제작되었다.

줄거리를 간단히 보면, 영국에서 존경받는 주인공 피오나 판사는 일과 생활 또한 결혼생활에 대한 중년의 위기를 겪고 있는 상황에서 종교상의 이유로 수혈을 거부한 백혈병 환자의 생사가 달린 재판을 맡는다. 수혈을 받지 않으면 환자의 목숨이 위태로운 상황에서 재판을 신속히 진행해야 하는 입장이고, 의사와 환자의 변호사 간 논쟁 중에 환자의 본심을 확인하고 싶어 병원을 찾는 파격적인 행보를 한다. 그런데 이 두 사람의 운명적인 만남이 예

---

* 대한의학회 E-Newsletter No. 124 Februaru, 2021에 소개되었다.

[그림 1] 영화 「칠드런 액트」 포스터.

기치 않은 파장을 일으키며 영화는 전혀 다른 방향으로 전개된다.

영화의 제목이자 핵심이기도 한 '칠드런 액트'는 1989년 제정된 영국의 유명한 '아동법(The Children Act)'에서 따온 것으로, 법정이 미성년자와 관련한 사건을 판결할 때 최우선적으로 '아동의 복지'를 고려해야 함을 명시하고 있다. 재판 당시 애덤의 나이는 17세 9개월, 법적으로 성인이 되기에는 3개월이 부족한 미성년자였기에 아동법에 의해 보호받아야만 한다.

수혈은 현대 의료에서는 다량 출혈 등 응급상황에서 필수적인 것으로 받아들이고 있다. 수혈 치료는 비교적 안전하다고 하지만 다소의 합병증 위험이 있다. 또한 모든 의료행위가 그렇지만 득이 있으면 실이 있기 때문에 득실을 따져서 판단하는 지혜가 필요하다고 할 수 있다.

2020년 노벨생리의학상은 C형 간염 바이러스를 발견한 공로로 수여되었는데 C형 간염은 대부분 수혈로 감염된다. C형 간염, 에이즈 같은 감염병 외에도 기증자의 DNA뿐만 아니라 백혈구 문제, 면역성 질환 등이 있다고 알려져 있다. 다큐 'Primum Non Nocere'(2012)에서는 수혈로 발생할 수 있는 부작용 등을 자세히 설명하고, 가능하면 수혈을 받지 말기를 권유하고 있다. 무수혈 수술을 한다면 가장 좋겠지만 그렇게 할 수 없는 상황이라면 자가수혈(autotransfusion)이나 에리스로포이에틴 같은 조혈촉진인자 사용 등을 하라는 것이다.

영화 도입부에서 피오나 판사가 몸통과 다리는 하나지만 머리가 둘인 샴쌍둥이의 수술에 판결을 내리는 장면이 나온다. 샴쌍둥이가 붙어 있으면 둘 다 죽지만 분리수술을 한다면 한 명은 죽지만 나머지 아이는 정상적인 삶을 살 수 있다. 요점은 둘 다 죽이느니 하나라도 살리자는 것인데 어차피 죽는다는 이유로 한 아이의 동맥을 끊는다면 그 죽음이 정당할지 의문이다. 부모는 신이 부여한 생명이니 인간이 그걸 판단할 수 없고, 신만이 거둬갈 수 있다고 주장한다. 그러나 피오나 판사는 '법정은 도덕이 아니라 법을 다루는 곳'이라는 소신을 굽히지 않고 분리수술하라고 판결한다. 소설 『칠드런 액트』의 저자 이언 매큐언은 인터뷰에서 종교적 혹

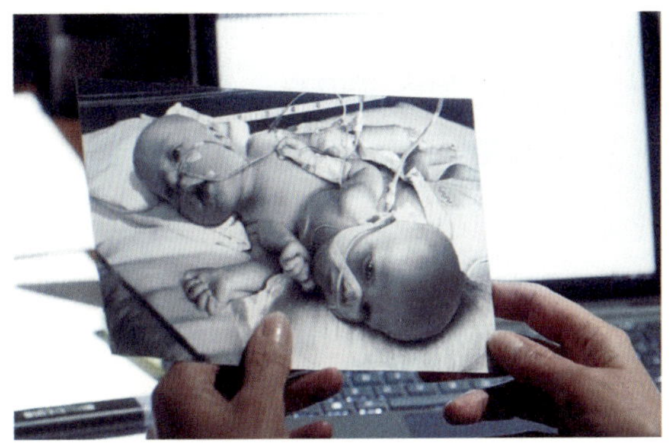

[그림 2] 영화 속 샴쌍둥이의 수술 전 모습.

은 도덕적 분쟁 및 가정문제 관련 판결에서 "판사는 최선이 아니라 차악을 선택해야 하는 경우가 많다."고 하였다.

　백혈병으로 죽어가는 아이에 대한 수혈 여부를 판단하기 전에 판사는 '부모는 순교자가 될 수 있을지언정 아이에게 순교를 강요할 수 없다.'는 생각으로 병원을 방문한다. 판결을 내리기 전 병원에 누워 죽음을 기다리고 있는 소년을 직접 만나기로 한 것이다. 성인의 경우는 '자율성 존중의 원칙'에 의해 본인이 결정할 수 있지만 18세 이하의 아동은 '선행의 원칙'에 의해 판단하는 것이 현재 통용되고 있는 의료윤리 원칙이다. 성인이 되기까지 몇 달 남지 않은 애덤은 종교적 소신을 주장하며 본인을 살리고 싶어 하는 판사와 팽팽한 줄다리기를 계속한다. 그러다 음악(아이가 친 잘못된 기타 코드를 판사가 지적한다.)으로 서로 소통하게 되면서 아이는 수혈을 받고 살아난다.

재판정에서 수혈 여부를 결정하는 과정에서 의사들의 과학적 사실과 부모의 종교적 신념의 차이를 논쟁적으로 보여준다(수혈 금지의 성경 근거, 언제부터 이런 교리가 시작되었는지 등). 역사적으로 지동설을 주장하던 갈릴레이 시대부터 다윈의 진화론을 거쳐 프로이트의 정신분석학뿐만 아니라 상대성 이론, 양자역학 시대로 발전하면서 과학과 종교는 서로 충돌하고 있다.

미국 테네시주에서는 진화론을 가르친 젊은 고등학교 과학 선생 존 토머스 스콥스가 진화론을 금지한 테네시주 법률을 위반하였다 하여 이른바 '스콥스 재판(원숭이 재판)'으로 불리는 재판이 열렸다. 스콥스 선생은 결국 100달러의 벌금형을 선고받았는데 이 과정이 「침묵의 소리(Inherit The Wind)」(1960)라는 영화로 제작되었다. 창조론과 진화론의 논쟁에 관한 법적 판단과 사회적 이슈를 위한 이 재판에서 법을 어긴 과학 선생이 패배한 것처럼 보이지만 이 법정 논쟁 과정이 전국으로 중계되면서 진화론을 옹호하는 세력은 대중적 지지를 얻는 데 성공하였다. 이 과정은 『신들을 위한 여름: 종교의 신과 과학의 신이 펼친 20세기 최대의 법정 대결』(2014)이라는 책으로도 출간되었다([그림 3]).

플로리다주립대 철학 교수 마이클 루스(다윈주의자)는 〈과학과 종교의 화해를 위하여〉라는 칼럼에서 "과학은 인간에게 물리적 세계의 존재와 작용 원리에 대해 설명한다. 종교는 그 세계와 그 안에서 우리의 위치에 대해 의미를 부여하려는 목적을 갖고 있다.

[그림 3] 영화 「침묵의 소리」 포스터(왼쪽)와 책 『신들을 위한 여름』 표지(오른쪽).

과학자들은 즉답이 가능한 질문을 하고 있지만 종교는 궁극적인 질문을 하고 있는 것이다.”라면서 “사람들이 어느 한 영역에서 얻어야 할 해답을 다른 영역에서 구하는 실수를 저지르지 않는다면 갈등은 생기지 않는다. 과학과 종교, 그리고 진화론과 기독교가 인간생활에 있어서 각자의 위치를 이해하고 그 경계 안에 머문다면 서로 갈등을 일으킬 일은 없다.”고 주장하였다.

덧붙여 1997년 노벨물리학상을 수상한 윌리엄 필립스의 인터뷰 내용을 소개한다.

“‘우리가 왜 여기에 있고, 무엇을 해야 하는가, 우리가 다른 이들에게 어떻게 행동해야 하는가’는 종교에서 하는 질문입니다. 과학은 보통 이런 질문을 하지 않습니다. 반면에 우주가 어떻게 지금과 같이 존재

하게 되었고, 어떻게 움직이는가 같은 질문은 종교에서 해야 할 질문
이 아닙니다. 어떤 과학자들은 오직 과학만이 질문하고 그 질문에 답
할 수 있는 유일한 방법이라고 생각합니다. 또한 종교적 믿음을 가진
어떤 사람들은 성경이 종교, 도덕, 윤리 의미에 관한 질문뿐 아니라
과학적 질문에 대해서도 말해주는 책이라고 생각합니다. 저는 이 둘
모두가 잘못된 것이라고 생각합니다."

당연히 의사는 정당한 권위를 가져야 하며, 모든 것을 법의 판
단에 의지하려고 해서는 안 된다. 권위의 기초인 의사의 성실한
자세는 인간의 생명과 신체를 그 무엇보다 소중하고 존엄한 것으
로 여기는 마음에서 시작된다. 따라서 의사는 환자의 다양한 자
기결정권을 무시하거나 따라다니며 변화시킬 필요는 없지만, 의
료체계 내에 들어오려는 사람에 대해서는 생명과 신체의 유지·
회복이라는 기본 가치에 입각하라고 말할 수 있어야 한다. 종교가
모두 맹신적이라는 것이 아니라 종교적 신념의 정도를 의사들의
눈높이로 평가하기 쉽지 않다는 것이다. 영화를 통해 이런 문제들
도 한번 진지하게 생각해 볼 기회가 되었으면 한다.

트리 오브 라이프

어둠 속에서도 빛은 있나니

Tree of Life[1]

　영화「트리 오브 라이프」는 2011년 64회 칸영화제에서 황금종려상을 받았다. 당시「멜랑콜리아(Melancholia)」(2011)[2]와 경쟁했는데 많은 전문가들의 예상을 깨고「트리 오브 라이프」가 상을 받았다. 또 BBC 선정 '21세기 위대한 영화 100편' 7위에 랭크되었다. 제목인 '트리 오브 라이프(Tree of Life)'는 구약성경 창세기에 나오는 아담과 이브가 따먹은 선악과가 달린 나무를 의미한다.[3] 구약성경의 욥기가 이 영화의 주제를 이루는데 그렇지 않아도 이해하기 힘든 욥기를 자세한 설명 없이 배우들의 내레이션과 웅장한 영상 등으로 혼합함으로써 정신을 차리지 않으면 줄거리를 따라가기 어렵다. 세계적인 큰 상을 받은 영화가 흥행에 실패한 이유는 대다수 관객이 종교와 철학이 뒤섞인 테런스 맬릭 감독의 영화를 그리 좋아하지 않기 때문인 것 같다.

　영화는 "내가 땅을 세울 때 너는 어디 있었느냐?"(욥기 38, 4-7)

시놉시스

"아버지, 그 시절 당신이 미웠습니다."
오랜만에 아버지와 통화한 잭은 문득 어린 시절을 떠올린다.
미국 텍사스에서 오브라이언(브래드 피트 역)과 그의 아내(제시카 차스테인 역)는 세 아들과 함께 단란한 가정을 이룬다. 아이들을 언제나 자애로운 사랑으로 대하는 엄마와 달리 엄격하기만 한 아버지, 그는 아이들에게 경외의 대상이자 두려움의 대상이다. 맏아들 잭은 권위적인 아버지와 자꾸 부딪치게 되고, 두 사람 사이엔 미움과 분노가 쌓인다.

는 자막으로 시작한다. 그리고 붉게 움직이는 횃불 모양의 빛이 화면 중앙에 나타나면서 내레이션이 계속된다. 이 움직이는 빛은 클래비룩스(Clavilux)라는 기계 장치가 오르간에서 연주되는 음표의 높낮이와 길이에 따라 광원이 조절되고 색유리를 통과하면서 만들어내는 신비로운 영상이다.[4] 영화 속에 삽입된 것은 'Opus 161'로서 주로 '성령'을 의미하거나 우주의 기원과 비밀을 형상화하는 데 활용된다고 한다.[5] 아마도 감독은 모세가 광야에서 불에 타지 않는 떨기나무를 보면서 하느님을 만나는(탈출기 3, 2-4) 장면을 형상화했다고 볼 수 있는데 그 빛이 욥과 고통받는 영혼들의 울부짖음을 듣는 하느님을 암시한다.

나머지 줄거리는 아버지와 어머니 그리고 세 형제가 성장하고 보대끼며 살아가는 내용이다. 가부장적인 아버지는 음악에 소질이 있었지만 잠깐 한눈을 파는 바람에 전공을 살리지 못한 본인의 실패를 특히 큰아들이 답습하지 않게 하려고 노력한다. 반면 어머니는 늘 자애롭고 아이들을 사랑으로 대한다. 영화는 이후 성인이 된 잭(숀 펜)의 가정과 그의 어린 시절을 회상하면서 주인공들의 내레이션이 들리는데 때로는 구체적으로 누구의 독백인지 구분하기 힘들 때도 있다.

"삶에는 두 갈래 길이 있다고 한다. 세속적인 삶과 자비와 은총 아래 사는 삶 중 어떤 삶을 살지 우리는 선택해야 한다. 자비와 은총의 삶, 절제의 삶은 온갖 멸시와 소외감과 미움을 묵묵히 견디며 모욕과 육신의 고통을 참아내는 길이다. 한편 세속적인 삶은 자신만을 내세우

니 남도 자기를 떠받들길 원하며 그 위에 군림하려 들고 자기 뜻대
로 살아간다."

어머니는 자비와 은총의 삶을 선택하고, 지독하게 가부장적인
아버지는 세속적인 삶을 살아간다. 군인이었던 아버지는 어머니
를 만나 아들 셋을 낳고 살아가는데 19세 아들의 사망 소식을 듣
고 힘들어하는 장면에서 시작하여 부모의 만남부터 잭과 동생들
의 어린 시절이 회상된다. 그러다 이 영화의 주제라고 할 수 있는
신부의 욥기 강론이 나온다.

"욥은 튼튼한 둥지를 지었을 것이라 자신했지요. 흠 없이 살면 불행
이 비켜 갈 거라 믿었죠. 욥의 친구들 말로는 하느님이 그를 벌하시
는 것은 몰래 죄를 지어서라고 했지만 그렇지 않아요. 의로운 자에
게도 고난은 닥칩니다. 우리는 자신의 불행을 막지 못할뿐더러 자식
의 불행 역시 막을 힘이 없어요. 지금의 순탄한 삶이 영원하리라 믿
겠지만 결코 그렇지 않습니다. 구름처럼 사라지고 가을 풀잎처럼 시
들며 나무뿌리처럼 뽑혀나가는 게 인생이죠. 하늘의 섭리에 어떤 모
순이 있는 걸까요? 이 세상에 영원한 것이 있습니까? 사라지지 않는
것은 있나요? 현재를 붙잡아둘 순 없습니다. 돈이나 생명보다 값진
길로 나아가야 합니다. 그렇다면 현인이나 의인은 육신의 고통에서
자유로울까요? 그들도 정신적 고통과 신체적 장애에 따른 몸의 불편
함은 물론 나약한 체력으로 질병을 얻습니다.

여러분은 하느님을 믿습니까? 욥 또한 하느님을 섬겼습니다. 친구나

자녀가 든든한 버팀목이라고요? 불행으로부터 숨을 곳은 그 어디에
도 없습니다. 언제 불행이 닥칠지 아무도 몰라요. 욥이 몰랐듯이 말
이죠. 욥은 가진 전부를 잃는 순간 하느님이 행하심을 깨달았습니다.
그는 덧없는 세상사를 내려놓고 영원한 생명을 갈구했어요. 베푸시
는 하느님만이 하느님입니까? 거두시는 하느님 또한 우리의 하느님
이 아닌가요? 지켜주는 하느님만이 하느님이라 보십니까? 등을 보
이시는 하느님 또한 하느님입니다.”

영화에서 아이들의 친구인 타일러가 수영장에서 익사한다. 그
때부터 어린 잭은 하느님께 질문하기 시작한다.

“그 어린이가 죄를 지었나요? 하느님은 그때 어디에 계셨나요?
왜 그 아이가 죽게 내버려두셨나요?”

이 질문은 구약성경의 욥이나 아이들의 죽음을 맞이한 사람들
의 사무치는 울부짖음이고, 영화 속 아들의 죽음을 맞이한 가족
의 마음을 대변하는 것이다. “나의 머리카락까지 알고 계신 전지
전능하신 하느님(마태 10, 30)은 어디에 계셨나요?”라는 물음에 대
해 영화 후반부에서 잭은 “그곳에 계셨다.”며 “나는 당신을 떠났
지만 당신은 나와 함께하고 있었으며, 항상 나를 부르고 계셨다.”
고 고백한다.

아이들과 재산을 잃고 지독한 피부병에 걸렸을 때 욥은 죄를
짓지 않고 율법을 잘 지키며 성실하게 살았는데 왜 이런 고통이
자신에게 나타났느냐고 항변한다. 그리고 마지막에야 하느님께

서 폭풍 속에 나타나 욥에게 말한다. 하지만 고통 중에 있는 욥이 그렇게 알고 싶어 하는 고통의 인과관계에 대해 답해 주시지 않고 당신의 창조 세계에 그를 초대한다. 당신의 손길이 머물러 있고, 당신의 사랑과 열정이 담긴 창조 세계 안으로 들어오라는 것이다.[6]

이 영화에서도 천지창조부터는 아니라도 행성이 지구와 충돌하여 공룡이 멸종하고 새로운 인류세가 시작하는 모습 등 우주의 신비한 모습과 지구의 역동적인 모습을 화면 가득히 보여준다. 랍비 로버트 고디스는 "인간은 창조 세계의 장엄함과 아름다움에 잠길 때 우주의 큰 계획 속에 녹아들면서 자신의 문제들이 하찮은 것임을 깨닫게 되고, 힘을 내어 자신의 그 문제들을 대면할 수 있게 된다."[7]고 했는데 욥도 하느님과 함께 장엄한 세계를 구경한 뒤, 아니 하느님을 눈으로 본 순간 분노와 원망, 갈망 등이 사라져 버린다.

영화는 공룡이 살던 시대를 지나 지구의 장엄한 모습이 화면을 가득 채우면서 계속된다. "언제 제 안에 들어오셨습니까?"라는 내레이션이 나온 다음 잭의 부모가 처음 만나 데이트하는 장면과 자궁 속 태아를 보여준다. 이는 구약성경 속 "모태에서 너를 빚기 전에 나는 너를 알았다. 태중에서 나오기 전에 내가 너를 성별하였다.(예레미야 1, 5)"는 구절을 표현한 것이며, 영화는 분만 과정을 통해 생명의 탄생으로 이어지고, 아들 셋과 뛰어놀던 존의 어릴 때 기억으로 이어진다.

어머니는 온갖 멸시와 소외감과 미움을 묵묵히 견디며 모욕과 고통을 참아내는 삶(서두에서 제시한 자비와 은총의 삶)을 살아가지만 아버지는 자신만을 내세우며 남도 자기를 떠받들기를 원하고 그 위에 군림하면서 자기 뜻대로 살아가는 삶(돈과 출세를 지향하는 세속적인 삶)을 살아간다. 가족 식사 때 본인은 식탁에 팔을 올려놓고 질문하면서 식사하지만 아이들에게는 그런 행동을 못 하게 한다. 특히 아이들을 강하게 키우기 위해 싸움의 기술을 가르치는 등 엄하게 키운다. 엄마처럼 순진하면 안 된다고, 잘 싸우고 일도 잘해야 한다고 강조한다. 오히려 그렇고 그런 죄를 지은 사람이 더 잘 산다고 주장한다. 욥기에서도 "어째서 악인들은 오래 살며 늙어서조차 힘이 더하는가?"(욥 21.7)라며 무죄한 자기는 고통받고 악인들은 심판받지 않는다며, 하느님은 공정하지 않다고 하소연한다.

사춘기에 이른 잭은 빈집 유리창을 깨뜨리고, 남의 집에 몰래 들어가 여인의 속옷을 훔치기도 하는 등 불량소년으로 성장한다. 잭은 아버지에 대한 미움이 커지면서 아버지를 빨리 죽게 해달라는 기도를 하고, 이성에 눈을 뜨며 오이디푸스 콤플렉스에 빠지기도 한다.

아버지는 특허를 몇 개 획득하고 해외출장도 가는 등 비교적 잘나가다 공장이 문을 닫게 되면서 위세가 한풀 꺾인다. 그제야 자신에게는 이제 세 아들뿐이라며 아이들을 엄하게 키운 건 강한 사람으로 만들고 싶었기 때문이라는 심정을 털어놓는다. 또 본인은 높은 사람이 되고 싶었지만 먼지같이 하찮은 존재가 되었다고 한

탄하며 타지로 이사한다.

영화 마지막 부분에서는 어떤 문을 통과하여 물이 빠진 강을 건너자 멋진 하늘나라(?)가 보인다. 거기에서 어른이 된 잭이 어린 시절 자신과 동생, 젊은 모습의 부모님 등 여러 사람들, 아마도 저 세상에 먼저 도착한 사람들을 만나면서 영화가 끝이 난다.

감독 테런스 맬릭은 하버드를 우등으로 졸업하고 옥스퍼드에서 유럽철학을 전공했다. 지도교수와의 갈등으로 박사학위를 포기한 채 귀국했지만 학위가 없는 상태에서 매사추세츠 공과대학교(MIT)에서 철학을 가르치기도 하였다. 1969년에는 미국영화협회학교(American Film Institute Conservatory)에서 석사학위(MFA, Master of Fine Arts)를 취득하면서 영화감독으로 데뷔하였다. 데뷔작 이후 지난 50년간 작품 10개를 선보인 그는 절대로 타협하지 않는 영화철학으로 상업주의를 지향하는 할리우드와는 다른 색채의 작품을 선보였다. 하지만 대다수 관객에게 종교와 철학이 뒤섞인 그의 영화는 결코 쉽지 않은데 그 배경은 다음과 같다.

맬릭 집안은 19세기 후반 레바논 내전기에 미국으로 이주했으며, 집안 전체가 동방 가톨릭교회 지파에 속한 마론파(Maronite, 안티오키아의 시리아 마론 교회) 소속이다. 마론파는 시리아에서 태동한 기독교 분파로 이슬람이 확장되면서 레바논 산으로 이주하였고, 레바논 독립국가를 건설하는 등 레바논의 주요 정파가 되었다. 마론파는 동방정교회와 로마가톨릭이 혼합된 아랍식 교파로 아람어[8] 미사를 비롯한 초대 교회들의 전례적 흔적을 많이 간직하고 있으며, 안티오키아 총대주교를 수장으로 한다.[9]

또한 맬릭은 미국에서 공부하면서 당시 유행하던 초월주의(Transcendentalism)를 받아들이면서 독특한 종교 철학관을 갖추게 된다.[10] 초월주의는 미국의 전환기를 밑바탕으로 미국 사상가들이 주장한 이상주의적 관념론에 의한 사상개혁운동으로, 직관적 지식과 인간과 자연에 내재하는 선함 및 인간이 양도할 수 없는 가치에 대한 믿음을 망라하는 관념주의의 한 형태다.[11]

이 영화는 결코 이해하기 쉽지 않다. 특히 계속되는 내레이션은 영어 생활권이 아닌 관객에게는 또 하나의 장벽일 수 있다. 더욱이 영화의 플롯이 앞뒤로 섞여 있어 그 스토리를 따라가기가 쉽지 않은데 영화비평가협회에서는 좋은 평가를 받았다고 한다. 욥기를 조금 이해하면서 그 이해 폭이 넓어지기는 했지만 완전히 이해하려면 몇 번 더 시청해야 할 것 같다.

빅터 프랭클은 『빅터 프랭클의 죽음의 수용소』에서 "영화는 수천 개의 장면으로 이루어져 있고, 각각의 장면에 다 뜻이 있고 의미가 있지만 영화의 전체적인 의미는 마지막 장면이 나오기 전까지는 드러나지 않는다."고 했으며 "그렇지만 영화를 구성하고 있는 각각의 부분, 개별적인 장면들을 보지 않고는 영화 전체를 이해할 수 없다."고 했다.

빅터 프랭클이 한 말로 잘 알려진 '어둠 속에서도 빛은 있나니'라는 명언의 라틴어 원문은 'et lux in tenebris lucet, et tenebrae eam non comprehenderunt'로 '어둠 속에서도 빛이 있지만 어둠이 그것을 깨닫지 못한다'는 뜻이다. 영화 마지막 부분에서도 결코 빛나지 않는 불꽃 모양의 영상이 다시 화면 중앙에 나오다 마천루가 즐비한 현실 세계로 돌아오면서 영화가 끝이 난다.

빛은 우리와 함께하고 있지만 많은 사람이 그 빛을 알지 못한다.

1) 「트리 오브 라이프(Tree of Life)」(2011), 감독: 테런스 맬릭, 출연: 브래드 피트, 숀 펜 등.
2) 「멜랑콜리아(Melancholia)」(2011), 감독: 라스 폰 트리에.
3) https://en.wikipedia.org/wiki/Tree_of_life.
4) '색채 오르간(colour organs)'이라고도 불리는데 토머스 윌프레드(Thomas ilfred)가 만든 혁신적인 기계 이미지이다.
5) '김채희의 시네마 크리티크', "「트리 오브 라이프」, 당신은 이 작품에 감동할 준비가 되어 있나요?", 『르몽드 디플로마티크』(2023. 10. 10.).
6) 송봉모, 『삶이 고통으로 휘청거릴 때』, 바오로딸, 2024.
7) 송봉모, 『삶이 고통으로 휘청거릴 때』, 바오로딸, 2024.
8) 아람어는 예수님이 살아 계실 당시 사용하던 언어로 지금은 사용되고 있지 않다.
9) https://m.mir.pe/wiki/마론파.
10) 출처: 『르몽드 디플로마티크』(http://www.ilemonde.com).
11) https://ko.wikipedia.org/wiki/초월주의.

미 비포 유

파스칼의 내기에 베팅하겠습니까?

Me Before You(2016)

최근 안락사와 관련된 뉴스가 많아졌는데, 2022년 6월 이른바 '조력존엄사법'이 발의되었다. '연명의료결정법 개정안(호스피스·완화의료 및 임종 과정에 있는 환자의 연명의료결정에 관한 법률의 일부개정법률안)'으로 말기 환자의 조력존엄사를 인정하고 이를 도운 의사에 대해서는 자살방조죄 적용을 배제하는 내용을 담고 있다.[1]

2018년에는 104세의 호주 생물학자가 스위스에서 안락사했다는 뉴스가 화제가 되면서 안락사 문제를 세계적인 이슈로 만들었다. 그는 몇 년 전만 해도 학회에서 논문을 발표하는 등 연구 활동을 왕성히 하였으나 학회장에서 넘어지는 등 육체 건강이 조금 악화되었다. 호주에서도 일부 주에서는 안락사를 허용하고 있으나 여명이 얼마 남지 않은 경우에만 가능하기 때문에 스위스행을 택했다고 한다.

KBS「거리의 만찬」(2019. 12. 15.) '스위스 안락사를 택한 사람들'에 의하면 디그니타스라는 비영리 안락사 단체에는 한국인 회원이 47명, 엑시트 인터내셔널에는 70명이 있다고 한다. 스위스에는 안락사를 시행하는 비영리단체가 몇 군데 있는데 이 두 단체에서 외국인을 회원으로 받아준다고 한다.

2022년 8월 어느 한국 작가가 스위스에서 안락사(조력자살)를 하는 호주 국적 한국인과 동반 여행을 하고 증인으로 참석한 다음 책[2]을 써서 큰 이슈가 되었다. 여러 신문에서 인터뷰 기사를 냈는데 그에 따른 찬반 의견이 많다.[3] [4]

이번에는 스위스 안락사와 관련된 영화를 소개한다. 여기에 속한 영화는 「미 비포 유」[5]가 대표적이라고 할 수 있으며, 2022년에는 「다 잘된 거야」[6]라는 프랑스 영화가 개봉하였다. 「미 비포 유」는 콩쥐팥쥐 이야기의 콩쥐처럼 시골에서 집안일을 도우며 살던 주인공이 경추손상으로 장애인이 된 부자 청년을 만나 사랑에 빠진 신데렐라 이야기라 할 수 있는데 이 청년은 영화 끝부분에서 안락사를 선택한다.

2022년 개봉한 「다 잘된 거야」는 프랑스 프랑수아 오종 감독의 영화다. 아빠는 뇌졸중으로 편측마비가 발생하여 한쪽 눈이 잘 감기지 않고 침도 흘리며 대소변도 혼자 해결할 수 없다. 영화는 어느 날 아빠로부터 자신의 죽음을 도와달라는 부탁("도와줘, 끝낼 수 있게…")을 받은 딸의 선택과 그 과정을 그린 것이다. 메디치상을 수상한 여류작가인 에마뉘엘 베르네임의 자전적 이야기, 동명 소설[8]이 원작이다. 이름만 들어도 알 수 있는 소피 마르

시놉시스^{가)}

6년 동안이나 일하던 카페가 문을 닫는 바람에 백수가 된 루이자는 새 직장을 찾던 중 촉망받던 젊은 사업가였던 전신마비 환자 윌의 6개월 임시 간병인이 된다. 루이자의 우스꽝스러운 옷, 썰렁한 농담, 속마음을 그대로 드러내는 얼굴 표정이 신경 쓰이는 윌과, 말만 하면 멍청이 보듯 두 살짜리 취급을 하고 개망나니처럼 구는 윌이 치사하기만 한 루이자는 서로의 인생을 향해 나아간다.

동명의 책을 쓴 작가의 말에 의하면 "미 비포 유"의 의미는 '당신을 만나기 전의 나'라는 뜻이라고 한다. 환자는 교통사고에 의한 경추손상으로 의식은 아무 이상이 없고 숨도 쉴 수 있다. 재활치료로 손가락 일부를 겨우 움직이게 되어 전동 휠체어를 운전할 수 있으나 혼자서는 식사 등 아무것도 할 수 없고, 대소변 관리도 도움을 받아야 한다. 환자는 휠체어에 의지하여 겨우 움직이는 자신이 싫고, 자주 반복되는 폐렴도 싫으며, 타는 듯한 팔다리 통증도 정말 견디기 힘들다. 아침마다 빨리 죽었으면 좋겠다고 바라며 잠을 깨는 것은 더욱 싫다. 그렇게 몇 년을 살아가던 윌은 스위스로 가기로 결심하고, 숙려기간 6개월 동안 간병인으로 고용한 루이자를 만난다. 그녀는 서투른 간병인으로 시작했으나 사랑이 싹텄고, 윌이 그녀 곁에서 그냥 살아주기를 바라지만 그의 마음을 바꿀 수는 없다.

소와 프랑스 영화계의 살아 있는 전설 앙드레 뒤솔리에가 출연하여 안락사 논쟁이라기보다는 딸과 아빠의 작별 여정을 사랑으로 담아내고 있다.

안락사에 관한 영화 「내 인생은 나의 것(Whose Life Is It Anyway?)」(1981)과 「씨 인사이드(The Sea Inside)」(2004), 인도 영화 「청원(Guzaarish)」(2010)도 경추손상으로 인한 사지마비를 소재로 삼았으며, 안락사를 하게 해달라고 법적 투쟁을 하는 영화다. 「씨 인사이드」와 「청원」에서는 사고 이후 장애인으로 살아가지만 막대기를 입에 물고 컴퓨터 자판을 치고, 방송에 출연하여 다른 장애인들에게 희망을 주는 등 열심히 살아가다 20여 년이 지난 후 '죽음을 결정할 수 있는 권리'를 달라면서 법적 소송을 진행한다. 그러나 최근 영화인 「미 비포 유」와 「다 잘된 거야」에서는 장애인으로 살아간 시간이 그렇게 길지 않으며, 법적 문제가 없고 안락사가 허용되는 곳으로 간다.

저자 기억에 남는 잊지 못할 환자 가운데 발레리나가 꿈이었던 여대생이 있었다. 그녀는 몇 달 전 교통사고로 인해 큰 외상은 없었지만 하퇴부 통증과 감각이상을 호소하였다. 다른 종합병원 등에서 흉추와 요추의 컴퓨터 촬영 등 검사를 수차례 했지만 이상을 발견하지 못했는데 그날은 응급실을 통해 당직이었던 순환기내과로 입원하였다. 처음 만났을 때 환자는 "시원한 바람을 쐬고 싶다."며 침대를 창가로 옮겨달라고 부탁하였다. 흉부 청진상 호흡음이 감소되어 있어 경추손상을 의심하고 검사했더니 치아돌기(Odontoid, 제2경추) 골절이 발견되었다. 수술을 준비하고 인공호흡기를 넣어 호흡을 보조하는 도중 환자가 몸부림치면서 온몸을 비틀어댔고, 많은 진정제를 투여했으나 막을 수 없었다. 환자는 그렇게 죽음을 선택하였다.

우리나라에 고려장이 실제로 있었다면 그것도 안락사의 범주에 들어갈 수 있다. 이렇듯 안락사에 관한 역사는 길다.[9]

고대 인도에서는 치료가 불가능한 환자를 갠지스강에서 익사시키고, 고대 이스라엘에선 죽음을 촉진하는 향을 사용하기도 하였다. 플라톤은 "정신적, 육체적으로 병든 사람은 죽어야 한다."는 말을 하기도 했다. 히포크라테스는 "어떤 요청이 와도 누구에게도 독약을 처방하지 않으며, 그 같은 방법을 알려주지도 말아야 한다."고 했는데 그만큼 처방이 많았다는 것을 유추할 수 있다. "신은 죽었다."고 한 프리드리히 니체는 자살을 옹호하는 주장을 했으며, 본인도 자살을 몇 번 시도했다고 한다.

1920년 알프레트 호헤와 카를 빈딩은 『쓸모없는 동물의 파괴를 허락하라』는 책에서 가치 없는 것처럼 보이는 삶을 살거나 유전자 풀에 결함이 있는 것처럼 보이는 것들을 살해하라고 주장했는데 이 책은 나치가 자행한 반자발적 대규모 안락사의 근거를 제공하였다. 그리고 1942년 스위스 정부가 조력자살을 허용하면서 '자발적 안락사' 문제는 전환점을 맞이하게 된다.

영화 「유 돈 노우 잭(You Don't Know Jack)」(2013)은 130여 명을 안락사시킨 '죽음의 의사' 잭 키보키언(1928~2011)의 일생을 그리고 있다. 특히 1998년에는 루게릭병에 걸린 환자의 안락사 장면을 비디오로 녹화한 뒤 CBS 방송 프로그램 「60분」을 통해 방영토록 해 안락사에 대한 논쟁을 불러일으켰다. 이후 그는 2급 살인죄로 최고 25년형을 선고받았으나 더는 안락사를 돕지 않는다는 조건으로 가석방되었다. 하지만 안락사 합법화 노력은 계속하겠다는 뜻을 굽히지 않았다고 한다.

안락사는 의사가 약물주사나 치료 중단 등으로 죽음을 앞당겨 준다는 의미가 강하다. 최근에는 조력자살(assisted suicide)이라는 용어를 더 많이 사용하는데 약물 등을 준비할 때만 도움을 받고 본인 스스로 행위를 하여 죽음에 이르는 것을 말한다. 존엄사는 법적 처벌을 받지 않기 위한 용어 중 하나로, 연명의료 중단, 즉 생명을 연장하는 치료를 중단할 것을 스스로 결정하여 죽음을 맞이함을 뜻한다. 그래서 2022년 6월 발의된 '조력존엄사법'이라는 이상한 용어가 탄생한 것이다. 실제로는 조력자살이라는 용어가 더 가깝다.[10]

자살한 사람은 법적으로 처벌하지 않는다. 그러나 자살을 도와주거나 방조하면 처벌받는다. 그러나 예전에는 자살은 큰 죄로 여겼고, 영국과 웨일스에서는 1991년까지, 아일랜드에서는 1993년까지도 자살은 범죄행위였다.[11] 사후세계를 잘 믿지 않으면서도 영원성이나 영혼 불멸을 믿는 사람이 많아졌는데 자살을 원하는 사람 중에는 사후세계에 대한 기대가 높은 경우가 많다고 한다. 그러나 만일 사후세계가 있고 심판도 있다는 것을 안다면 그들은 생각을 바꿀 가능성도 있다. 일본 만화 중에는 『사후세계에서도 죽을 때까지 일하는 이야기』[12]라는 흥미로운 이야기가 있다.

모든 종교의 고유영역에는 사후세계가 있다. 그러나 이승에서는 사후세계가 있는지 확실히 알 수 없다. 파스칼은 신이 있을지, 없을지 알 수 없으나 있다는 곳에 베팅하는 것이 좋다고 주장한다. '파스칼의 내기(Pascal's Wager)' 논증은 다음 4가지 경우의 수로 말하고 있다.

① 첫째 하느님이 존재하지 않는다고 믿고 살았는데 죽고 보니 없는 경우, ② 둘째 하느님이 존재하지 않는다고 믿고 살았는데 죽고 보니 있는 경우, ③ 셋째 하느님이 존재한다고 믿고 살았는데 죽고 보니 없는 경우, ④ 넷째 하느님이 존재한다고 믿고 살았는데 죽고 보니 있는 경우다.

설명하면, ① 신이 존재하지 않고, 신이 존재하지 않는 것처럼 산다면 그 사람은 잃는 것이 없다. ② 신이 존재하지 않고, 신이 존재하는 것처럼 산다면 그는 잃는 것은 없지만 좀 더 나은 삶이라는 이득이 있고, 사회적 평판도 좋을 것이다. '익명의 그리스도인'이 여기에 해당할 것이다. ③ 신이 존재하는데 신이 존재하지 않는 것처럼 산다면 큰 고통이 있을 가능성이 있다. 마지막으로 ④ 신이 존재하고 신이 존재하는 것처럼 산다면 그는 잃는 것이 없고, 모든 것을 얻을 것이다. 신이 있다는 곳, 심판이 있다는 곳에 내기를 걸 만하다.

카를 구스타프 융은 죽음 뒤에도 삶이 계속 이어진다는 불사의 생각을 전적으로 거부하거나 무시하는 사람도 있지만 대부분의 사람들에게 인생이 현재를 넘어 무제한의 연속성을 지니고 있다는 생각은 의미가 깊고 그들의 마음을 편안하게 해준다고 했으며, 심지어 사후의 삶을 생각하고 의견을 만들고자 하는 시도는 인간의 원초적 요구라고 하였다.[13] 그리고 심판이 있다면 다시 한 번 더 생각해봐야 할 것인데 이마누엘 칸트도 인간의 도덕윤리가 성립하려면 사후생이 있어야 하고, 사후 심판이 있어야 한다고 주장하였다.

최근 「나를 죽여줘」[14]라는 우리나라 영화가 개봉했는데 아내 없이 뇌성마비 아들을 돌보는 아버지가 경추관 협착증이라는 희귀 불치병에 걸려 극심한 고통을 당하면서 오히려 장애인 아들의 도움이 필요해지는 이야기를 담았다. 캐나다 작가 브레드 프레이저 극본의 연극 「킬 미 나우(Kill Me Now)」가 원작이다.

다음은 영화 대사의 일부다.

"다시는 병원에 안 가. 끔찍해…. 치료 방법도 없어. 고통이 줄지도 않아. 나는 내 고통, 내 인생을 내 맘대로 끝낼 이유도 있고, 권리도 있어. 어떤 법이든, 편견이든 나 조금도 신경 안 써. 그냥 아무나 붙잡고 지금 나 좀 끝내 달라고 매달리고 싶어."

이 대사를 들으면서 저자는 할 말을 잃었다.

한편 미국에서 안락사법이 통과된 후 안락사를 선택한 환자는 백인, 고학력자, 빈곤층의 순서였다고 한다. 또한 조력자살로 처방받은 약을 죽을 때까지 그대로 보관하고 있는 환자도 있다고 한다. 최근 『죽음의 격』이라는 책이 번역 출간되었는데 '필연의 죽음을 맞이하는 존엄한 방법들에 관하여'라는 부제를 달고 있다. "고령사회로 접어들수록 더욱더 많은 사람이 불법적인 경로로 약물을 구매해 안락사를 시도하려 할 겁니다. 질병의 고통 속에 놓인 이들은 법이 바뀔 때까지 기다릴 여유가 없거든요."[15] 이는 부자들의 푸념(?)을 대변한 것이라 할 수 있는데 가난한 사람은 먹고 죽을 약을 살 돈도 없다.

이런 영화나 책이 잇따라 나온다는 건 존엄사, 조력자살, 안락사에 대한 사회적 관심과 논의가 사람들의 마음속에서 이미 시작됐다는 것을 의미한다. 그러나 이들 영화를 통해 그 정보와 용어 등을 잘 알고 찬반 의견을 제시하는 것이 좋을 것 같다. 많은 사람이 원한다고 해서 법이 만들어진다면 정의로운 사회가 아니다.

PS. 의학은 계속 발전하고 있다

-최근 뇌졸중에 의한 편측마비 환자의 신경을 연결하여 효과가 있었다는 보도가 있었다. 경추 5, 6, 7, 8번과 흉추 1번 등 5개 신경뿌리가 합쳐져 만들어진 신경다발인 상완신경총 일부를 마비된 신경 쪽으로 연결하여 그들 신경 기능을 되살려 회복을 돕

는 방식인데 안면마비와 눈 및 비뇨생식 기능 등이 호전되었다
는 것이다.[16]

　-미국에서 하반신 마비 환자가 전기자극술 덕에 성기능을 회
복한 사례가 잇따라 나와 주목된다.[17] 그 배경 조사는 2004년 하
반신 마비 환자 300여 명을 대상으로 하였는데 그들이 가장 바라
는 것은 성기능 회복이고, 2위는 대소변 조절이었으며, 5위가 걷
기였다고 한다. 걷기보다는 성기능 회복에 대한 욕구나 높다는
것이다.

1)　국민 81% '조력존엄사법 반대'…'연명의료 안 받겠다' 82%, 청년의사(2022. 8. 13.).
2)　신아연(2022), 『스위스 안락사 현장에 다녀왔습니다』, 서울: 책과나무.
　　'스위스 안락사 현장 동행기②: 죽음을 선택한 사람이 겪어야 하는 외로움에 대하여',
3)　「오마이뉴스」(2022. 9. 28.).
4)　허대석, (서평)스위스 안락사 현장에 다녀왔습니다, https://blog.naver.com/
　　dsheokr/222910782301.
5)　「미 비포 유(Me Before You)」(2016), 미국, 감독: 테아 샤록.
6)　「다 잘된 거야(Everything Went Fine)」(2021), 프랑스, 감독: 프랑수아 오종.
7)　네이버 영화, 「미 비포 유」.
8)　에마뉘엘 베르네임, 이원희 역, 『다 잘된 거야』, 작가정신(2016. 1. 5.).
9)　대니얼 스미스, 석이우 역(2018), 『초짜들을 위한 짧고 쉬운 지식의 역사: 우주의
　　탄생부터 포스트모더니즘까지 세계사를 바꾼 150가지 아이디어』, 파주: 지식서재.
10)　김준혁, "'조력존엄사법'이라는 이름은 틀렸다", 한겨레(2022. 6. 21.).
11)　김형태, '법률이야기: 자살죄(1)', 중도일보(2014. 9. 15.).
12)　야마구치 에이토, 안수지 역, 『사후세계에서도 죽을 때까지 일하는 이야기』, 소미미
　　디어(2020).
13)　이부영, 『한국의 샤머니즘과 분석심리학: 고통과 치유의 상징을 찾아서』, 한길사
　　(2012).
14)　「나를 죽여줘(Kill Me Now)」(2022. 10. 19. 개봉), 감독: 최익환.
15)　"죽음을 예약한 사람들…'존엄사'의 마지막 순간은", 동아일보(2022. 10. 18.).
16)　"뇌졸중 편마비 환자, 상완신경총 수술로 극복 가능", Medical Observer(2019. 11.
　　12.).
17)　"美 전기자극술, 하반신 마비 '남성' 일으켰다", 연합뉴스(2014. 8. 1.).

에브리원 세즈 아이 러브 유

영화 속 보수와 진보

Everyone Says I Love You(1996)[1]

2023년 1월 KBS는 한국리서치, 한국정치학회 · 사회학회와 함께 시행한 신년 여론조사 결과를 공개하였다.[2] 한국인의 가치관에 대한 여러 내용을 담고 있는데 이번 조사에서 자신이 진보인지 보수인지를 묻는 질문에 응답자의 28%는 진보, 24%는 보수라고 답했고, 진보도 보수도 아니라는 응답자(중도)는 절반에 가까운 48%로 가장 높았다고 한다. 그런데 응답자가 진보 · 보수 · 중도 중 하나를 선택하다 보니 "어떤 경우에도 독재에 끝까지 저항해야 한다."는 진보적 가치에 맞는 질문에는 진보 응답자 87%, 보수 응답자도 79%가 동의했다고 한다. 설문 조사자들은 "응답자 스스로 자신을 진보, 보수라고 생각하지만 실제 생각이나 가치관은 차이가 있을 수 있다."는 평가를 내렸다.[3]

한편 2022년 12월 한국갤럽 연간 통합 집계에 따르면 2022년 20~30대에서 진보가 보수보다 우세하다는 공식은 완전히 깨졌다고 하며, 최근 2년 동안 20~30대의 변화가 두드러졌다고 한다.

이 연령대에서 2021년 이전에는 진보 성향을 가진 사람이 많았는데 2021년에는 보수가 진보보다 많았다. 진보가 확실히 우위인 연령대도 2020년 56세 이하 전체였지만 2022년에는 36~54세로 줄었다. 나이가 들수록 보수적 경향을 보이는 현상(연령 효과)으로 인해 진보와 보수가 역전되는 연령은 55세(1967년생)였다. 55세는 보수와 진보가 29%로 같았으며, 1967년생은 54세였던 지난해 진보(32%)가 보수(24%)보다 8%포인트 높았다. 진보와 보수가 역전되는 나이는 지난해 55세(1966년생), 2020년에는 57세(1963년생)였다. 2002년 노무현 대통령을 당선시키는 등 우리 사회의 핵심 진보층을 형성해 왔던 86세대(1960년대 출생, 1980년대 학번)도 이제 대다수 보수가 더 많은 세대로 전환된 것이다.[4]

최근 우리나라에서 보수와 진보 사이에 논쟁이 많아졌는데 이는 전 세계적 현상이며, 미국에서도 심하다. 사회 취약계층을 도와주는 문제(선별·보편 복지)부터 낙태, 성소수자 문제에 이르기까지 서로 '옳고·그름'이 아닌 '다름'을 죽기살기(?)로 논쟁하고 있다.

이번에는 영화 속 진보와 보수에 관한 이야기로, 영화 「에브리원 세즈 아이 러브 유」와 조너선 하이트의 TED 강의를 중심으로 풀어나가기로 한다.

영화에서는 전통적인 진보적 집안임에도 아들이 보수 성향을 가지고 있어서 아버지와 대립하고 언쟁한다. 리버럴한 진보 성향

시놉시스

뉴욕 파크애비뉴의 펜트하우스. 디제이의 가족은 늘 복잡하고 다양한 이야기로 시끄럽다. 주인공 디제이의 엄마 스테피는 아버지 조의 친구인 밥과 결혼했으며, 이복 형제자매와 가벼운 치매 증세를 보이는 할아버지가 함께 살고 있다. 젊음이 가득한 유혹의 도시 뉴욕에서, 동거녀가 떠난 후 상심한 조가 디제이의 가족을 찾아온다. 투신자살하겠다는 것을 겨우 달랜 친구 밥과 아내 스테피는 조에게 여자 친구를 골라준다며 머리를 맞대고 궁리한다. 얼마 전까지 조의 아내였던 스테피와 밥은 그에게는 없어서는 안 될 영원한 친구다. 이처럼 조금 이상한 삼각관계를 가진 부모와, 영화 중 내내 내레이션을 하는 딸 디제이, 그리고 세 딸의 철없는 사랑 이야기가 펼쳐지는 뮤지컬 영화다.

가풍을 자랑으로 삼는 가문의 큰아들이 공화당 지지자라니 아버지는 이해할 수 없다.

"국가에서 보조금을 주면서 어떻게 자립심을 기대할 수가 있죠?"
"부득이한 실직자들을 버려두자는 얘기냐?"
"복지정책으로는 안 돼요. 학교에서의 기도 금지나 범죄 감싸기 정책[5] 같은 망상이라고요."
"…."
"강력한 미국이여, 무기를 들어라!"

이 영화는 1996년 제작된 것이고, 트럼프가 대통령이 되기 한참 전 영화인데 이런 대사가 나온다는 것은 그런 기조가 오래전부터 있었다는 것을 시사하며, 이 또한 감독 자신의 사상일 수 있다.

감독 우디 앨런(1935년생)은 미국의 유명 영화감독이자 배우, 코미디언이면서 음악가(재즈 클라리넷)이다. 그는 35세 연하의 한국계 순이 프레빈과 결혼하면서 뉴스에 오르기도 했는데 그의 여성 편력은 화려하다. 우디 앨런은 아카데미 감독상 수상 1회(「애니 홀」), 아카데미 각본상 수상 3회(「애니 홀」, 「한나와 그 자매들」, 「미드나잇 인 파리」)의 경력이 있으며, 아카데미에 24회 노미네이트되는 등 이 시대 최고의 거장 중 한 명이다.[6] 그는 이 영화를 감독하면서 주인공으로도 출연했는데 3명의 여성과 사랑하고 이별하는 이야기를 풀어간다.

영화에서 조(우디 앨런)는 어느 여성의 은밀한 비밀을 알게 되고, 그 비밀을 이용하여 그녀에게 접근한다. 자기 마음을 너무 잘 알아주는 남자에게 끌린 그녀는 처음에는 운명처럼 다가서지만 자신의 마음을 너무 들켜 버리는 것 같아 그를 떠난다. 또한 젊은 딸들의 물불 안 가리는 '정열적인 사랑'으로 세대 간 갈등에 빠지는 모습을 보여주기도 하지만 영화 마지막에 주인공 아버지와 엄마의 '동반자적 사랑'에 이르는 장면이 연출되고, 모든 일은 해피엔딩으로 끝난다.

감독은 사랑의 3가지 요소인 친밀감(Intimacy), 열정(Passion), 헌신(Commitment)을 나름대로 설명하려 한 것 같다. 정신적, 육체적 친밀감과 열정도 중요하지만 열정은 고통을 동반할 수 있으며, 헌신은 상대방과의 결합(결혼) 의지와 그에 따른 의무와 규범을 충실하게 다해야 한다는 것이다.

영화감독 중에는 보수 사상을 가진 사람도 있고, 진보 사상을 가진 사람도 있다. 보수정권하에서 블랙리스트에 올랐던 봉준호 감독과 그의 영화 「기생충」이 진보 영화이며, 그 외에도 「변호인」, 「천안함 프로젝트」, 「부러진 화살」, 「남영동 1985」 등이 여기에 속한다. 한편 「국제시장」, 「퍼스트레이디」, 「연평해전」, 「암살」 등과 전쟁영웅 이야기는 보수 영화다.

영화 「1급 기밀」은 방위산업 비리(군납 비리)를 고발하는 영화인데 제작 당시 보수정권은 방산 비리 척결을 큰 과제 중 하나로 삼았지만 바라보는 시선이 좋지 않았다. 더욱이 제작비 모금이 쉽지 않았다고 한다. 상명하복과 충성심을 강조하는 군대에서 자신들의 비리를 비교적 낮은 계급의 소령이 고위 장교를 고발하는 영화가 당시 정권이나 보수 성향 투자자들에게 달갑지 않았던 모양이다.

『바른 마음』의 저자이며 유명한 심리학자이고 뉴욕대학교 교수인 조너선 하이트는 TED 강의 '자유주의자와 보수주의자의 도덕적 근원에 대해서' 조너선 하이트, '자유주의자와 보수주의자의 도덕적 근원에 대해서'[7]에서 자유주의자(진보)와 보수를 구별하는 도덕의 5가지 토대를 ① 고통에 대한 배려(harm/care), ② 공정성과 상호 호혜성(fairness/reciprocity), ③ 자신이 속한 집단에 대한 충성심(in-group/loyalty), ④ 권위에 대한 존경심(authority/respect), ⑤ 순결성과 신성함(purity/sanctity)이라고 주장한다.

진보 그룹은 ① 고통에 대한 배려, ② 공정성과 상호 호혜성, 이 2가지가 나머지 3가지 토대보다 높다. 보수 그룹은 5가지 토대가 거의 비슷하게 높지만 ① 고통에 대한 배려, ② 공정성과 상호 호혜성, 이 2가지가 진보 그룹보다는 낮다([그림 1]). 그래서 진보는 2가지 토대(지표)가 중요하고, 보수는 5가지 토대(지표)를 모두 중요하게 여긴다는 것이다.

진보주의자의 생각은 근본적으로 "집단 내의 권위, 순결성 이런 것은 도덕과는 전혀 관계가 없어서 인정할 수 없다."는 것이지만 보수는 충성심, 존경심, 순결성 등 이 3가지 토대(지표)도 도덕적으로 중요하게 여긴다. 따라서 이민자나 성소수자, 낙태에 관한 잣대가 조금 더 높은 것이다. 한국이 포함된 동아시아에서도 미국과 비슷한 패턴을 보이지만 가운데에 있는 중도파의 지수가 더 높다([그림 2]).

독일의 대문호 괴테는 21세 연하의 베토벤과 한때 친하게 지냈다고 한다. 어느 날 두 사람이 산책하던 중 맞은편에서 황족 및 귀족 몇 사람이 걸어왔다. 자유분방하고 반항적 기질이 있는 베토벤은 저들에게 길을 비켜주지 말고 그대로 가자고 했으나, 괴테는 길을 비켜주며 모자까지 벗고 허리를 굽혀 인사했다고 한다. 젊었던 베토벤은 권위에 대한 반항감(진보 성향)이 높았던 반면, 괴테는 보수 성향이 높았던 것이다. 두 사람은 이 일로 크게 실망하여 서로 만나지 않게 되었다고 한다.[8] 하이트 교수에 의하면, 개를 입양할 때도 보수는 개가 가족과 주인 말을 잘 듣고 낯선 사람

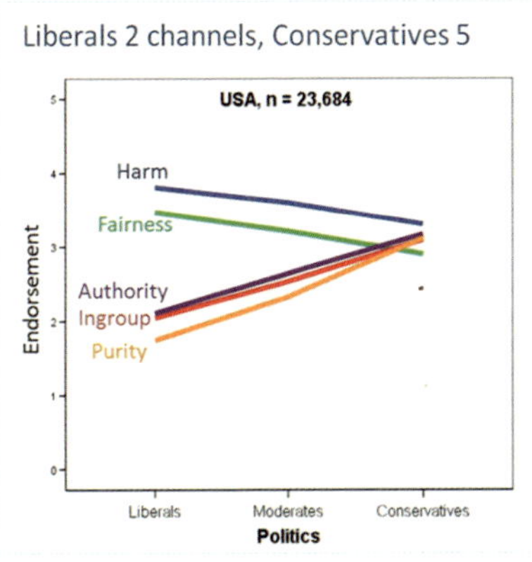

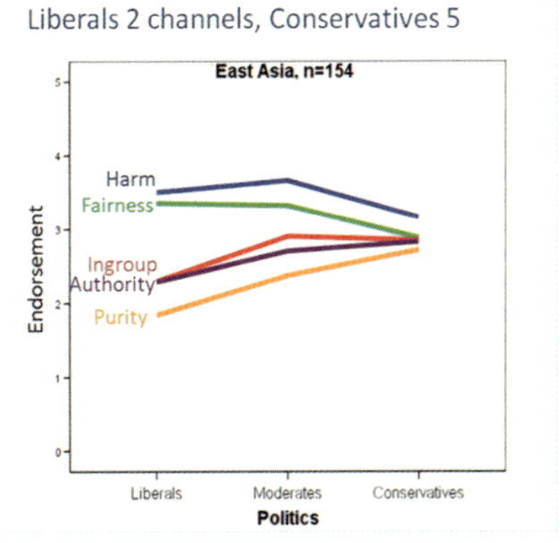

[그림 1] 미국에서 진보, 중도, 보수의 토대(지표). TED 강의에서 화면 캡처.　[그림 2] 동아시아에서 진보, 중도, 보수의 토대(지표). TED 강의에서 화면 캡처.

에게 으르렁거리는 것을 좋아하지만, 진보는 개가 독립적 성향이 매우 강해서 자기 주인을 동등한 지위의 친구로 여기는 것을 좋아한다고 한다.

전통적인 권위와 도덕은 하위 계층의 사람이나 여성 그리고 사회적 소수자에게 매우 억압적이고 구속적일 수 있기 때문에 진보주의자는 약자와 억압받는 자들을 대변하고, 혼란을 감수하더라도 변화와 정의를 추구한다. 반면 보수주의자들은 제도와 전통을 추구하는데 그들은 하위 계층의 피해를 감수하더라도 질서가 잘 유지되기를 원한다. 18세기 영국의 철학자이며 보수 정치가인 에드먼드 버크는 프랑스혁명 직후 "인권에는 '자유의 구속'과 '자유'가 함께 고려돼야 한다."고 말했는데 진보주의자와 보수주의자가 변화와 안정성의 균형을 맞추는 데 함께 기여하고 있음을 이해해야 한다고 주장한 것이다.

하이트는 동양의 음양사상을 예로 들면서 세상이 돌아가기 위해서는 이 음과 양이 대립하면서도 의존하고, 공존과 조화를 이루어야 한다고 설명한다. 음과 양은 다르지만 결국 한 몸이다. 한쪽이 다른 한쪽을 만들어 영원히 순환하는 이치를 만들기 때문이고, 음양은 어느 한 곳에 치우치지 않고 항상 균형을 유지해야 한다.

이어서 중국 오대(五代) 시대 승려로 선종(禪宗)의 제3대 조사(祖師)인 승찬(僧粲)의 신심명강설(信心銘講說) 일부를 소개하였다.

"위순상쟁(違順相爭)이 시위심병(是爲心病)이니."

‘어긋난다’, ‘맞다’ 하며 서로 싸운다면 이것이 갈등이 되고 모순이 되어 마음의 병이 된다는 말이다.[9)][10)] 정말 오늘날에는 마음에 병이 있는 지도자들이 많은 것 같다. 하이트는 “과연 선과 악이 싸운다는 그 개념에서 벗어날 수 있을까? 찬성도 반대도 하지 않는 그 경지에 과연 도달할 수 있을까?”라면서 강의를 마무리해 간다.

뇌과학자들은 진보와 보수 성향 역시 선천적인 타고난 기질에 가깝다고 주장한다. 이 타고난 기질에 각자의 환경과 경험 요소가 만나며 어떤 특성이 강화되거나 완화되고, 상황에 따라 다른 모습으로 나타나기도 한다. 지향성과 평균성은 있으나 항구적인 것이 아니고, 선과 악의 차이는 더욱 아니다.[11)] 철학자 니체에 의하면 강자에게 있어 ‘좋음’과 ‘나쁨’의 구분은 약자의 ‘선’과 ‘악’이라는 도덕적 의미로 전도될 수 있다고 한다.[12)] 부자에게 100만 원은 큰돈이 아닐 수 있으나(‘나쁨’) 가난한 자에게는 전 재산일 수 있고, 이 돈이 없어졌을 때나 빼앗겼을 때 목숨을 걸어야 할 때가 있다(해결 · 극복해야 할 ‘악’).

이들 자료를 종합해 보면 우리가 막연히 알고 있던 보수 · 진보 개념이 조금 다르다는 것을 알 수 있다. 본인 스스로 보수 · 진보 · 중도라고 주장하지만 객관적인 평가는 그 주장과 다를 수 있는 것이다. 그런데 일부 지도자나 미디어들은 이들을 강조하고 내 편-네편으로 만드는 도구로 삼고 있다. 특히 젊은이들이 서로 내 편-네편이라고 주장하는 것은 우리의 발전을 위해서도 좋지 않은데 그들의 성장 가능성은 무궁무진하기 때문이다. 더구나 허황된 프레임으로 이들을 흑백논리에 휘둘리게 한다면 이들의 영성 발전에 좋지 않을 것이고, 우리 미래에도 큰 영향을 미칠 것이다.

설문조사에서 나온 자료를 진실(사실)로 믿을 수 없을 때가 많은데 소위 샤이 보수, 샤이 진보가 많아 설문에 제대로 응답하지 않을 수 있기 때문이다. 또한 우리 사회를 분열시키는 '진보와 보수 이념'은 큰 의미가 없고, 허황된 프레임이다. 자신들의 이익을 위해 과장된 흑백논리를 휘두르면서 '내 편이면 되고 네 편이면 안 된다'는, 기득권자들의 내로남불이 횡행하고 있다. 보수도 아니고 진보도 아닌 중도파는 본인의 이득에 따라 어느 한쪽 주장에 쉽게 휩쓸려 버리고 만다.

특히 젊은이들에게 여혐 · 남혐[13]을 부추기면 안 된다. 이들은 서로 결혼하여 아이를 낳고 가정을 이루며 살아가야 하고, 어려운 이 나라를 이끌어가야 할 사람들이다. 이진우 포항공대 석좌교수는 "서로를 병적으로 싫어하고 미워하는 혐오감에 기반한 '원한 정치'는 결코 타인을 동등한 존재로 받아들이지 않는다. 문제는, 갈등을 해결하고 사회를 통합해야 할 정치가 오히려 혐오감을 이용하고 확산함으로써 사회를 분열시킨다는 점이다."라고 주장한다.[14]

하이트는 최근 출간한 『바른 행복』[15]에서 "진보파는 부당한 대우, 평등, 자율성, 개개인의 인권, 특히 사회적 소수와 체제 이탈자 문제를 고심하는 방면에서 전문가들이다. 반면 보수파는 집단에 대한 충성, 권위와 전통 존중, 신성함 문제를 고심하는 데 있어 전문가들이다. 이 중 어느 한쪽이 다른 쪽을 압도하면 사회는 볼썽사나워진다.”고 하였다. 진보파가 없는 사회는 숱한 개인을 모질게 대하며 억압하려는 모습을 보이게 될 것이고, 반면 보수파가 없는 사회에서는 뒤르켐이 그토록 중시한 갖가지 사회적 구조 및 구속을 찾아볼 수 없게 될 것이며 자유가 늘어남과 함께 아노미[16] 도 도처에서 횡행할 것이라 한다. 이어서 그는 “우리가 의지하는 지혜가 (옛것과 새것, 동양과 서양, 심지어 진보파와 보수파 사이에서) 균형을 잘 잡을 때 우리도 비로소 삶의 어느 방향으로 가야 만족, 행복, 의미에 이를 수 있겠는지 제대로 선택할 수 있다.”고 하였다.

올해는 보다 건강하고 깨끗한 보수 · 중도 · 진보 정치인 · 의료인 · 국민이 많아져 보다 정의로운 나라를 만들어 갔으면 좋겠다.

1) 「에브리원 세즈 아이 러브 유(Everyone Says I Love You)」(1996), 뮤지컬, 감독: 우디 앨런.

2) "신년여론조사: ① 한국인 54% '돈보다 인간관계가 중요'", KBS News(2023. 1. 1.).

3) KBS 신년여론조사: 한국인의 가치관, 디지로그라이프(2023. 1. 2.).

4) "이제 35세 이하는 보수↑ … 진보 우위 2020년 56세 이하에서 올해 36~54세로", 문화일보(2022. 12. 26.).

5) 영화에서 진보적 사회활동가인 엄마의 탄원으로 가석방된 흉악범 페리가 특별손님으로 초대된다.

6) 나무위키, 우디 앨런, https://namu.wiki/w/우디 앨런.

7) 조너선 하이트, '자유주의자와 보수주의자의 도덕적 근원에 대해서', TED 강의, https://www.ted.com/talks/jonathan_haidt_the_moral_roots_of_liberals_and_conservatives?

8) '괴테와 베토벤', Koreatimes media(2022. 4. 2.), http://koreatimestx.com/archives/17635.

9) 강의 내용 원문은 다음과 같다. "If you want the truth to stand clear before you, never be 'for' or 'against'. The struggle between 'for' and 'against' is the mind's worst disease."

10) 조사어록 — 선장자료실, '삼조 승찬대사의 신심명 강설', 디지털 불교.

11) 박선화, "자신이 진보 혹은 보수라는 착각", 경향신문 오피니언(2022. 6. 22.).

12) 르상티망(Ressentiment), 네이버 지식백과 문학비평용어사전(2006).

13) "男 86% '남혐 심각' 女 86% '여혐 심각'…서로 '내가 피해자'", 국민일보(2021. 6. 25.).

14) 이진우, "1차대전 참호전처럼 총질만… 보복의 원한 정치로 변질", 조선일보(2023. 1. 7.).

15) 조너선 하이트, 왕수민 역,『조너선 하이트의 바른 행복: 불행의 시대에 고전에서 찾은 행복의 비밀』, 부키(2022. 8. 23.).

16) "아노미(anomie): 사회적 규범의 동요 · 이완 · 붕괴 등에 의하여 일어나는 혼돈상태 또는 구성원의 욕구나 행위의 무규제 상태", 네이버 지식백과(두산백과).

리멤버: 기억의 살인자

잊고 싶은 기억과 잊을 수 없는 기억

Remember (2015)

제프 거트만은 아우슈비츠 생존자로 양로원에서 생활하고 있다. 아내가 죽었는데도 아내의 죽음을 기억하지 못하는 등 치매가 심하다. 거트만은 아내가 죽은 지 10일째인 시바 기간의 마지막 날, 같은 양로원에서 생활하는 아우슈비츠 생존자 로젠바움으로부터 어쩌면 인생의 마지막 미션을 받는다. 잠깐 졸다가 일어나면 여기가 어딘지, 왜 여기 있는지 등 단기기억이 가물가물함에도 불구하고 아우슈비츠에서 자신의 가족을 죽인 독일군 구역장을 찾아서 죽이는 것이다. 그의 이름은 오토 발리쉬인데 과거를 숨기고 루디 컬랜더라는 이름으로 미국에 살고 있으며, 증거 부족으로 전범 재판을 받지 않았다는 것이다.

"제프, 자네가 알아야 할 어려운 일이 있네. 첫째, 아내 루스는 사망했어. 암에 걸렸지. 자네를 사랑했고, 마지막 순간까지 자네는 루스 손을 잡고 함께했어. 둘째, 자네는 치매에 걸렸어. 최근에 많은 것을 잊어버리고 있어. 자네와 난 비슷한 과거를 갖고 있어. 우리는 아우슈비츠 생존자야. 자네 왼팔을 봐. 자네 죄수 번호는 98814이지. 전쟁이 끝나자 나는 나 자신에게 약속했어. 책임자를 찾아내겠다고 말이야. 사이먼 비젠탈과 협력해서 난 전 세계에서 많은 나치를 체포하는 데 도움을 주었지."

— 로젠바움이 거트만에게 준 메모 1

거트만은 루디 컬랜더를 찾아 미국과 캐나다 두 곳을 방문하는데 찾는 인물이 아니다. 마지막으로 찾아간 곳, 그곳 거실에서 피아노를 발견한 그는 바그너 곡을 능숙하게 연주한다. 기억력은 가물가물하지만 몸이 기억하고 있었던 것이다. 그때 나타난 루디 컬랜더가 아우슈비츠 생존자는 바그너를 좋아할 수 없다고 말한다.(히틀러는 바그너의 음악과 사상에 심취해 그를 우상화하려고 하였다.[1] 유대인 수용소에서도 바그너 음악이 흘러나왔다고 하니 유대인 생존자 입장에서 그의 음악은 악몽 그 자체였을 것이다.[2])

거트만은 세상에 음악을 싫어하는 사람은 없다고 말을 돌리면서 루디 컬랜더와 마주한다. 그러고는 옛날 사진이나 실물 얼굴은 잘 기억나지 않지만 목소리는 변하지 않아서 뭔가 희미하게 기억난다고 말한다. 거트만은 거짓된 삶을 사는 것은 사는 게 아니라고 말하며 "당신은 오토 발리쉬이고, 아우슈비츠 구역장으로 내 가족을 죽였다."고 몰아세운다.

"오랫동안 거짓으로 살다 보니 그걸 진짜라고 생각하는군."

거트만은 총을 겨누고 사실을 고백하라고, 가족들이 알아듣게 독일어가 아닌 영어로 진실을 말하라고 소리친다. 루디가 망설이자 총을 그의 손녀에게 겨누면서 진실을 말하면 당신 손녀는 살고, 거짓말을 하면 죽는 걸 볼 것이라고 협박한다.

그런데 대반전이 일어난다. 루디의 진짜 이름은 쿠니벨트 슈톰이고, 주인공 거트만의 진짜 이름이 바로 오토 발리쉬라는 것이다. 전쟁이 끝나자 이 두 사람은 서로의 팔에 유태인 죄수 번호를 새겨주었고, 그 덕분에 유태인으로 변장하여 탈출했으며, 미국에서 이름을 바꾸고 살아가고 있다는 진실이 공개된 것이다. 유태인으로 위장하여 살고 있던 거트만의 마지막 미션은 가족의 원수를 갚는 것이 아니라, 요양병원 동료 로젠바움의 의도대로 동료였던 구역장을 찾아내 죽이는 것이었다. 거트만은 오토 발라쉬를 찾아다녔지만 실제로는 본인이 오토 발리쉬였으며, 아우슈비츠에서 같이 근무한 동료 구역장을 찾아가 원수로 생각하고 죽였지만 바로 그 순간 기억이 되살아난 것이다.

공포, 증오, 슬픔 등과 같은 강렬한 감정과 함께한 기억은 우리의 장기기억 보관소에 선명하게 남게 된다고 한다. 그리고 기억을 떠올릴 때마다 고통스러운 감정을 반복해서 느끼게 되면서 그 기억은 더 선명해진다고 한다.[3] 영화에서 유태인 로젠바움의 아우슈비츠 기억이 그랬을 것이다. 죽음을 앞두고(휴대용 산소통을 가지고 다니며 콧줄로 보조호흡을 하고, 휠체어를 타고 다닌다.) 입원한 요양원에서 아우슈비츠 원수를 만났으니 로젠바움이 어떤 마음이었을지 상상도 할 수 없다. 그런데 원수 놈이 치매에 걸려 옛날 아우슈비츠에서 저지른 악행을 잊어버린 데다 죽을 날도 얼마 남지 않은 것 같다. 영화에서 치매 걸린 노인이 총을 잘 쏘는 장면도 나오는데 로젠바움은 그 치매를 이용하여, 증거 부족으로 사법기관이나 이스라엘이 하지 못한 일을 정의의 이름으로 복수한 것이다.

심리학에 므두셀라 증후군(Methuselah Syndrome)이라는 것이 있다. 이것은 퇴행(退行, regression) 및 현실도피 증상으로서 과거의 아름답고 좋았던 것만 추억하려는 현상을 말한다. 이 증후군에 걸린 사람은 좋았던 것만 기억하려 하며, 좋지 않았던 기억은 지우거나 자신이 기억하고 싶은 방향으로 사실을 왜곡(歪曲, distortion)해 버린다.[4] 치매에 걸린 주인공 거트만의 심리상태라고 볼 수 있다. 아니, 정도의 차이는 있지만 나이든 70~80대 노인들의 심리상태라고 볼 수 있다. 군대 이야기나 이전에 좋았던, 아니 고생이 많았지만 잘 견뎌낸 일 가운데 좋은 것만 기억하고, 창피한 이야기나 나쁜 기억 등은 지워버리거나 어쩔 수 없는 선택이었다는 등으로 왜곡시켜 버리는 것이다. 사실 기억은 인지장애, 치매에 걸리거나 외상성 뇌손상 등이 발생하지 않으면 완전히 없어지지 않는데, 나쁜 기억을 억압하거나 왜곡하다 보면 퇴행이 일어나 오히려 치매에 걸릴 수 있는지 모르겠다.

므두셀라는 구약 창세기에 나오는 에녹의 아들이자 라멕의 아버지이며 '노아의 방주'를 만든 노아의 할아버지다. 그가 969세에 죽자 홍수가 시작되었는데 성경에 나오는 인물 중 가장 오래 산 인물이다. 그는 서양문화권에서는 장수와 오래됨의 상징이고, 나

뿐 기억보다는 좋은 추억을 먹고 산다고 할 때 인용된다.

내가 다른 사람을 용서해야 할 일은 많은데 기억이 잘 나지 않아서 그런지 내가 용서받을 일은 별로 없는 것 같다(용서를 하는 것/받는 것). 나에게 잘못한 사람들에 대한 기억은 생생한데 내가 잘못한 일은 잘 기억나지 않는다. 영화에서 유태인 로젠바움은 정의의 이름으로 나치친위대(SS)[5] 출신 거트만을 교사, 소위 가스라이팅하여 살인을 저지른다. 용서해야만 고통스러운 기억에서 해방될 수 있다고 하는데 그렇게 쉽지 않는 여정이다. 머리로는 몇 번이고 용서했다지만 가슴은 그렇지 못할 때가 많다.[6]

성공회 신학자 미로슬라브 볼프(Miroslav Volf)는 정의와 용서의 차이에 대해 다음과 같이 설명한다.[7]

"정의롭다는 것은 잘못을 비난하는 것이고, 그 잘못을 저지른 사람도 비난하는 것입니다. 용서한다는 것은 잘못을 비난하는 것이지만, 잘못을 저지른 사람을 용서하는 것입니다. 그것이 바로 하느님께서 하신(가르쳐 주신) 용서입니다."

용서는 상대방을 위한다기보다는 나를 위한 행위지만[8] 쉽지 않으며, 용서하는 데는 신앙도 필요한 것 같다.

우리는 수많은 정보의 홍수 속에 살고 있다. 매일 보고 들은 정보를 다 기억할 수는 없다. 또한 우리 기억이 마치 컴퓨터 디스크나 서랍 속에 잘 정리해둔 서류철처럼 우리 뇌의 특정 부위에 고이 저장돼 있다가 언제든 그대로 인출될 수 있다고 생각하지만 우리 뇌구조는 그렇지 않다. 맑은 물에 우유 몇 방울 섞이듯 뿌옇게 저장되는 것이다. 어떤 사람은 칠판에 분필로 적고 칠판이 가득 차면 지우개로 지우고 다시 쓰는 과정이 기억이라고 주장한다.

에빙하우스의 '망각 곡선'에 따르면 사람은 학습 10분 후부터 망각이 시작되어 1시간 뒤에는 50%, 하루 뒤에는 70%, 한 달 뒤에는 80%를 망각한다고 한다. '와신상담(臥薪嘗膽)'이라는 중국 고사도 시간이 지나면 잊어버리는 속성을 극복하기 위해 고통을 참고 견디면서 잊지 않으려는 몸부림이었을 것이다. 최근 디지털 기기 사용이 많아지면서 사람들의 기억력과 계산능력이 크게 떨어지는 현상을 '디지털 치매'라 하는데 디지털 장비에 익숙하고 의존도가 높을수록 그 정도가 심해진다고 한다. 앞으로 우리 후손들은 기억장애가 더 심할 수 있다.

그런데 '기록이 기억을 지배'한다는 어느 카메라 광고 카피처럼 사진이나 본인의 글이 삶의 증거로 남아 있을 수 있지만 트라우마를 받았을 때의 기억이 더 뚜렷할 수 있다. 즉 마음 상태에 따라 그 기억이 달라질 수 있다. 노인의 경우 젊을 때의 기억은 비교적 뚜렷하지만 최근 며칠 동안의 기억은 잘 나지 않는 것은 나이를 먹어감에 따른 변화다. 때로 사람들은, 아니 노인들은 보고 듣고 싶은 것만 보고 듣는 것이 아니고 수많은 기억 중 기억하고 싶은 것만 기억하는 것이다. 깜박깜박하는 소위 꼰대라 불리는 우리 시대 사람들은 어떤 기억을 가지고 살아가는지, 정말 제대로 된 기억을 가지고 살아가는지, 나에게 유리한 가짜 기억을 가지고 살아가는지 알 수 없다.

"오랫동안 그런 소문이 있었지. 수많은 아우슈비츠 친위대원들이 전쟁이 끝나갈 무렵 처형된 죄수들의 신분을 도용했다는 얘기 말이야. 내가 뇌졸중에 걸린 직후 아우슈비츠 구역장이 1940년 독일에서 이주해 루디 컬랜더라는 이름으로 살고 있다는 증거가 발견됐지. 사이먼 비젠탈 센터는 4명의 루디 컬랜더가 그 시기에 이주했다는 걸 찾아냈어. 하지만 그들을 체포하기엔 증거가 불충분했지. 그의 본명은 오토 발리쉬야. 그를 찾아야만 하네."

— 로젠바움이 거트만에게 준 메모 2

1) 아돌프 히틀러는 바그너의 모습과 사상에 심취해 가장 독일적인, 게르만 신화의 이상으로 정립하려고 노력했다. https://motv.tistory.com/254.

2) '반유태주의: 바그너의 견해', https://johnkchung.tistory.com/6826477.

3) 강현식, 『왜 상처받은 기억은 사라지지 않을까: 불편한 기억 뒤에 숨겨진 진짜 나를 만나다』, 풀빛(2022), p. 70.

4) http://www.soraknews.co.kr/detail.php?number=3124.

5) 나치 강제수용소 관리를 담당한 나치친위대 조직, https://ko.wikipedia.org/wiki/SS해골부대.

6) Lichtenfeld S et al., "Forgive and Forget: Differences between Decisional and Emotional Forgiveness", PLoS One, 2015 May 6;10(5):e0125561.

7) The difference between justice and forgiveness: To be just is to condemn the fault and, because of the fault, to condemn the doer as well. To forgive is to condemn the fault but to spare the doer. That's what the forgiving God does. https://www.azquotes.com/quote/490393.

8) 송봉모, 『상처와 용서』(임지윤 그림), 바오로딸(2021).

아고라

아테네 학당 철학자 중 유일한 여성

Agora(2009)

로마 시스티나 성당에 있는 라파엘로의 그림 「아테네 학당」에 나오는 여성 이름은 히파티아이다. 아테네 학당 철학자 58명 중 유일한 여성이며 이교도인 점을 감안하면 라파엘로가 어떻게 이 인물을 넣었을까 매우 궁금하다.[1] 「아고라(Agora)」[2]는 알렉산드리아 여성 철학자이면서 수학자, 천문학자인 히파티아(Hypatia, 370?~414)에 관한 영화다.

알렉산드리아가 처음 세워진 시기는 정확하지 않지만 대체로 기원전 331년으로 본다.[3] 알렉산드로스 대왕은 자신의 이름을 붙여 도시를 세웠다고 전해진다. 알렉산드로스 사후 그의 계승자 중 하나인 프톨레마이오스가 이집트 프톨레마이오스 왕조를 창건하고 알렉산드리아를 수도로 삼았다. 이후 알렉산드리아는 헬레니즘 시대 세계 최대의 도시로 성장했고 경제적, 문화적 중심지가 되었다. 세계 7대 불가사의 중 하나인 '알렉산드리아의 등대(파로

[그림 1] 라파엘로의 「아테네 학당」(위). 그림 왼쪽 아랫부분에
흰옷을 입은 사람이 히파티아다. 아래는 그림을 확대한 것.

스의 등대[4])’가 있었고, 고대 세계에서 가장 큰 도서관인 ‘알렉산드리아 도서관’이 있었던 것으로 유명하다. 프톨레마이오스 왕조는 클레오파트라가 자살하면서 끝이 나고, 로마 및 반달족(동게르만 민족)과 비잔티움(동로마 제국)에 이어 이슬람의 지배를 받게 된다.

유대인 역사에서 이집트가 차지하는 비중은 상당하다고 볼 수 있는데 구약에서 요셉이 이집트로 팔려갔으나 재상으로 출세하게 되고, 극심한 가뭄과 기근으로 유대인들의 이집트 이동이 많아졌으며, 이집트를 탈출(출애굽)하여 지금의 중동지역에 정착하게 되었다. 이후에도 유대인들은 자의든, 타의든 살던 장소를 떠나 다른 지역으로 이동하여 유럽 및 아프리카 여러 지역에 디아스포라[5]를 형성하게 된다.

디아스포라는 기원전 1세기 말경 시리아, 이집트, 소아시아, 메소포타미아, 그리스, 이탈리아 등지에 설립되어 있었고, 알렉산드리아에 있는 유대인들만 해도 약 100만 명으로 추산될 정도로 많이 살고 있었다. 알렉산드로스 대왕이 페르시아를 정복하고 지중해의 여러 나라를 통일하면서 희랍어(그리스어)가 공용어로 쓰이게 되자 유대인들은 그리스 문화에 동화되기 시작하였다. 유대인들은 이 위기를 극복하기 위해 구약성경을 번역하였고, 이를 70인역[6]이라 부르는데 이것이 구약성경의 주류를 이루게 되었다.

알렉산드리아는 세계적인 학문의 중심지였고, 수많은 학자들이 모여드는 세계의 중심부였다. 이곳 도서관에는 방대한 책이 소장돼 있었다. 알렉산드리아는 초기 기독교 역사에서도 가장 중요한 위치를 차지했다. 예수님은 유아기에 이집트로 피신했으며, 초기 기독교의 가장 크고 번성한 교구가 바로 이집트 알렉산드리아 교구였고, 기독교 교리와 신학 연구가 가장 활발한 곳이었다. 로마제국이 쇠퇴해 가면서 알렉산드리아 역시 중심권을 빼앗기고, 4세기에 이르러 이단 박해가 심해지면서 더욱 약해졌다. 이 무렵 알렉산드리아 도서관 역시 파괴되기 시작하여 642년 이후 무슬림의 알렉산드리아 점령으로 완전히 파괴되었다고 한다.

"만약 그 책들이 코란에 어긋나지 않는다면 우리는 그 책들이 필요가 없고, 만약 그 책들이 코란에 어긋난다면 모두 없애버려라."[7]

히파티아는 알렉산드리아 도서관 관장인 아버지에게 훌륭한 교육을 받고 천문학, 철학, 수학 분야에서 탁월한 재능을 보였으며, 알렉산드리아 대학에서 젊은이들을 가르쳤다. 하지만 이교의 신앙을 지닌 이단자로 간주되어 기독교인들의 돌에 맞아 죽었다고 한다.[8] 이후 18세기 유럽 근대문학 예술작품에서 등장하기 시작했는데 예술작품 속에서 그녀는 늘 젊고 똑똑하며 아름답게 묘사되었다.[9] 총명한 재능과 미모, 그야말로 재색을 겸비한 여성인 히파티아는 상류계층의 지체 높은 여성들에게는 순결의 상징이었고[10] 애제자였던 시네시우스(Synesius)는 히파티아가 "플라톤의 머리와 아프로디테(비너스)의 몸을 가졌다."[11]고 표현하였다.

「씨 인사이드(Sea Inside)」(2004)를 제작하기도 한 스페인 영화

감독 알레한드로 아메나바르는 히파티아라는 실존 인물의 삶을 그린 영화 「아고라」에서 히파티아 사건을 다루고 있다. 히파티아는 40~60대에 죽었다고 알려졌지만 소설이나 그림에서는 30대의 젊은 나이로 표현되고 있으며, 이 영화에서도 젊고 아름다운 여인으로 묘사되고 있다([그림 2], [그림 3]).

서기 391년 알렉산드리아에는 이교도, 유대교, 기독교가 공존했는데 종교가 서로 다른 사람도, 생각이 다른 사람도, 노예 신분인 사람도 대화에 참여할 수 있고 토론할 수 있었다. 자신의 신념을 다른 사람에게 함부로 강요하지 않으며 토론했는데 이것이 아

[그림 2] 영화 「아고라」 포스터.

[그림 3] 히파티아의 초상화(왼쪽)와 영화 「아고라」 속 모습(오른쪽).

고라의 본질이었다. 아고라는 고대 그리스 도시국가에서 시민들의 일상생활이 이루어지던 공공의 광장이다. 아크로폴리스가 종교와 정치의 중심지였다면 이곳은 시민의 경제생활과 예술활동이 이루어졌던 장소다.

그러다 각 종교들은 자신이 믿는 가치를 알리기 위해 타 종교를 비난하는 일도 서슴지 않게 되었고, 점점 종교적 갈등이 깊어지며 히파티아가 죽음에 이른다. 프랑스의 수학자이자 작가인 드니 게즈(Denis Guedj)의 소설 『앵무새의 정리』에 414년 히파티아의 죽음이 처절하게 기술되어 있다.[12] 찬란한 문화를 꽃피웠던 로마제국이 멸망한 476년을 암흑시대(Dark Ages)의 시작으로 보는 것이 일반적인 견해이나, 역사가들은 기독교인들에 의해 히파티아가 죽임을 당한 414년이 중세 암흑기의 서막을 알리는 신호탄이 됐다고 말한다.

오늘날까지도 전 세계적으로 여러 곳에서 종교분쟁이 발발하고 있다. 서로의 차이를 인정하고 평화스럽게 공존할 수 있는 방안은 정말 불가능한지 궁금하다. 영화에서도 한두 사람의 선동으로 수많은 사람이 군중심리에 따라 부화뇌동하여 폭력적으로 변하는 과정을 보여주고 있다. 아인슈타인의 말대로 위대한 영혼은 항상 무지에서 오는 폭력적인 반대파를 만나게 되나 싶다.[13] 아인슈타인은 이렇게 덧붙였다.

"세상에는 무한한 것이 2개 있다. 우주의 무한함과 무지한 인간의 무한함이다. 우주가 얼마나 무한한지 나는 모른다. 그러나 무지의 무한함이 어디까지인지 나는 알고 있다."

「아고라」는 아담과 이브에 관한 영화에서 '이브는 안 돼'라는 분류에 들어가는 영화다. 남자보다 더 열정적인 삶을 살았지만 남자였다면 그런 대접을 받지는 않았을 것이다. 최근 우리나라에서 김재환 감독의 「쿼바디스」[14]라는 다큐멘터리가 종교계의 심한 반대로 개봉에 어려움이 많았다고 하지만 이 「아고라」도 우리나라에서 아직 개봉하지 못했다.[15]

1) 김형근(2011), 『아테네 학당』, 서울: 영림카디널, p. 98.

2) 「아고라(Agora)」(2009), 감독: 알레한드로 아메나바르.

3) 위키피디아, 알렉산드리아, http://ko.wikipedia.org/wiki/알렉산드리아.

4) 네이버 지식백과, 파로스 등대(Pharos Light House).

5) 위키피디아, 디아스포라, http://ko.wikipedia.org/wiki/디아스포라.

6) 히브리어에서 직접 옮긴 그리스어본 39권에다 히브리어본이 없지만 널리 읽혔던 토빗과 유딧 등 다른 여러 권도 포함돼 총 46권이다.

7) 위키백과, 알렉산드리아 도서관, http://ko.wikipedia.org/wiki/알렉산드리아_도서관.

8) Werber, B.(베르나르 베르베르), 이세욱 역(2013), 『제3인류』, 파주: 열린책들, p. 38.

9) 유럽 페미니즘의 단초, 히파티아. 1853년 유명한 작가 찰스 킹슬리(Charles Kingsley)의 소설 『히파티아』가 대표적인 작품으로, 그녀를 18~19세기에 걸쳐 영국과 유럽에서 가장 아름답고 낭만적이며, 남성의 우상으로 그리고 있다. http://blog.naver.com/mcj228/57332872.

10) 김형근(2011), 『아테네 학당』, 서울: 영림카디널.

11) "영화 「아고라」로 보는 여성 수학자 히파티아", 한겨레(2011. 4. 4.).

12) "천재 여성 과학자이며 철학자 히파티아, 그녀와 함께 피살된 고대 과학", http://ohdavin.blog.me/120060075432, http://blog.naver.com/kbs4547/220103021347.

13) "Great spirits have always found violent opposition from mediocre minds."

14) 「쿼바디스(QUO VADIS)」(2014), 다큐멘터리, 감독: 김재환.

15) "영화 「아고라」는 왜 한국에서 개봉을 못할까", http://blog.ohmynews.com/specialin/382213.

원더풀 라이프

당신의 인생에서 가장 소중한 기억은 무엇입니까?

After Life(1998)[1]

나이가 들어 가면서 오래도록 기억하고픈 일이 쉽게 잊히는가 하면, 잊고 싶은 기억이 잘 잊히지 않아 그 번민으로 잠을 못 들기도 한다. 옛날 기억은 그렇게 생생한데 최근 일이 기억되지 않는다. 잊어야 하는데 잊지 못하는 것이 많고, 잊지 말아야 하는데 잊어버리는 것이 많다. 그래서 '받은 상처는 모래에 기록하고, 받은 은혜는 대리석에 새기라'는 말이 있나 보다.[2]

2022년 영화「브로커」의 주인공 송강호가 제75회 칸영화제 남우주연상을 수상했는데 이 영화 감독이 고레에다 히로카즈이다. 고레에다 감독은 4년 전인 2018년「어느 가족」으로 제71회 칸영화제 황금종려상을 수상했으며,「공기인형」(2009)에서 배두나와 작업하는 등 한국과 관계 깊은 일본의 거장 감독이다. 내가 좋아하는 이 감독의 영화에는「걸어도 걸어도」(2008)와「그렇게 아버지가 된다」(2013) 등이 있으며, 죽음 관련 다큐멘터리「엔딩 노

시놉시스

천국으로 가기 전 머무는 중간역 림보. 세상을 떠난 사람들은 이곳에 7일간 머물며 인생에서 가장 소중한 기억 하나를 골라야 한다. 림보의 직원들은 그 추억을 짧은 영화로 재현해 그들을 영원으로 인도한다.

림보(Limbo)는 이승의 상대적 용어인 저승이라고 번역되는 곳인데 그 어원은 '경계선, 가장자리'를 뜻하는 라틴어 림부스(limbus)에서 왔다고 한다. 단테의 『신곡』에도 지옥의 첫 번째 고리(Circle)인 림보 방문 이야기가 나오는데 이곳에는 순진한 어린아이들의 영혼과 죽은 철학자, 시인 등이 머물고 있다.

트」[3]를 제작 지원하였다. 「원더풀 라이프」는 고레에다 히로카즈 감독이 직접 각본을 쓴 첫 작품이며, 글쓰기 교육[4] 등에 이용되고 있다.

저승(황천)의 영어 번역도 림보(Limbo)라 할 수 있는데, 저승은 사람이 죽은 뒤에 그 영혼이 가서 산다고 믿는 사후세계를 말하고, 후생(後生)·타계(他界)·명부(冥府)·음부(陰府)·명도(冥途)·명토(冥土)·황천(黃泉)·유계(幽界)·유명(幽冥) 등으로 부르기도 한다.[5] '꿈속의 꿈'이라는 설정을 잘 구성하였고, 그 꿈속에 들어가 꿈을 조작한다는 영화 「인셉션(Inception)」(2010)에서는 꿈속의 꿈에서 돌아오지 못하면 림보에 빠져 현실로 돌아오지 못한다고 한다. 즉, 림보(저승)에 들어가면 꿈에서 깨어나지 못하는 것이다.

영화 「신과 함께: 죄와 벌」[6] 속에서 저승은 이승에서 지은 죄를 심판받는 곳이라고 했지만 이 영화에는 심판이 없으며, 죽은 자들이 영원한 세계(?)에 가기 전 이곳 림보에 머물면서 본인의 기억 중 가장 소중한 것을 찾아내고, 그 순간을 간직하는 과정이 전개된다. 수많은 희로애락의 순간 중 본인이 간직하고 싶은 단 하나의 기억을 고르고 나면 림보에 근무하는 직원들이 그 장면을 영화로 만들고, 마지막 날 극장에서 그 장면을 보면서 그 추억과 함께 '영원한 시간'으로 들어간다. 다른 기억들은 모두 지워지기 때문에 정말 소중한 기억 하나만 골라야 한다. 그렇다 보니 그 단 하

나의 기억을 고르지 못하는 사람도 있는데 그들 중 일부는 이곳
에 남아 다른 영혼들을 위해 영상을 제작해 주는 역할을 하면서
그들의 기억을 고르고 또 고른다.

"다른 건 전부 잊을 수 있는 거죠?"
"그럼 그곳은 천국이 맞네요."
— 영화 대사 중

2019년 tvN에서 방송한 「호텔 델루나」[7]에서는 죽은 자들을 위
해 그들이 이승에서 못다 한 소원을 들어준다. 델(Del)은 전치사
이고 루나(Luna)는 달 혹의 달의 여신이라는 의미이기 때문에 '호
텔 델루나'는 달의 호텔 혹은 달의 여신의 호텔이라는 의미다. 그
래서 이 호텔은 밤에만 문을 열고, 영혼을 볼 수 있는 호텔리어가
이곳을 방문한 손님에게 특별한 서비스를 제공하며 벌어지는 이
야기를 엮었다.

「원더풀 라이프」에서 소중한 순간을 골라내지 못한 노인을 위
해 그분의 일생이 기록된 비디오를 보여주는데 실제 장면과 기
억의 장면은 차이가 있을 수 있다고 알려준다. 주인공 중 한 사람
은 20대 때인 태평양전쟁 당시 죽어 이곳 림보에 도착했지만 아
직 '그 순간'을 고르지 못해 50년 동안이나 이곳에 머물며 다른
영혼들의 소중한 순간을 영상으로 제작해 준다. 그리고 이곳 림
보에서 같이 근무하는 여자 주인공과의 소중한 순간이 많았지만

이승에서 그도 다른 사람의 소중한 순간의 한 부분이었다는 것을 알고 나서 본인도 그 장면을 선택한다.

누군가의 가장 행복했던 기억 속에 내가?

1970년대부터 죽음을 체험했다는 임사체험 사례가 보고되고 있다. 특히 심폐소생술의 발달로 응급실에서 소생하는 사람이 많아졌는데 그들 중 일부는 임사체험을 한다고 한다. 영이 몸에서 나와(유체 이탈) 공중에서 본인을 내려다보기도 하고, 어두운 터널을 지나 빛의 존재를 만나기도 하며, 돌아가신 친족이나 친척을 만나기도 한다. 우리나라 옛이야기 중에 칠성판 위에 손가락과 발가락을 묶고 장례 준비를 하고 있는데 살아난 사람이 있다. 저승에 가서 친척을 만났는데 아직 올 때가 아니라고, '여기가 어딘데 왔느냐'는 등 꾸지람을 듣고 돌아왔다고 한다. 그들은 천국과 같은 곳을 경험하기도 하고, 지옥 같은 곳은 존재하지 않는다고 주장하기도 하지만 때로 지옥을 체험했다고 주장하는 사람도 있다.[8] 이러한 임사체험 후에 '구두쇠 스크루지 영감'처럼 대부분 인생이 변하고 죽음을 잘 받아들인다고 한다.

임사체험에 대해 과학계에서는 "죽음의 공포에 시달리면 뇌의 뉴런이 튕겨나가 환상을 유발"한다고 주장하지만 일부에서는 "환각 아닌 완결된 경험, 기억할 정도의 의식을 유지"한다는 반박도 있다.[9]

그들은 어느 순간에 본인의 일생이 파노라마처럼 지나가는 장면을 본다고 한다. 좋은 일과 기억하고 싶은 장면도 있지만 기억하고 싶지 않은 장면, 무의식으로 감추어두었던 기억들도 모두 회상된다고 한다. 이런 모든 기억은 뇌 속 어딘가(무의식?)에 저장되어 있을 것으로 추정된다. 임사체험을 한 사람이나 산이나 높은 곳에서 추락하는 순간 그 사람의 삶의 기억이 펼쳐진다고 하는데 그 짧은 순간에 모든 과거가 보인다고 한다. 선행이나 악행의 순간뿐만 아니라 본인은 전혀 모르거나 잊어버렸을 수 있지만 상처받은 상대방이 보인다고 한다.

인간은 기억의 동물이다. 이 점이 동물과 차별되는 점이기도 한데 한편으로 인간은 망각의 동물이기도 하다. 그리고 우리 기억은 오감을 통해 인지한 현실을 있는 그대로 저장하지 않고 오히려 뇌는 최대한 망각시키려 끊임없이 작동하고 있다고 한다. 컴퓨터는 수천 개의 고해상도 이미지를 저장할 수 있지만 컴퓨터는 그 이미지들의 내용을 우리처럼 이해할 수 없다. 우리가 지각하고 기억하는 것은 상대적으로 매우 적으나 그 이해를 최우선으로 한다. 정보를 이해하는 능력이 핵심이기 때문에 단순한 암기가 아닌 이해와 사고에 집중해야 한다.[10]

『신곡』에서 단테는 천국에 가기 위해 정화된 영혼들이 마셔야 한다는 2개의 강, 레테와 에우노에 강물을 마신다. 악을 잊게 하는 레테 강물과 선을 상기시키는 에우노에 강물을 마시며 영혼을 정화하고, 새로운 잎사귀를 단 어린나무처럼 다시 태어나 천국 입장 준비를 마친다.[11] 고레에다 히로카즈 감독이 쓴 동명 소설[12]에서는 이런 대사가 나온다.

> "레테의 강물을 마셔 죄의 기억을 지우고 에우노에 강물을 마시고 좋은 기억을 되살려 천국으로 가는, 그것과 같다고 생각하시면 됩니다."
> "그렇습니까? 잊을 수 있는 겁니까? 그럼 그곳은 정말 천국이로군요."

이 영화 제작 시에 6개월에 걸친 사전 조사 인터뷰를 도와준 시민 500명 중 10명을 캐스팅하여 대본 없이 자신의 이야기를 자유롭게 해 달라고 요청한 다음[13] 그때의 표정과 행동, 이야기 도중 새롭게 추가되거나 편집되는 기억 등을 다큐처럼 그대로 카메라에 담았다. 감독은 실제 기억과 가공된 기억(영화로 재현된 영상)이 부딪칠 때, 말로 할 때는 떠오르지 않던 기억의 디테일이 터져 나온다고 설명한다.[14] 감독은 촬영을 다큐멘터리 전문가에게 맡기고, 콘티 없이 비전문 배우가 추억을 편하게 이야기할 수 있는 상황을 만들어준 다음 그 장면을 찍었는데 극영화와 다큐의 중간 지점이기에 가능했던 것이다.[15]

영화에서 천장을 통해 보이는 달도 세트여서 날마다 그 모양을 바꾸어 준다. 그리고 여성의 심리를 잘 표현하고 있는 눈 쌓인 곳을 걸어가는 장면도 제설기로 눈을 뿌렸을 것이다. 실제 영화를 제작하는 것은 이런 장면들의 연속이다. 감독은 이들 장면 장면들을 통해 영화를 보는 사람을 영원의 세계로 인도하려고 하는 것 같다.

　힌두교에 의하면 모든 영(영혼)은 궁극적으로 어느 땐가 깨달음을 획득하게 될 것이라고 하는데, 영이 인간의 몸을 가질 때 전생의 영적 진화의 끈을 한 단계 높여 자기실현을 향해 진화를 계속해야 한다고 한다. 어떤 영은 죽기 전이나 죽는 순간에 자기실현을 획득할 수 있고, 죽음과 동시에 브라만에 흡수되어 버리며, 그들의 몸과 마음의 요소들은 원래의 원천으로 되돌아가게 된다고 한다.[16] 그리고 죽어 가는 사람의 내생(來生)은 차생(此生, 이승)에서 그의 마지막 생각에 의해 결정된다고 하고, 죽어 가는 사람의 마지막 생각은 그의 마음 안의 가장 깊은 욕망을 반영하기 때문이라고[17] 하는데 감독도 이런 생각을 했을 것이다.

　영화 「8월의 크리스마스」(1998, 허진호 감독)에서 "내 기억 속의 무수한 사진들처럼 사랑도 언젠간 추억으로 그친다는 것을 난 알고 있었습니다. 하지만 당신만은 추억이 되질 않았습니다. 사랑을 간직한 채 떠날 수 있게 해준 당신께 고맙다는 말을 남깁니다."라는 인상 깊은 대사가 나오는데 이 영화의 주제와 유사하다. 이 영화에서 제작하는 영상은 사진의 연속이기 때문이다.
　소중한 기억은 모래에 기록할 것이 아니라 대리석에 새겨두어야 할 것 같다.

1) 「원더풀 라이프(After Life)」(1998), 감독: 고레에다 히로카즈.

2) 벤저민 프랭클린, "받은 상처는 모래에 기록하고, 받은 은혜는 대리석에 새겨라.(Write injuries in dust, benefits in marble.)"

3) 「엔딩 노트(Ending Note)」(2011), 다큐멘터리, 감독: 스나다 마미. 버킷 리스트가 죽기 전에 하고 싶은 목록이라면 엔딩 노트는 죽기 전에 해야 하는 일이라는 의미가 강하다.

4) 유옥순(2019), "영화「원더풀 라이프」를 활용한 대학 글쓰기 교육: 질문 만들기 전략을 중심으로", 동아인문학 47: 83-117.

5) 한국민족문화대백과, '저승', https://terms.naver.com/entry.naver?docId=538820.

6) 「신과 함께: 죄와 벌(Along With the Gods: The Two Worlds)」(2017), 감독: 김용화.

7) 「호텔 델루나」(tvN, 16부작), 연출: 오충환 · 김정현, 극본: 홍정은 · 홍미란.

8) 모리스 S. 롤링스, 이주엽 역, 『지옥에 다녀온 사람들(Hell and Back)』, 요단출판사 (1995).

9) "근사체험, 뇌의 착각인가 사후세계 열쇠인가", 서울경제「사이언스」(2019. 10. 23.).

10) "우리는 어떻게 기억하고, 어떻게 망각할까?", 코리아 헬스로그(2022. 6. 23.).

11) "단테의 신곡 제대로 배워봅시다: 에우노에 강에서의 부활", 가톨릭신문(2021. 10. 17.).

12) 고레에다 히로카즈, 송태욱 역, 『원더풀 라이프』, 서울: 서커스(2016).

13) 박혜란(2002), "나는 누군가의 행복한 기억:「원더풀 라이프」", 월간 샘터 33(1): 102-103.

14) 영화「원더풀 라이프」"영원히 머물고 싶은 순간이 있나요?", 한국강사신문(2021. 6. 17.).

15) "재개봉한 고레에다 감독의「원더풀 라이프」가 던지는 질문", 시사저널(2018. 1. 12.).

16) 황명환, 『죽음 인문학』, 서울: 두란노서원(2019).

17) 이은봉(1995), 『여러 종교에서 보는 죽음관』, 서울: 가톨릭출판사, p. 79.

콜레라 시대의 사랑

늙어서야 이루어진 사랑

Love In The Time Of Cholera(2007)[1]

2000년 초반 초등학교 동창생을 찾아주는 프로그램이 유행하던 시절이 있었는데 대학에 근무하던 지인이 30년 만에 만난 첫사랑과 불륜에 빠져 각자의 배우자와 이혼하고 재혼하였다. 그런데 당시 이런 사례가 드물지 않았다.[1]

지인 A씨는 '12시간씩 3일간 일하고 3일 연속으로 쉬는'[2] 직장에서 일하고 있었다. 그는 성실하기로는 누구 못지않은 사람이었으나 많은 남자가 그렇듯 뭔가 부족한 듯하고 신체 반응도 옛날 형광등처럼 조금 늦었다. 그가 어느 날 피곤한 몸으로 퇴근했는데 전화가 왔다. 당시는 집에 전화기가 한 대밖에 없던 시절이었다.

전화기 너머에서 젊은 여성의 밝은 목소리가 들렸고, 그녀는 자꾸 자기를 아느냐고 물었다. A씨는 그냥 건성으로 안다고 이야기했는데 상대방은 몇 번이고 '나 누군지 알지?'라는 질문을 하였고, 긴밀한 이야기가 있으니 몇 시까지 다방으로 나오라고 했다. A씨는 피곤했지만 초등학교 동창이고 가끔 나가는 교회에서 만나는 여성(B 혹은 C)이려니 하는 생각도 있었지만 옆 회사에 다니는 젊은 여성(D)일지도 모른다는 생각에 집에서 출발하였다. 그러나 시위대가 큰길을 막는 바람에 버스가 늦어져 30분 정도 늦게 약속 장소에 갔는데 그곳에는 아는 사람이 아무도 없었다.

이후 그는 결혼을 하고 개인사업을 하면서 돈을 많이 모았다. 시골 출신이 소위 자수성가한 것이다. 수십 년이 지난 후 초등학교 동창회에 나갔는데 혹시 그때 전화한 사람이 누구였는지 알 수 있을까 하는 기대가 있었지만 물어보지 않았다. 하지만 아무도 그 이야기를 하는 사람은 없었다. 동창회에서 만난 B는 몸이 아프다면서 눈도 제대로 마주치지 않고 떠났지만 C는 학창시절 명랑함 그대로였다. 그는 '누가 그때 전화했을까?' 하는 생각이 머리에서 떠나지 않았다.

그렇게 또 10여 년이 지난 후 동창회에 나갔다. 옆 테이블에서 "그때 그 여자가 먼저 대시를 확실히 했어야 해! 프러포즈라도 한 번 했으면 좋았을걸…." 하는 친구들의 말을 듣고 사뭇 놀라 누구 이야기냐고 물었더니 E가 "그런 애가 있어."라고 했다고 한다. 그를 짝사랑한 사람이 E였다는 것이다. 『남자는 죽어도 알 수 없는 여자의 마음』[2]이라는 책도 있지만 여자의 마음이 복잡하기도 하고, 정말 남자들은 잘 모른다.

제목에 '콜레라'가 들어 있어서 의학 관련 영화인 줄 알았는데 러브스토리다. 19세기 후반부터 20세기 초반에 이르기까지의 콜레라와 내전에 의해 수많은 목숨이 희생되고, 뒤이어 터진 전쟁으로 인해 편할 날이 없었던 콜롬비아의 작은 마을을 배경으로 50년에 걸쳐 지속되는 사랑 이야기다. 『백년 동안의 고독』으로 1982년 노벨문학상을 받은, 콜롬비아가 낳은 세계적인 작가 가브리엘 가르시아 마르케스가 쓴 1985년의 동명 소설[3]을 바탕으로 하고 있다. 마르케스가 쓴 『내 슬픈 창녀들의 추억』[4], 『대령에게는 편지가 오지 않는다』, 『사랑과 다른 악마들』이라는 책도 영화로 만들어졌는데 워낙 유명하다 보니 대통령 출마 제안까지 받았다고 한다. 그의 아들 역시 유명한 영화감독으로 「앨버트 놉스」[5] 등의 영화로 호평을 받은 바 있다.

영화 「세렌디피티」[8]에서 여주인공 사라가 어떤 책에 자신의 연락처를 적어 남기는 장면이 있는데 그 책의 제목이 『콜레라 시대의 사랑』이었다([그림 2]). 세렌디피티란 '완전한 우연으로부터 중대한 발견이나 발명이 이루어지는 것'이라는 뜻인데 특히 과학 연구 분야에서 실험 도중에 실수로 얻은 결과가 중대한 발견 혹은 발명이 되는 것을 말한다. 플레밍의 페니실린도 당시는 잡균인 푸른곰팡이가 실수로 같이 배양되면서 발견되었고, 순환기 분야에서 많이 하는 심혈관 조영술도 좌심실 조영술을 시행하다 압력을 못 견딘 카테터가 좌측 관동맥으로 들어가면서 발견된 것이다.[9] 헬리코박터도 부활절 연휴 때 배양 접시를 씻지 않고 그대로 싱크대에 방치하면서 발견되었다고 한다.

가난한 청년 플로렌티노 아리사는 아리따운 소녀 페르미나 다사를 보고 첫눈에 사랑에 빠졌다. 편지를 주고받으며 몇 년간 열애를 했지만 그녀는 그와 결별하고 부유한 의사 후베날 우르비노와 결혼한다. 아리사는 자신이 그녀에게 영원히 묶여 있다는 것을 깨닫고 그녀를 기다리기로 결심한다. 죽음이 그녀와 남편을 갈라놓을 때까지 그는 무려 51년 9개월 4일[7]을 기다린다. 우르비노가 죽자 그는 그녀에게 사랑을 고백하고 함께 증기선 여행에 오른다.

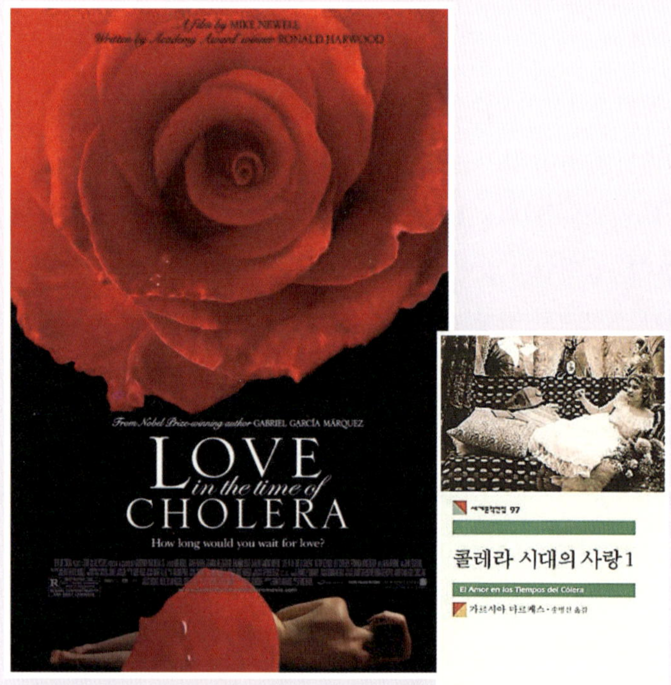

운명을 강하게 믿는 여주인공 사라는 지갑에서 5달러짜리 지폐를 꺼내 남자에게 전화번호를 적으라고 한 뒤 그 지폐를 가판대에서 사용한다. 남자와의 만남이 운명이라면 그 지폐가 자신에게 되돌아올 테니 그때 연락하겠다는 것이다. 남자는 사라의 연락처를 어딘가에 써놔야 자신도 나중에 찾으러 갈 것 아니냐고 반박한다. 사라는 가방 속에서 두꺼운 책을 꺼내 표지 안쪽에 자신의 연락처를 적고는 "이 책을 중고로 팔 테니 언젠가 그 책을 발견하면 나에게 연락하라"고 말한다. 그런데 7년 만에 정말 기적처럼 다시 만나게 된다.

우리에게도 한평생 고백하지 못하고 살아가고 있는 사람이 있지 않을까? 한참 늦었지만 지금이라도 찾아보는 것이 좋지 않을까?

우리는 사랑에 빠질 때마다 영원을 맹세하고 죽도록 사랑한다고 외치기도 하지만 사정이 달라지면서 또 다른 선택을 하고, 다른 맹세를 하기도 한다. 나이가 들어 가면서는 고운 정은 사라지고 미운 정만 남게 된다. 때로는 영화에서처럼 죽음이 갈라놓기

[그림 2] 영화 「세렌디피티」의 한 장면. 여주인공이 들고 있는 책이 「콜레라 시대의 사랑」이다.

도 한다.

여성의 마음에는 남자를 위한 큰 방이 하나 있지만 남성은 큰 방이 하나 있고 그 옆에 작은 방이 여러 개 있다고 한다. 여성은 방 주인이 나가고 나면 굉장히 슬퍼하지만 다른 사람이 나타나면 그 방을 깨끗이 청소해 버리고 그 사람을 받아들인다. 그러나 남성은 큰 방 주인이 있고, 몇 개의 작은 방은 첫사랑 여인부터 여러 사람이 계속 차지하고 있다고 한다. 여성은 사랑하다 헤어지면 처음에는 힘들어하지만 다른 사람이 나타나면 그 아픔이 사라진다. 하지만 남성은 그 여성을 작은 방으로 옮겨 계속 간직한다고 한다. 지나간 사람도 여전히 남자의 마음속에 자리하고 있는 것이다, 비록 큰 방에서 물러났을지라도….

1) 「콜레라 시대의 사랑(Love In The Time Of Cholera)」(2007), 감독: 마이크 뉴웰.
2) Yoneyama K, 최선임 역, 『남자는 죽어도 알 수 없는 여자의 마음』, 서울: 지식여행(2005).
3) 가브리엘 가르시아 마르케스, 송병선 역, 『콜레라 시대의 사랑』, 민음사(2004).
4) 「내 슬픈 창녀들의 추억」(2011), 감독: 헤닝 카슨.
5) 「앨버트 놉스(Albert Nobbs)」(2011), 감독: 로드리고 가르시아.
6) 네이버 영화, 「콜레라 시대의 사랑」, http://movie.naver.com/movie/bi/mi/basic.nhn?code=67711.
7) "51년 9개월 4일 동안 한 여인만 기다려온 남자: 사람이 사람을 사랑하는 마음만큼 놀라운 수수께끼가 어디 있겠는가", 채널 예스, http://ch.yes24.com/Article/View/20975.
8) 「세렌디피티(Serendipity)」(2001), 감독: 피터 첼솜.
9) 위키피디아, 'Serendipity: Coronary catheterization was discovered as a method when a cardiologist at the Cleveland Clinic accidentally injected radiocontrast into the coronary artery instead of the left ventricle.'

2부

따뜻한 의학 이야기

간성(Intersex): 남자와 여자의 중간성(1)

성발달 차이(DSS)

최근 올림픽 여자 권투선수 중에 남녀 성 구분이 잘 안 된다면서 공평·공정성 문제까지 불거졌다. 특히 이들은 2023년 인도 뉴델리에서 열린 세계선수권대회에서 국제복싱협회(IBA)로부터 테스토스테론(안드로겐) 수치가 높고 'XY염색체'를 갖고 있다며 실격 처리를 받은 적이 있다고 한다. 그런데 올림픽위원회

[그림 1] 논란을 일으켰던 2024년 올림픽에 출전한 여자 선수들. MBC 방송 화면.

는 여권에 표시된 대로 남녀를 구분한다는 원칙으로 이들의 출전을 허용했다.

이렇듯 어릴 적부터 여성으로 살아와서 호적이나 여권에는 여성으로 표시되어 있으나 남성호르몬 수치가 높고 XY염색체를 가진 사람을 '간성'이라고 한다. 남녀의 성별을 구분하는 기준은 눈으로 확인하는 생식기의 해부학적 소견뿐만 아니라 성염색체(XX, XY)를 검사하기도 하며, 고환이나 난소를 초음파 등으로 검사하거나 그곳에서 분비되는 성호르몬을 측정하는 방법이 있다. 이러한 생물학적 성(sex)뿐만 아니라 세계보건기구에서도 인정하는 사회적 젠더(Gender, psychological sense of self)가 있어 너무 복잡하다. 2024년 4월 유엔인권이사회에서는 신체 특성상 남성이나 여성으로 구분할 수 없는 간성의 권리를 보호하기 위한 결의안을 처음으로 채택했다는데 여기에서는 주로 생물학적 성을 다루기로 한다.

2013년 "25세 남자였는데 여성의 성기가 발견됐다."[1]는 보도가 있었는데 명문대에 재학 중이던 남학생이 여성으로 밝혀져 수술을 받고 여성이 되었다고 한다. 이 사례는 간성 중에서도 진성 반음양[허마프로다이트(Hermaphrodite)]이었을 것으로 생각되며, 유전자는 XX였을 것으로 추측된다.

2017년에는 벨기에 출신 톱모델 하네 가비 오딜리(29)가 자신의 성 정체성을 공개했는데 그녀는 "나는 남자이기도, 여자이

[그림 2] 모델 하네 가비 오딜리는 안드로겐 무감성 증후군이다. 파이낸셜뉴스 20170127.

기도 하다(안드로겐 무감성 증후군)."고 밝혔다(그림 2). 그녀는 미국에서 활동하는 유명 모델인데 XY유전자를 가지고 있다고 한다.

한편 2009년 세계육상대회 여자 800m 금메달리스트인 남아공 육상선수 캐스터 세메냐에 대한 성별 논란이 유명하다(그림 3). 알려진 바에 의하면 그녀는 체내에 자궁과 난소가 없고 잠복고환이 있으며, 일반 여성보다 테스토스테론 수치가 3배 이상 높고, 안드로겐 무감성 증후군으로 추정된다고 한다.

결국 2018년 세계육상경기연맹(IAAF)은 남성호르몬 수치가 높은 선수들의 여자 육상대회 출전을 제한하기로 했다. 또한 새 규정상 남성호르몬 수치가 높은 선수는 경기 전 수치를 낮추는 치료를 받아야 한다. 이에 세메냐는 국제스포츠중재재판소(CAS)에 제소했으나 CAS는 '남성호르몬 수치가 높은 여자 육상선수들의 국제대회 출전 금지' 결정을 내렸다. 이로써 이제 세메냐가 '400m

[그림 3] 남아공 육상선수 캐스터 세메냐.

부터 1마일까지'의 국제대회 여자부 경기에 참가하려면 6개월 전부터 테스토스테론 수치를 낮추기 위해 약을 처방받고, 투약해서 테스토스테론 수치를 5$nmol$/L 이하로 낮춰야 한다(정상인의 테스토스테론 수치는 여성 0.12~1.79$nmol$/L, 남성 7.7~29.4$nmol$/L이다.).

육상계와 많은 언론에서 이를 속칭 '세메냐 룰'이라고 부르지만 공식 명칭은 'DSD 규정(Difference of Sexual Development, 성발달 차이)'[2]이다.

현대 스포츠는 도핑과의 싸움이라 할 정도로 도핑에 걸리지 않는 약 사용을 위한 선진국 간 경쟁이 심한데 그만큼 안드로겐 등 호르몬뿐만 아니라 여러 약물이 스포츠 기록에 영향을 준다. 그런데 육상연맹은 육상경기 전체가 아닌 400m부터 1마일(1.61km), 즉 400m에서 1,600m에만 세메냐 룰을 적용하는데 나름 과학적인 데이터를 참고했다는 것이다. 단거리나 마라톤 같은 장거리 스포츠에는 성호르몬의 영향이 크지 않다고 알려졌기 때문이다.

비슷한 사례가 2006년 아시안게임에서도 있었다. 인도의 순다라얀 선수가 800m에서 은메달을 받았는데 염색체가 XY여서 메달을 박탈당했다고 한다. 순다라얀은 성염색체로는 남자였지만

'안드로겐 무감성 증후군'으로 밝혀졌다.

안드로겐 무감성 증후군(Androgen Insensitive Syndrome, AIS)은 안드로겐 내성 증후군(Androgen Resistance Syndrome)이라고도 하는데 선천적으로 남성호르몬 수용체에 이상이 생겨 신체 외형 및 외부 생식기가 여성적 특징을 가지고 있고, 태어났을 때는 여성으로 알고 살아가다가 사춘기가 되어서야 남성으로 밝혀지는 경우가 많다. 즉 안드로겐 수용체가 결핍되거나 이상이 생겨 신체가 안드로겐에 반응하지 못해서 나타나는 유전병이다. 완전형과 부분형, 경도의 3가지로 나누는데 남성과 여성의 성기를 가지고 있는, 생물학적으로 인터섹스이다. 남성호르몬이 태아기에 성기 모양을 형성시키기 때문에 수용체의 작동 정도에 따라 외모나 2차성징이 차이가 난다. 남성호르몬과 여성호르몬은 구조가 비슷해 아로마타제(아로마테이스, Aromatase)[3]에 의해 여성호르몬으로 전환되므로 여성화된 모습을 보인다고 한다.

일본의 유전공학자 후쿠오카 신이치[4]는 유전공학, 발생학적으로는 여자가 먼저 탄생했다고 주장하는데 그 증거가 X염색체와 Y염색체 크기와 특히 남성 회음부의 회음봉선(Perineal Raphe, 샅솔기)이라고 한다. Y염색체는 크기가 너무 작아 처음 연구자들은 표본의 불순물이라고 생각했다고 한다(그림 4).

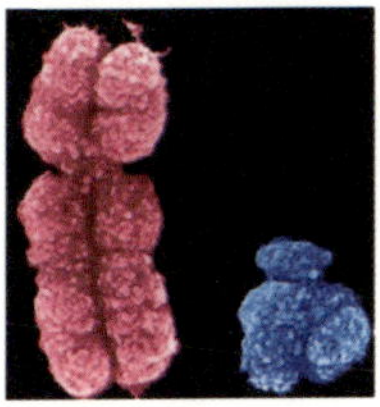

[그림 4] XY염색체. Y염색체는 X염색체에 비해 너무 작아 연구자들은 표본의 불순물이라고 생각하였다.

여성은 X염색체가 2개인 반면 남성은 X염색체와 Y염색체인데 Y염색체의 크기와 유전자 양이 적은 것은 늦게 발생·진화했기 때문이라는 것이다.

회음봉선도 태생기 여성처럼 있던 부분을 바느질하듯이 꿰맨 흔적이라고 한다. 여성에서는 항문과 연결하는 짧은 구간이 있지만 남성의 경우 항문에서부터 음경 하부까지 재봉선이 남아 있다. 때로 재봉선이 완전하지 않아 음경 하부의 일부가 완전히 막히지 않는 선천성 질환(요도하열, Hypospadia)도 있다.

강석기 과학 칼럼니스트는 '포유류 성염색체 진화에 대한 고찰'에서 "우리 몸은 기본적으로 여성이 되도록 설계되어 있다. 즉 여성이 태아 발생의 '디폴트 모드'"라면서 Y염색체의 존재 이유를 설명하였다.[5] 드물게 X염색체 하나만 있는 사람이 있는데 생식력 등에 문제가 있지만 아무튼 겉으로는 여성이다. 반면 Y염색체만 있는 사람은 없다. 즉 X염색체는 존재의 이유가 성정체성보다는 다른 상염색체와 마찬가지로 개체의 생존 그 자체에 있다고 하며, 결국 남성은 X염색체 바탕 위에 Y염색체가 더해지면서 '변주'가 일어나 태아 발생 과정에서 여성에서 남성으로 '성전환'이 일어나는 것이다.

두 학자의 의견을 종합하면 남녀 모두 태아에서는 여성처럼 발생하지만 남성에서는 Y염색체가 만들어내는 남성호르몬 안드로겐의 영향으로 남성 생식기가 발생한다는 것이다. 따라서 염색체에서 만드는 호르몬의 이상이나 호르몬 수용체의 이상이 있으면 특히 생식기 부분이 여성처럼 보인다는 것이다.

외관이나 육안 검사만으로 남녀를 구분하기는 쉽지 않은데 트랜스젠더의 경우를 보면 잘 알 수 있다. 부검을 담당하는 의사들도 당황할 때가 있다고 한다.

한편 이런 일을 먼저 겪은 육상연맹은 규정을 제정하고 고쳐가고 있으나 다른 체육회에서는 별로 관심이 없는 것 같다. 성차별 논란 등에 휩싸이고 싶지 않아 여권에 있는 성별로 남녀를 구분하고 싶다는 것이다. 특히 의료 선진국에서는 유전자 검사, 호르몬 검사, 고환·난소 등 생식선 검사 등을 쉽게 할 수 있어 논쟁을 종식할 수 있다고 하지만 개발도상국에서는 이마저 쉽지 않다. 어릴 때부터 여자로 알고 자랐으며, 운동하다 보면 2차성징이 늦게 나타날 수 있다는 속설 때문에 본인과 가족뿐만 아니라 지도자들도 알기 어렵다. 이들은 남성호르몬이 높기 때문에 운동능력이 조금 높다.

국제복싱협회에서 실격 처리한 선수를 올림픽에서 같은 종목에 뛰게 하는 것은 이해가 잘 안 되지만 유엔인권이사회에서 간성을 가진 이들의 권리보호를 선언하는 등 뭔가 내부 갈등이 있는 것으로 생각된다. 이들은 성발달 '장애(disorder)'가 아니고 성발달 '차이(difference)'를 가진 사람으로서 생물학적 성소수자에 속한다고 볼 수 있는데, 이들에 대한 의학적 정보를 확실히 알아갔으면 한다.

헤르마프로디토스(Hermaphroditos)

헤르메스와 아프로디테 사이에서 태어난 헤르마프로디토스는 원래 남자로 태어났다. 열다섯이 된 어느 날 호수의 요정 살마키스(Water Nymph Salmacis)에게 유혹당하지만 거부한다. 살마키스는 둘을 영원히 떨어지지 않게 해달라고 기도했는데 신이 기도를 받아들여 둘의 육체는 하나가 되었고, 헤르마프로디토스는 양성을 모두 지닌 완벽한 사람이 되었다. 의학계에서는 인터섹스를 허마프로다이트(Hermaphrodite, Androgyne, 반음양, 남녀추니)라 한다.

1) "남자였는데…25살, 여성의 성기가 발견됐다", 한겨레(2013. 12. 6.).
2) 성발달 '장애(disorder)'라고 하지 않고, '차이(difference)'라고 한다.
3) 방향화 효소로, testosterone을 방향성 estradiol로 전환시키는 효소다.
4) 후쿠오카 신이치(福岡 伸一), 김소연 역, 『모자란 남자들』, 은행나무(2009).
5) "강석기의 존재의 이유, Y염색체의 경우", 동아사이언스(2014. 5. 20.).

간성(Intersex): 남자와 여자의 중간성(II)

"딸인 줄 알았는데 갑자기 아들로 변했어요!"

도미니카공화국 살리나스(Salinas)라는 작은 마을에는 "딸인 줄 알았는데 갑자기 남자로 변했어요!"[1]라는 도시전설[2]이 있다고 한다. 이들을 게베도세즈(Guevedoces, 12세에 생긴 고환)[3]라고 하는데 여자아이가 사춘기가 지나면서 잠복하고 있던 고환이 내려오고 남성 생식기가 자라면서 성이 바뀐다는 것이다. 이 증례들은 1970년대 미국 코넬 의과대학 줄리엔 맥긴리 박사에 의해 처음 보고되었다.[4]

맥긴리 박사에 따르면, 남아 태아들은 8주가 지나면서 다이하이드로 테스토스테론(dihydrotestosterone, DHT)이라는 호르몬의 영향과 함께 음경이 발달하게 되는데 게베도세즈 아이들은 테스토스테론을 다이하이드로 테스토스테론으로 전환시키는 효소, 즉 5알파-환원효소(5α-reductase)가 없어 음경 등이 발달하지 않은 채 태어난다. 외형상 여성 생식기처럼 보이기 때문에 여성으로 인식되어 자라지만, 호르몬 양이 폭발적으로 증가하는 사춘기

에 고환 및 음경이 성장한다.[5]

"나는 종종 치마를 입고 학교에 갔지만 한 번도 여아처럼 치마 입는 것을 좋아하지 않았다." "종종 나의 부모님이 여아 장난감을 사줘 그것을 가지고 놀았지만, 소년 무리를 발견할 때면 나는 그들과 공놀이하기 위해 장난감 가지고 노는 것을 그만뒀다."[6]

소설 『미들섹스』

2003년 퓰리처상을 받은 제프리 유제니디스의 책『미들섹스』[7]는 도미니카공화국 살리나스의 게베도세즈와 유사한 사례를 주제로 삼았다. '미들섹스(middlesex)'라는 제목이 상징적인데 주인공이 사춘기를 보낸 디트로이트 주택단지의 이름[8]이기도 하지만 남녀 어느 한쪽에도 완전히 속하지 못하고 성의 가운데 있는 주인공을 가리키는 것이기도 하다.

"나는 두 번 태어났다. 처음엔 여자아이로, 그리고 사춘기로 접어든 후 다시 한 번 남자로 태어났다."

주인공 칼리오페는 여자아이로 자랐으나 유전학적으로 XY염색체를 가지고 있었다. 칼리오페를 진단한 루스 박사는, 그녀가 비록 몸은 남자지만 이미 15년 동안 길들여진 여자의 심리를 가지고 있다고 판단하고 수술을 계획한다. 하지만 칼리오페 자신은 심리적으로도 이미 남자지만 두려운 마음에 여자인 척 행동해 왔는데 몰래 진료기록을 봄으로써 자신이 남자임을 알게 되었다. 칼리오페는 남성으로 살겠다고 도망치지만 내면에는 여성의 감성이 깃들어 있는 '복합적' 인간인 것이다.

'교육 환경이 성 정체성을 좌우한다.'

1970년대에는 선천적인 성(sex)보다 어떤 성(gender)으로 '양육'되느냐가 중요하다는 이론이 주를 이룬다.[9] 이에 따라 루스 박사는 사춘기에 들어 남성의 성징이 두드러지는 칼리오페를 '여성'으로 만들고자 남성 생식기를 제거하고 여성호르몬을 처방할 계획을 세운다.

작가에 의하면 "19세기 프랑스 수녀원의 한 양성 인간 얘기를 들었는데 정말 멋진 스토리였고, 뭔가 매력적인 구석이 많았다."면서 "변신과 운명적인 열정, 또래 여학생을 사랑하면서 자신이 양성 인간이라는 사실을 깨닫게 되는 여정을 소설로 그리고 싶었다."고 한다.[10] 소설에서는 $5a$환원효소 결핍증후군이 근친결혼 때문이라는 전제로 풀어가는데 도미니카공화국 살리나스 역시 소금을 생산하는, 조금 고립된 지역으로 마을 사람끼리 결혼하는 풍습, 근친결혼이 많았다고 한다.

2021년 대만 예요 감독의 「양성 인간」[11]이 개봉했는데 『미들섹스』의 주인공과 유사한 스토리를 가지고 있다. 하지만 주인공이 남성 간성인데 유전자는 XX이고 생리를 하며 수술 후 여성호르몬을 투여한다는, 의학적으로는 잘 맞지 않지만 생물학적 성소수자의 고뇌를 잘 표현하고 있다.

또한 2023년 넷플릭스에서 「에브리 보디(Every Body)」[12]라는 다큐멘터리가 개봉되었는데 3명의 간성인(리버 가요, 숀 사이파 월, 얼리샤 로스 와이걸)이 출연하여 간성인으로서의 삶을 증언하고 있다. 이들이 실제 세상에 전하고 싶은 메시지는 "간성인들을 어린 나이에 강제로 수술시키지 말라."는 것이다. 즉 아이가 자신의 성을 무엇이라고 생각하는지 스스로 판단하고 결정할 수 있을 때까지 기다려 주어야 한다는 것이다. 이 분야의 전문가인 존스홉킨스대학교 존 머니 박사의 주장대로 그렇게 빨리 수술할 필요가 없다는 것이다. 특히 어릴 적 강제수술을 받은 많은 간성인이 수치스러움과 트라우마에 시달리고 있으며, 약물과 자살 충동에 괴로워하고 있다고 한다.

이 다큐멘터리에서는 일란성 쌍둥이 남아 중 하나가 사고로 음경이 절단된 후 여성으로 키워지는 과정도 소개되었는데 성인이 되어 다시 남성으로 회복되고 결혼하고 입양한 아이들과 살고 있지만 결코 행복한 삶을 살지 못한다. 호르몬 등을 통해 여자아이로 키운다고 여자가 되고, 남자아이로 키운다고 남자가 되는 것이 아니듯이 성 정체성은 그렇게 간단한 것이 아니다.

그 외에도 간성을 초래하는 질환은 선천성 부신과다형성증(부신성기증후군)으로 여성이지만 남성화가 되는 질환[13]이 있다. 부신피질에서 분비하는 호르몬에 대한 어떤 효소들이 결핍되면 코르티솔 합성이 감소하여 부신피질자극호르몬이 증가하는데 그 결과 테스토스테론이 과잉 분비되어 남성화를 초래한다. 선천성이기 때문에 태어날 때부터 모호한 외부 생식기 때문에 남녀를 구분하기 힘들다.

이렇듯 성호르몬은 난소나 정소에서만 분비되는 것이 아니고 부신에서도 분비되며, 이들 호르몬 대사에 관여하는 여러 가지 효소, 특히 5α환원효소 결핍과 안드로겐 무감성 증후군에서처럼 호르몬 수용체의 상태에 따라 그 성호르몬 효능에 차이가 있을 수 있는데 그 정도에 따라 간성(인터섹스)의 임상 양상이 다양하게 나타날 수 있다. 이는 표현형이 남녀로 확실한 인간에서도 같은 양상으로 나타날 수 있다.

남아공 육상선수 세메냐의 확실한 의학적 진단은 5α환원효소 결핍증이라고 알려졌는데 XY염색체를 가지고 있으며, 남성호르몬 수치도 높을 것이다. 서두에서 말한 것처럼 딸인 줄 알았으며, 어릴 때는 여자아이로 성장했지만 커서 남자로 변했을 것이다. 올림픽 권투에서 화제가 된 여성 선수들도 어떤 수술을 받았는지는 알 수 없지만 같은 범주가 아닐까 생각한다. 안드로겐 무감성 증후군으로 어릴 때 고환 제거 수술을 받은 벨기에 출신 톱모델 하네 가비 오딜리도 자신처럼 간성인 이들에게 용기를 주고, 간성 어린이가 부모의 뜻에 따라 불필요한 수술을 겪지 않기를 바라는 마음에서 자신의 성 정체성을 밝히게 됐다고 한다.

유엔 인권고등판무관실에서는 인터섹스를 '남녀로 구분되는 전형적 이분법에 들어맞지 않는 신체를 지닌 사람'이라고 정의했

는데 최근에 인터섹스라는 용어는 'disorder of sexual develop-
ment(성발달 장애)'를 거쳐 'difference of sexual development(성
발달 차이)'라는 용어로 사용되고 있다.

1) "이 마을에선 사춘기가 되면 소녀(?)의 몸에서 '남자 성기'가 자란다", 조선일보
   (2016. 8. 30.).
2) 나무위키: 도시전설(都市傳說, urban legend)은 민담(folklore)의 일종으로, 고도로
   밀집되고 개발된 현대 사회에서 있을 법한 낭설이나 미신 등의 이야기를 가리킨다.
3) Machihembras('first women, then men').
4) The 'Guevedoces' of the Dominican Republic", Urological Sciences Research
   Foundation, News, https://www.usrf.org/news/010308-guevedoces.html.
5) Peterson RE et al., "Male pseudohermaphroditism due to steroid 5-alpha-
   reductase deficiency", Am J Med. 1977 Feb;62(2):170-91.
6) "Boys born as girls due to genetic deformity", The Korea Times(2015. 9. 22.).
7) Jeffrey Eugenides, 이화연 · 송은주 역, 『미들섹스』, 서울: 민음사(2004).
8) 영국에는 미들섹스라는 지명이 있었다. https://namu.wiki/w/미들섹스.
9) "남성 · 여성 사이 카오스서 '인간'되기", 경향신문(2004. 1. 30.).
10) "퓰리처상 받은 유제디니스 '미들섹스' 번역 출간", 한경(2006. 4. 1.).
11) 「양성 인간」, 대만 영화감독 예요, https://namu.wiki/w/양성인간.
12) 「에브리 보디(Every Body)」, 넷플릭스(2023).
13) 단순 남성화형(simple virilizing form, 21-수산화효소21-hydroxylase 결핍), 11β-수
    산화효소(11β-hydroxylase) 결핍 등.

욕조는 안전한 곳이 아니다

피곤할 때는 바로 씻지 마라

2024년 겨울 일본 영화 『러브레터』의 주인공 나카야마 미호가 욕탕 목욕 중 불의의 사고로 사망했는데 일본에서는 히트쇼크라고 해서 이런 사고가 심심찮게 발생한다고 한다. 히트쇼크로 인한 사망은 기온이 낮은 12월부터 2월 사이에 주로 발생하며, 사망자의 90%가 60세 이상 고령자라고 한다.[1] 미호의 경우 히트쇼크로 혈압이 떨어져 발생했을 수 있지만 순간적으로 의식이 소실된 상태에서 넘어져 머리를 다쳤거나 익사했을 가능성도 있다.

[사례 1] 어떤 아주머니가 남편과 함께 등산을 다녀왔다. 본인은 내키지 않았지만 최근 살이 찐 것도 같고 해서 따라나선 것이다. 3시간 정도 산행을 하고 돌아와 평소처럼 사우나에 갔는데 오십견도 있어서 온탕에 몸을 한참 담근 후 밖으로 나왔다. 본인은 잠을 잘 자고 일어난 것 같은 느낌이었는데 옆에서 아주머니들이 깨우고 있었다. 정신을 잃고 쓰러진 것이다. 다행히 넘어지면서

다친 곳은 없었고, 바로 의식이 회복되었다.

[**사례 2**] 심근경색증으로 입원한 70대 사업가가 주치의의 만류에도 불구하고 조기 퇴원하여 그동안 하지 못했던 사우나 목욕을 하던 중 갑자기 쓰러져 돌연사했다. 아프기 전에는 자주 했던 사우나라도 심장병이 진단되면 목욕탕이나 사우나를 조심해야 한다.

[**사례 3**] 중년 남자가 골프를 마친 뒤 목욕탕 온탕 안에서 전기에 감전돼 숨지고, 함께 목욕하던 사람들은 대피하는 소동이 일어났다. 목욕탕에서 감전사하는 경우가 가끔 보도되고 있다. '수중 모터 전선 노출' 등 원인을 확인할 수 있는 경우도 있지만 전선이 전혀 노출되지 않은 곳에서도 일어나는 등 그 원인이 확실히 규명되지 않을 때도 있다.

[**사례 4**] 물에 빠져 죽는 익사라고 하면 큰 강이나 바다에서 일어나는 것으로 생각할 수 있지만 물이 깊지 않은 목욕탕에서도 익수 사고가 날 수 있다. 평소 고혈압, 당뇨병 등을 앓던 60대 여성이 깊지 않은 목욕탕에서 허우적거리는 것을 목욕탕 관리인이 발견하여 병원으로 옮겼는데 그 과정에서 의식을 잃었다. 병원 진단 결과 물에 빠지기 전 뇌경색증이 발생했고, 오른쪽 상하지 마비가 동반되면서 온탕 안에서 쓰러져 익수 상태가 된 것이다. '접시 물에도 빠져 죽는다.'는 옛말처럼 소량의 물로도 익사할 수 있

는데, '마른 익수'라 부르기도 한다. 어린이도 물놀이 후 호흡곤란을 일으키다가 사망할 수 있다.[2]

목욕탕에서 정신을 잃은 경우는 미주신경성 실신과 기전이 비슷하고, 열사병의 비교적 경미한 형태인 열실신(Heat Syncope)일 가능성이 높다. 더운 환경에서 체온이 올라가면 피부에 있는 작은 동맥들이 확장되어 혈압이 낮아지는데 빨리 일어나거나 오랫동안 서 있을 경우 혈압이 떨어진다. 이어서 머리로 가는 혈류가 감소되어 어지럽거나 비틀거리게 되고, 심하면 의식소실을 일으킨다. 특히 땀을 많이 흘리거나 설사 등으로 체액이 부족한 경우, 자율신경계 이상이 있는 사람에서 주로 발생한다.

우리 몸에서는 혈압이 떨어지면 교감신경이 활성화되면서 심장박동과 심장 수축력을 높이는데 이를 혈역동을 일정하게 유지하는 것을 항상성이라고 한다. 일시적으로 혈압이 떨어질 때 맥박수가 증가하며 말초혈관이 수축되고 심장 수축력이 증가하여 즉시 회복되지만, 그 과정에서 뇌와 심장을 연결하는 신호가 오작동을 일으켜 오히려 심장박동수가 줄어들고 말초혈관 확장이 일어나면서 혈압이 많이 떨어져 의식소실이 발행한다. 특히 당뇨약, 혈압약 등을 오래 먹고 있는 만성질환자나 심장병이 있는 사람에서 자주 관찰된다. 다이어트를 하는 등 체액량이 적고 혈압이 낮은 젊은 여성에서 관찰되기도 한다.

일본 가고시마대학교 재일 한국인 정충화(Chuwa Tei) 교수는 사우나나 온욕을 하는 동안 심혈관 혈역동학 변화 등에 관해 연구를 많이 했다. 그의 연구에 의하면, 따뜻한 사우나에 들어가면 그 온도에 따라 처음에는 혈압이 상승하지만 시간이 지나면 피부 등 말초혈관이 늘어나기 때문에 혈압이 떨어진다.

그런데 욕조의 따뜻한 물에 들어가 몸을 담그면 그 반응이 조금 다르다. 처음에는 혈압이 높아지다가 시간이 지나면서 떨어지기는 하지만 물의 압력 때문에 특히 하지정맥이 압박되면서 혈액순환이 증가한다. 따라서 오른쪽 심장으로 되돌아오는 혈액이 증가하고 폐동맥압을 증가시키기 때문에 심장이 약한 사람은 숨이 가쁠 수 있다. 그러나 건강한 사람은 폐동맥압이 정상으로 되돌아오기 때문에 큰 증상이 없다. 이런 혈역학적 현상을 이해하고 잘 이용하면 심장질환 재활치료에 도움이 될 수 있다.

쉽게 설명하면, 따뜻한 물에 반신욕을 하는 것이 좋은데 가슴까지 담그는 것이 아니라 배꼽 아래까지만 담그는 것이다. 특히 주의할 점은 냉탕과 온탕을 왔다 갔다 하는 행동은 하지 않아야 한다. 심장이 약한 사람은 따뜻한 저온 사우나가 좋고, 수분 섭취를 충분히 하여 탈수가 되지 않게 해야 한다.

근무시간이 길고 힘들다고 알려진 모 배달업체에서는 직원들에게 땀 많이 흘린 뒤 집에 가서 바로 씻지 말라는 교육을 한다고 한다. 그 대신 30분 이상 앉아서 쉬는 것, 특히 누워서 쉬는 것을 권장한다고 한다. 이런 교육은 사고를 예방하기 위한 삶의 지혜라고 할 수 있다. 땀을 많이 흘렸다면 수분 보충을 해야 하고, 누워서 쉬면서 가능하면 다리를 가슴 높이로 올려주면 심장으로 되돌아오는 혈액이 많아져 혈압이 떨어지는 것을 방지할 수 있다. 특히 장시간 서서 일하는 사람에게는 도움이 많이 된다.

목욕탕에서 쓰러질 경우 모두 발가벗고 있기 때문에 심폐소생술 등 구급활동이 쉽지 않다. 어지럼증이나 현기증이 발생하고 몸이 나른해지면 일어서지 말고 자세를 낮추는 것이 중요한데, 기대고 앉거나 누워 있는 것이 좋다. 그래야 혹시라도 넘어졌을 때 더 큰 부상을 피할 수 있다.[3] 주위에 사람이 있으면 도움을 요청하고, 없다면 119에 연락해야 하지만 목욕탕 안에 전화기가 없을 때는 나오지 않는 헛기침이라도 억지로 몇 번 하면 혈압이 약간 올라갈 수 있으니 시도해 볼 필요가 있다. 헛기침 효과에 대해 논란의 여지는 있지만 아무것도 하지 않는 것보다 낫다.

따뜻한 물에 몸을 담그면 혈관이 확장되며 근육긴장이 완화되고 회복을 촉진할 수 있다. 특히 만성통증이 심한 사람에게는 온열요법이 중요하다. 운동 등을 많이 했을 경우 찬물에 몸을 담그면 혈액순환이 빨라져 운동으로 생긴 부산물을 빨리 대사시켜 배출한다. 체중조절 등 다이어트를 위해서는 찬물에 몸을 담그거나 샤워하는 것이 좋은데, 등 부분에 많은 갈색 지방세포를 활성화시켜 지방을 분해하고 열을 생성하게 하기 때문이다.

건강 상태가 좋지 않으면 따뜻한 욕조에 몸을 담그는 것보다 미지근한 물로 샤워하는 것이 더 좋다. 천근만근이 된 내 피로를 풀어줄 때는 빨리 씻고 자야겠다는 생각에 바로 욕조에 들어가는 것보다 수분 섭취 및 식사를 하고 조금 쉬었다가 미지근한 물로 샤워부터 하고 천천히 온탕에 몸을 담그는 것이 좋겠다. 또 식사를 너무 많이 하는 것도 좋지 않은데, 혈액이 위장으로 몰리기 때문에 혈압이 낮은 사람은 머리로 가는 혈류가 줄어들 수 있다.[4]

1) "日 온천서 숨진 한국인, '히트쇼크' 뭐길래?", 헬스조선(2023. 2. 6.).
2) "접시 물에 코 박고도 익사? '마른 익수' 주의", 헬스조선(2023. 7. 19.).
3) 미주신경성 실신일 경우 넘어져서 얼굴, 특히 광대뼈, 치아 등 앞부분이 다치는 경우가 많다.
4) 특히 점심 식사 후 식곤증이 오는 이유이며, 나이 든 사람에게 흔하다. https://namu.wiki/w/식곤증.

새벽마다 가슴 통증이 반복해서 발생한 환자

환자는 새벽에 일을 나간다. 첫차를 타려면 아침을 먹는 둥 마는 둥 서둘러 출발해야 한다. 새벽 5시 30분에 조그만 언덕배기에 있는 버스정류장에 도착하면 가슴에 통증이 발생하였다가 의자에 앉아 쉬면 호전되곤 하였다. '병원에 가야지' 하다가도 일 때문에 차일피일하다 큰맘 먹고 큰 병원에 갔다. 접수처에서 증상을 물어보더니 순환기내과에 접수해 주었다.

예약하지 않고 가서 그런지 조금 오래 기다리다 의사 선생님을 만났다. 증상을 물어보더니 운동성 협심증이 의심된다면서 바로 옆방에서 심전도를 찍고 오라고 했다. 또 한참을 기다리다 심전도를 찍고 선생님을 만났는데 심전도 소견은 정상이라고 했다. 흉통이 없을 때 심전도를 찍으면 심전도가 정상으로 나올 수 있다면서 혈액검사 등을 하고 며칠 후 진료시간을 잡아주었다. 그런데 진료를 기다리는 동안 환자는 약간 어지럼증이 생기면서 걸어갈 때 가슴이 뛰고 숨이 가빠졌다.

집에 온 환자는 지인 의사에게 전화 상담을 했다. 그 의사가 몇 가지 물어보다 대변 색이 괜찮냐고 했는데 대변 색이 까맣다고 했다. 그 의사는 병원에 가면 다른 이야기는 하나도 하지 말고 어지럽고, 대변 색이 까맣다는 이야기만 하라고 했다.

재진 날 환자의 말을 듣던 의사는 환자의 눈을 까 보고(각막을 보고) 결과지를 확인하더니 응급상황이라며 간호사에게 휠체어를 가져오라고 했다. 그 말을 들은 환자가 갑자기 옆으로 쓰러지면서 정신을 잃은 바람에 상황은 더욱 응급하게 돌아갔다. 다행히 응급실에서 내시경 시행 후 위궤양으로 인한 출혈로 진단하고 그 부위를 시술하였다. 환자는 며칠 뒤 건강하게 퇴원했는데, 정말 큰일날 뻔했다.

이 환자의 교훈 중 하나는 새벽 5시 반에 반복되는 속쓰림(오목가슴 아픔) 증상이었다. 몇 년 전 모 제약회사에서 '새벽 4시 통증'이라면서 제산제를 광고한 적이 있다. 이 환자의 경우 새벽에 운동하면서 생기는 협심증 증상이 문제가 아니라 매일 새벽에 반복되는 통증(속쓰림)이 문제였다. 가슴이 뛰고 숨이 가쁜 것은 빈혈로 인한 증상이었을 것이다.

두 번째 교훈은 호소하는 통증 부위에 대한 해부학적 위치도 중요하다. 가슴이 아프다고 호소하는데 때로는 상복부(명치: 양쪽 갈비뼈가 합쳐진 흉골 하방) 통증을 말할 때도 있다. 가슴이 오목하게 들어간 오목가슴이라는 병명도 있지만 일부 지방에서는 명치를 오목가슴이라고 부르기도 한다. 따라서 가슴이 아프다고 하면 그 부위를 손으로 가리켜 달라고 하는 것이 좋다.

세 번째 교훈은 처음에 소화기내과 의사가 진료했더라면 더 빨리 진단될 수 있었을 가능성이 있다. 간이 커져 만져질 때도 순환기내과 의사는 우심부전증이라는 심장병에 의한 간비대를 먼저 생각하고, 소화기내과 의사는 간경변증 등 소화기내과 질환을 먼저 생각할 수 있다.

어릴 적 "싸울 때 코피가 먼저 나는 사람이 무조건 진다."는 속설이 있다. 덩치가 크건, 작건 코피가 나면 울음을 터뜨리면서 항복 선언(?)을 하게 되는데 환자도 어떤 진단을 받을 때 쓰러지고 정신을 잃는 경우(실신)가 있다. 반대로 어떤 사람은 암 진단을 받았는데도 미리 알고 있었던 것처럼 덤덤하게 행동하는 사람이 있다. 본인이 생각하고 걱정하고 우려했던 진단을 받는 순간 진단이 완료되었다는 느낌을 받으면 긴장이 풀리면서 쓰러지기도 한다. 그러나 덤덤해지는 순간을 맞는 경우도 있는 것 같은데 크게 아파 보지 못한 사람은 그 느낌을 모를 수 있다. 아무튼 환자들은 큰 병이 아니더라도 병원에서 쓰러지기도 한다.

지방에 사는 한 장년 남성은 백혈병이 의심되는 아내와 함께 서울에 있는 큰 병원 대기실에서 기다리고 있었다. 오랫동안 기다리다 아내 이름이 호명되는 순간 일어서다가 쓰러졌다. 병원에서는 응급상황, 소위 코드블루(code blue)가 발령되고 응급팀이 달려왔는데, 다행히 금방 깨어난 환자는 "내가 아니고 내 가족이 환자"라고 소리쳤다. 이런 경우는 미주신경성 실신보다는 기립성 저혈압일 가능성이 높다. 오랫동안 앉아 있다가 갑자기 일어서는 경우 혈압이 일시적으로 떨어지면서 쓰러지는 것을 말한다. 지방에서 차를 타고 오는 시간도 오래 걸렸을 것이며, 예약은 했지만 대기시간이 길어지며 정말 많이 긴장하고 있었을 것이다. 또 환자가 금식하고 내원했다면 보호자인 당사자 역시 식사를 못 했을 것이다.

"연때가 맞아야 병이 낫는다."는 말이 있듯이 의사와 환자는 연때가 맞아야 한다. 가슴 아픔을 호소하는 환자가 어떤 의사를 먼저 만나야 병이 더 잘 낫는지는 알 수 없다. 이번 증례의 경우 순환기 의사가 먼저 진료했지만 소화기내과 의사가 먼저 진찰했다고 해서 빨리 진단되리라는 보장은 없다. 대학병원에서 진단율이 높은 이유도 군소병원에서 검사하여 어느 정도 아픈 곳을 골라 주었기 때문이다. 연때가 잘 맞으면 돌팔이 의사에게 가도 잘 나을 수 있고, 연때가 맞지 않으면 아무리 유명한 의사를 만나도 나을 수 없다. 간단한 증상으로 대학병원을 찾아 검사할 경우 엉뚱한 진단을 받고 우왕좌왕 헤맬 수 있다. 그래서 의술은 과학이 아니고 예술이라고 한다.

장자 이야기와 굿닥터

송나라 상인, 바닷새, 조삼모사, 대붕

2011년 3월 KBS에서 TV특강 「강신주의 장자, 사랑과 소통의 지혜」(▶1강: 낯선 타인과의 마주침, '송나라 상인 이야기', ▶2강: 사랑의 비극, '바닷새 이야기', ▶3강: 사랑하는 타인을 파멸시키지 않는 방법, '조삼모사 이야기', ▶4강: 진정한 소통을 위한 조건, '대붕 이야기')를 방송한 적이 있는데 매우 감명 깊게 시청하였다. 이후 영상을 구입하여 보기도 하고, 강신주의 장자 책[1]을 사서 읽기도 하다 보니 강신주 철학자를 많이 좋아하게 되었다. 특히 조삼모사 이야기에서 이전 해석과는 거의 반대 해석을 듣고 많이 놀라기도 하였다.

당시는 인문학이 무엇인지도 잘 모르는 시기였고, 문사철이라고 해서 문학, 역사, 철학이 합해진 것이라고 생각할 뿐이었다. 문사철의 지혜를 아는 것에 그치지 않고 실천하는 것임을 깨달은 것도 얼마 전 일이다. 즉 변하지 않는 인간의 가치를 성찰하고 그것을 탁월함으로 실천하는 것이 인문학의 목적이라는 것이다. 특히 '탁월함(아레테)'은 virtue(덕) 혹은 excellence(탁월)를 의미하는 그리스 철학의 핵심 개념의 하나라는 것이다.

어느 대학교 학장과 총장이 의과대학에 왜 인문학 강의가 필요하냐면서 인문학 교실 설치가 필요 없다고 주장했다는데, 이런 인문학의 개념과 목적을 알았다면 그런 이야기를 할 수 없었을 것이다. 인문학을 통해 의학적 치료를 할 뿐만 아니라, 탁월한 덕을 행동으로 실천하여 궁극적으로 완전한 치유에 이르게 하는 것이 의학교육에서 인문학을 공부하는 목적이다. "공부만 잘하면 뭐 하나, 인간이 돼야지."라는 말이 있듯이 "진단하고 치료만 잘하면 뭐 하나, 인간이 돼야지."라는 말을 들어본 것도 같다.

진정한 굿닥터를 만드는 데 인문학이 필요함을 절실히 느꼈으며, 강신주 철학자의 강의를 임상의학, 특히 영화의학교육의 기초로 삼으려고 한다. 장자가 무덤 속에서 통곡할지, 강신주 철학자가 웃다가 넘어질지 알 수 없는 일이지만 내가 풀이한 장자 이야기를 통해 의학의 길에 들어선 사람들이 굿닥터가 되는 인성을 길렀으면 좋겠다.

1. 송나라 상인 이야기

"송나라 사람이 '장보'라는 모자를 밑천 삼아 월나라로 장사를 갔지만 월나라 사람들은 머리를 짧게 깎고 문신을 하고 있어 그런 모자가 필요하지 않았다."
— 『장자』 내편(內編) '소요유'

장자의 거대하고 비범한 다른 이야기들에 비하면 이 이야기는 매우 짧고 단순한, 장사(상업)에 대한 가르침이다. 송나라 상인은 월나라에서도 모자가 사용될 것이라고 생각하여, 부자가 될 기대에 부풀어 그곳에 간다. 그런데 이게 무슨 일인가? 월나라는 송나라와 너무 다른 나라이고, 약간 오랑캐 같은 월나라에서 사회적 위상을 나타내는 것은 모자 같은 예복이 아니라 문신이었다. 월나라에서 모자는 아무런 쓸모가 없는 것이다.[2] 망연자실한 상인은, 아니 우리는 어떤 선택을 해야 할 것인가? 돌아갈 것인가, 여기 남아 있을 것인가?

저자가 근무했던 대학은 민주화의 성지 광주에 자리 잡고 있다. 우리 학생들이 대학에 합격하면 광주로 이사 와야 하는데, 타지에서 광주로 유학 보내는 많은 부모님들이 걱정을 한다고 한다. 왠지 조금 무섭기도 하고, 데모 대열에 합류하지는 않을까 걱정도 되고, 타지 출신이라고 차별받지 않을까 걱정이 많다고 한다. 그러나 막상 와서 생활하다 보면 이러한 걱정은 눈 녹듯이 사라지고 마는 조용한 마을, 빛고을(光州)이다.

의과대학(의전원) 교육과정은 고등학교 등에서 배우던 것과는 엄청난 차이가 있다. 의학 영어는 라틴어 계열이라 스펠링부터 복잡하고, 수많은 의학 용어를 외어야 하며, 해부학 실습실에서 경험하는 두려움 등은 이루 말할 수 없다. 이건 내가 생각하던 공부가 아니라고 도망가 버리고 싶은 마음이 굴뚝같다.

의과대학을 졸업하고 의사면허를 받는다고 해도 마찬가지다. 인턴, 레지던트 과정 역시 내가 기대했던 것과는 너무 다르다. 명색이 의사지, 그저 막노동하는 것과 다를 것 없다. 수련을 받고 나면 부자가 될 것 같지만 그렇지 않다. 나 혼자 하라면 밤을 새워서라도 해결하겠지만, 병원은 다른 의사뿐만 아니라 약사, 간호사, 기사 등등 의료인이 많고, 특히 그들 중에는 내 부모님보다 나이 많은 사람도 많다.

의사의 자존심을 나름 살리려고 애써 보지만 이것도 쉽지 않다. 전문의를 따고 새로운 근무처를 갈 때도 마찬가지다. 이제는 다른 대학 출신들과 경쟁해야 한다. 일은 적게 하고 월급은 많이 받기를 원하지만 세상에 공짜는 없다. 이제 와서 적성에 맞지 않는다고 되돌아갈 수는 없다. 이제 어떻게 할 것인가?

몇 해 전 인기 드라마 「SKY 캐슬」에서 마마보이(엄친아) 정준호는 울면서 "어머니가 공부 열심히 하라고 해서 학력고사 전국 1등까지 했고, 의대 가라고 해서 의사 됐고, 병원장 되라고 해서 그거 해 보려고 기를 쓰다가 내 새끼인 줄도 모르고 죽였다."면서 "날 이렇게 만든 건 어머니다. 내일모레 쉰이 되도록 어떻게 살아야 하는지도 모르는 놈을 만들어 놨다."고 오열한다.

미국의 모 주립의과대학교 교수로 근무하는 (아메리칸드림을 완성한) 한국인 2세는 오로지 자식만을 위해 밤낮없이 일해서 자식을 의대에 보내는 게 부모님 최고의 인생목표이자 자부심이었기에 자신이 의대에 가는 것은 지극히 당연한 일로 느껴졌다고 했다. 그러나 의대 입학 후 '왜 내가 이 일을 하는지', '이 일이 정말 내가 할 일인지'에 대한 강한 회의가 들어 죽을 것만 같았던 시절이 있었다고 한다. 당시 그는 부모님께 "독수리 같은 자식을 낳아서 왜 닭장에서 키우시냐!"고 하소연했다고 한다.[3]

특히 SKY 의과대학에 입학하는 것이 대치동 돼지엄마[4]들의 꿈이기 때문에 의과대학에는 본인의 적성과 관계없이 입학하는 학생도 있다. 단지 높은 수능 점수 때문에 의사라는 직업이 뭔지 잘 알지도 못하고 입학하는 것이다. 이들 중 일부는 송나라 상인처럼 아찔한 현기증을 느끼며 망연자실해하는 학생도 있다. 이들을 잘 인도하여 좋은 의사, 아니 보다 나은 방향으로 이끌어야 한다.

의사가 되고 나서 의사생활을 버리고 정치가, 문학가, 예술가의 길을 택하여 나름 성공한 사람이 있다는 것도 알려야 한다. "의학은 본처(本妻)이고 연극은 정부(情婦)이다."라고 주장한 안톤 체홉이 대표주자다. 그는 빈민가 주변에서 내과의사로 일하며 가난한 사람들을 돌보기도 했고, 소설가 및 극작가로서 뛰어난 재능을 보였다. 시인 키츠, 소설가 코넌 도일, 크로닌, 서머싯 몸 등도 의사다. 이들도 의과대학에 입학했을 때는 망연자실했을 가능성이 높다.

2. 바닷새 이야기

"너는 들어보지 못했느냐? 옛날 바닷새가 노나라 서울 밖에 날아와 앉았다. 노나라 임금은 이 새를 친히 종묘 안으로 데리고 와 술을 권하고, 아름다운 궁궐 음악을 연주해 주고, 소와 돼지, 양을 잡아 대접하였다. 그러나 새는 어리둥절해하고 슬퍼하기만 할 뿐 고기 한 점 먹지 않고 술도 한 잔 마시지 않은 채 사흘 만에 죽어버리고 말았다. 이것은 사람을 기르는 방법으로 새를 기른 것이지, 새를 기르는 방법으로 새를 기르지 않은 것이다."

— 『장자』 '지락(至樂)'

예쁘고 울음소리도 좋은 바닷새가 궁전에 날아오자 신하들이 잡아다 임금에게 바쳤다. 임금은 고급술과 안주를 권하고 삼현육각을 울려 주었으나 새는 죽어 버렸다. 시골에 살고 있는 선비[향사(鄕士)]나 김삿갓 혹은 노숙자였더라면 엄청난 행운이고 큰 즐거움이었겠지만 바닷새에게는 지옥이었을 것이다.

예수님과 동시대에 힐렐(Hillel)이라는 위대한 랍비가 있었다. 어느 이교도가 "당신이 한 다리로 서 있는 동안 토라 전체를 암송할 수 있다면 나는 유대교로 개종하겠습니다." 하자, 힐렐은 "네가 싫어하는 일은 남에게도 행하지 말라. 이것이 전체 율법이고, 다른 것은 그 해석이다."[5]라고 했다고 한다. 공자는 자공이 평생 동안 실천할 말을 물었을 때 "그것은 서(恕)다. 자기가 바라지 않는 것이면 남에게 베풀지도 말아야 할 것이다."[6]라고 했는데 이 두 가지 가르침은 거의 비슷하다. 그리고 예수님은 "무엇이든 남에게 대접받고자 하는 대로 너희도 남을 대접하라."(마태 7:12)고 했는데 이를 황금률(golden rule)이라고 하고, 앞의 두 가르침을 은

율(silver rule)이라고 한다.

그런데 장자는 "타자가 원하는 것이 너와 다르다면 어찌할 것이냐?"라면서 "타자가 원하지 않는 것을 타자에게 하지 않는다."고 했다.[7] 즉 내가 생각하기에 상대방이 원하는 것, 원하지 않는 것이 아니라 상대방(타자)이 실제로 원하는 것과 원하지 않는 것을 고려해야 한다는 것이다.

언젠가 외국에서 유명한 교수가 내원했는데, 강의가 끝나고 유명한 한식집에서 식사를 준비하였다. 우리나라 전통음식을 소개하기 위함이기도 하고, 우리가 좋아할 뿐만 아니라 다른 외국 교수들도 좋아한 적이 있기 때문에 큰 문제가 없을 것으로 생각했는데 그 교수는 아랍계 채식주의자로 육지동물은 물론 바다나 강에 사는 물고기도 먹지 않는 생활신조를 지키고 있어 꽤 당황한 적이 있다.

의사와 환자와의 관계에서도 마찬가지다. 의사들은 어떤 병의 치료에 관해 근거가 충분하고 타당한 치료를 제시했다고 해도 환자의 상태(patient values: 나이와 동반 질환 유무 등)와 환자가 원하는 치료(patient expectation: 종교상의 이유로 수혈 거부, 연명치료 거부 등)에 따라 달라질 수 있다. 즉 의사가 그 환자에게 아무리 좋은 치료방법이라고 권유했다 할지라고 그 환자에게는 좋지 않을 수 있다는 것이다. 아무리 선한 의지로 환자를 도우려고 했을 때도[이전에는 환자나 환자 보호자가 의사에게 모든 선택을 맡기는 온정적 간섭주의(paternalism)가 의료의 기본이었다.] 환자의 자율성을 존중해야 한다.

근거중심의학의 3가지 중요 요소(triad)는 ▶현재까지 가장 타당하고 좋은 연구 근거(best external evidence), ▶담당의사의 개인적인 임상전문지식 및 술기능력(individual clinical expertise), ▶환자의 상태와 기대(patient values and expectations)이다. 지금까지 연구되어 통합된 연구 근거에 의해 가장 좋은 치료라고 인정된 치료를 해야 하고, 의사는 그 지식과 술기를 할 수 있어야 하며, 환자의 상태와 기대에 부응해야 한다.

바닷새를 바닷새 기르는 방법으로 길러야 하듯이, 의사가 원하는 방법(돈을 버는 수단)이 아닌, 진정으로 환자가 원하는 방법으로 치료해야 완전한 치유에 이를 수 있는 것이다.

3. 조삼모사 이야기

원숭이 키우는 사람이 원숭이들에게 도토리를 주면서 "아침에 셋, 저녁에 넷 주겠다."고 했다. 원숭이들이 모두 성을 냈다. 그러자 그 사람은 "그러면 아침에 넷, 저녁에 셋을 주겠다."고 했다. 원숭이들이 모두 기뻐했다. 명목이나 실질에 아무런 차이가 없는데도 원숭이들은 성을 내다가 기뻐했다. (그 원숭이 키우는 사람도) 있는 그대로를 따랐을 뿐이다. 그러므로 성인은 '옳고 그름'(을 자유롭게 사용함)으로써 대립을 조화시키고, '천균(天鈞)'에 편안해한다. 이를 일러 '양행(兩行)'이라고 한다.

— 『장자』 '제물론(齊物論)'[8]

조삼모사 이야기는 흔히 똑똑한 사람이 어리석은 사람을 놀릴 때 쓰는 이야기라고 생각하지만 철학자 강신주는 다른 해석을 하고 있다.[9]

원숭이를 키우던 주인은 원숭이를 많이 사랑했다. 그러나 갑자기 경제적으로 빈곤해지는 바람에 내년 경제가 좋아질 때까지는 원숭이의 먹이를 제한하기로 했는데, 먹이도 원숭이가 좋아하는 바나나나 밤이 아닌 도토리를 7개씩 줄 수밖에 없었다. 그래서 밤이 길어 배가 고플 것이니 저녁에 4개 주고 아침에 3개 주기로 했는데 원숭이가 화를 냈다. 그런데 아침에 4개 주고 저녁에 3개 준다고 했더니 좋아했다고 한다. 원숭이가 거부하면 도토리를 안 주고 굶길 수도 있다. 또한 아침에 1개, 저녁에 6개, 또는 아침에 6개, 저녁에 1개를 줄 수도 있고, 5개-2개, 2개-5개 등 여러 선택이 있을 수 있지만 하루에 주는 양은 똑같다.[10] 주는 양이 똑같다면 원숭이가 스스로 선택해야 행복하다는 의미이고, 서로 소통이 잘된 것이다.

의사와 환자와의 관계에서도 마찬가지다. 거의 같은 결과가 나오는 치료라면 그 선택은 환자가 스스로 해야 행복하다는 것이다. 환자의 자율성을 최대한 존중해야 한다. 그러나 자율성에 대한 반론도 만만치 않은데 다음은 그 일부 주장이다. 대부분의 의료윤리 학자들은 자율적인 시민으로서의 양도할 수 없는 권리를 강조하는 것이 의료윤리를 위한 기반으로 충분하다고 주장한다. 그러나 나는 3가지 이유에서 그들에게 동의하지 않는다.[11]

① 환자의 자율성이 자만이라는 것은 명백하다. 환자들은 오늘날의 고도로 기술적이고 불명료한 임상과학이라는 환경에서 복잡한 결정을 할 수 있을 만한 훈련과 지식이 부족하다는 이유만으로도 자신의 자율성을 완전히 생각할 수 없다.

② 의료는 기본적으로 어버이다운(어떤 이는 종교의 사제를 떠올리기도 할 것이다.) 역할이다(온정적 간섭주의, paternalism). 환자를 치료하는 것은 고통받는 이를 돕는 것, 자기 자신을 돌볼 수 없는 이를 돕는 것이다. 임상의의 기본 임무는 환자를 어려움에서 건져 주는 것이며, 비록 자율성이 존중되어야 할지라도 의료는 본질적으로 상실된 주권을 회복시켜 주는 것을 목적으로 한다.

③ 과학은 냉정함이라는 상쇄적 윤리를 제공하기 때문에, 질병을 대하는 데 있어 객관적이려는 태도는 인간적인 의료에 적합할 수 없다. (물론 과학은 합리적인 치료의 필요조건이다!) 나는 대인관계에서의 윤리가 의료의 기초로 확립되어야 하며, 임상과학은 그런 노력에 있어 오직 하나의 도구로 이용되어야 한다고 주장한다.

4. 대붕 이야기

북쪽 먼바다에 물고기가 한 마리 사는데 이름이 곤(鯤)[13]이다. 그 물고기가 얼마나 큰지, 길이가 몇 천 리가 되는지 알 수 없다. 그 물고기가 변해서 새가 되었는데 이름이 붕(鵬)이다. 그 새도 얼마나 큰지, 등만 보아서는 그 길이가 몇 천 리가 되는지 모를 정도다. 그 새가 날아올라 날개를 펴면 마치 하늘에 검은 구름을 드리운 것 같다. 바다가 움직이면, 그 새는 남쪽 먼바다 천지(天地)로 날아가기 위해 삼천 리나 되는 물을 차고 올라가는데, 그때는 바람을 타고 구만 리를 솟아올라 여섯 달을 쉬지 않고 날아간다. 만일 바람이 충분히 불지 않으면 그 큰 날개를 저을 수 없다. 그러므로 붕이 구만 리를 날아오르려면 바람이 날개 아래로 불어야 한다. 그래야 바람을 타고 어깨에는 푸른 하늘을 지게 되어 그 앞길을 가로막는 것이 없이 남쪽을 바라보고 날 수 있다.

그런데 매미와 작은 비둘기가 이것을 보고 비웃으며 말한다.

"우리는 날아오를 때 느릅나무나 박달나무 가지에 오르는 것이 고작이고, 어떨 때는 그것도 제대로 못 하고 땅바닥에 떨어질 때가 많다. 그런데 감히 구만 리나 위로 올라가서 남쪽으로 가려고 하다니!"

— 『장자』 1장 '소요유(逍遙遊)' 편

곤(鯤)은 아주 큰 물고기다. 이 물고기가 오랫동안 수양하고 참고 기다리다 환골탈태하여 대붕(大鵬)이라는 큰 새가 되고, 하늘로 날아 올라간다. 날개를 펴고 솟아오르면 하늘을 막아 세상이 어두워질 정도다. 그러나 하늘을 날려면 태풍이 필요하기 때문에 태풍이 불 때까지 기다려야 한다. 몇 년 전처럼 태풍이 오지 않으면 날 수 없어서 몇 년이고 기다리고 있어야 한다. 이를 옆에서 지켜보던 조그만 새들이 "덩치만 크지, 날지도 못하는 바보"라고 비웃는다.

이 이야기는 이무기가 용으로 변해 승천했다는 우리나라 설화와 유사한 점이 있다. 이무기는 큰 뱀을 말하는데 연못이나 강에

서 살면서 몸과 마음을 수양하고 1,000년(3,000년)을 기다려야 한
다. 수도 중인 이무기도 살아가려면 먹어야 하는데 많이 먹어 버
리면 그 연못이나 강에 물고기가 남아 있지 않을 것이다. 또한 인
간에게 선을 베풀고 인정받아야 하므로 가뭄이 들면 비를 내리게
해준다든지 연못 물이 마르지 않게 해주어야 한다. 만일 배고픔
을 못 이겨 마을 가축 등을 잡아먹기라도 하면 여의주가 만들어
지지 않아 용이 될 수 없다.

이 많은 어려움을 견딘 후 용이 되어 하늘로 올라가다가도 사
람들이 쳐다보거나 저주를 퍼부으면 떨어져 버린다. 특히 설화 중
하나에는 새벽에 밖에 나온 처녀가 쳐다보는 바람에 승천하지 못
했다고 전해지는데, 어떤 남자가 정을 주고 밤봇짐을 싸서 달아
나는 듯한 뉘앙스가 있다.

몸과 마음을 엄청나게 단련하고 수양해야 환골탈태하여 대붕
이 되지만 태풍이 오지 않으면 날 수 없다. 그렇다고 참새나 비둘
기처럼 느릅나무나 박달나무를 오르내리는 삶을 살아서도 안 된
다. 물론 하늘을 날던 독수리도 배를 채우려면 땅으로 내려와야
하듯이, 땅에 내려오기도 해야 하지만 대붕은 태풍을 기다려야 한
다. 참새 무리가 어찌 대붕의 뜻을 아느냐고 소리치고 싶지만 그
외침마저도 삼가야 한다.[14]

장자는 대붕이 어떻게 살아야 하는지를 소요유에서는 이야기
하지 않지만 추수(秋水) 편에서는 다음과 같은 봉황의 삶을 이야
기해 주고 있다.

"남쪽 나라에 봉황이라는 새가 있네. 그런 새 이름을 들어본 적이 있는가? 봉황은 남해에서 북해로 날아갈 때 오동나무가 아니면 앉아 쉬지를 않는다네. 그리고 대나무 열매가 아니면 먹지도 않는다네. 또한 단물이 아니면 마시지도 않지."
— 『장자』 17장 '추수(秋水)' 편

봉황은 아무리 피곤해도 소나무 등 벌레가 있는 나무에는 앉지 않고, 아무리 배가 고파도 50년, 아니 100년 만에 한 번 꽃이 피고 열매를 맺는다는 대나무 열매가 아니면 먹지 않으며, 목이 말라도 하천에 있는 아무 물이나 마시지 않고 천연 1급수인 단물만 마신다고 한다. 이 이야기는 양나라에서 재상을 하고 있던 혜자라는 친구에게 본인은 벼슬에 뜻이 없다고 했던 비유의 말이지만 고고한 성자의 삶을 말하는 것 같다.

우리 의사들의 삶도 이래야 하지 않을까 생각해 본다. 곤이라는 물고기로 시작했지만, 이식된 대나무가 뿌리를 내리기 위해 6년 이상을 기다리듯, 10여 년 학교생활과 수련의 생활을 해야 하고 전문분야를 공부하려면 또 몇 년을 수양해야 대붕이 된다. 그것으로 끝나는 것이 아니라 태풍이 불기를 기다려야 하는 인내심을 가져야 한다. 그래도 먹고살려면 현실과 타협하지 않을 수 없으나 하늘을 나는 큰 뜻을 잊어버리면 안 된다. 의사들은 고귀한 소명을 받은 고귀하고 존엄하고 존귀한(identity and integrity) 사람들이기 때문이다. 이 고귀하고 존엄함을 유지해야 한다.

관상어로 많이 키우는 고이(にしきごい, 錦鯉)라는 비단잉어가
있다. 작은 어항에서는 불과 5~8cm 정도로만 크지만 강물에 방
류하면 90~120cm까지 큰다고 한다. 환경에 따라 크기가 달라진
다는 이야기이기도 하지만 우리 학생들도 의과대학이라는 좁은
환경에서 키워 똑같은 붕어빵이 되지 않나 싶기도 하고, 환골탈
태 기회를 놓쳐 용이 못 되게 하고 대붕처럼 하늘을 날지 못하게
하고 있지는 않나 걱정이다.[15]

1) 강신주(2014), 『(강신주의) 노자 혹은 장자』, 서울: YES24.

2) 원재훈, "21세기 '사기열전(史記列傳)' ③ 화식열전", 신동아(2009. 3. 25.).

3) "닭이 아니라 독수리입니다"(작성자 박태웅), https://blog.naver.com/parktww/140194457261.

4) "돼지엄마는 왜 사라졌을까?", 네이버 지식백과, https://terms.naver.com/entry.nhn?docId=3581274.

5) "Do not do unto others what you would not have them do unto you", Hillel the Elder.

6) 子貢問曰: "有一言而可以終身行之者乎?", 子曰: "其恕乎! 己所不欲, 勿施於人."

7) 강신주 '장자, 사랑과 소통의 지혜 2강: 사랑의 비극(바닷새 이야기)'.

8) "강신주의 철학 강의 2. 직접 들어보는 장자의 이야기: 고전에는 시간을 견디는 힘이 있다", 채널예스, http://ch.yes24.com/Article/View/23176.

9) "조삼모사? 멍청한 원숭이 얘기가 아니랍니다.", '강신주의 철학 고전읽기 ⑥ 장자의 「장자」', 오마이뉴스(2011. 11. 24.).

10) 아침에 7개를 주면서 본인이 알아서 나눠 먹으라고 하면 될 것도 같으나, 마시멜로 이야기처럼 절제하고 잘 지키는 원숭이는 많지 않을 것이다. 그렇지만 그렇게 하는 사람이 굿닥터가 될 가능성이 높다.

11) Tauber, A. I., 김숙진 역(2003), 『어느 의사의 고백』, 서울: 지호, p. 239.

12) Tauber, A. I., 김숙진 역(2003), 『어느 의사의 고백』, 서울: 지호, p. 168.

13) 곤(鯤)은 물고기 배 속의 알, 물고기 새끼를 의미하는 한자인데, 장자는 비유적으로 엄청나게 큰 물고기의 이름으로 사용한다.

14) 연작안지홍곡지지(燕雀安知鴻鵠之志): 제비나 참새 따위가 어찌 기러기나 고니의 뜻을 알겠느냐는 말로, 곧 평범(平凡)한 사람이 영웅(英雄)의 큰 뜻을 알 리가 없다는 뜻(네이버 한자사전).

15) 일본 신화에는 용이 된 고이(비단잉어) 이야기가 있다. 고이는 뾰쪽한 돌에 부딪혀 피가 나고 다른 포식어류들의 공격에 노출되지만 이 강물의 원천(源泉)으로의 외로운 여행을 감행하고, 폭포(등용문)에 이르러 지느러미과 꼬리를 버리고 용이 되어 승천한다는 신화다. "배철현의 심연: 일본의 신화 속 물고기 '고이' 이야기", 경향신문(2016. 2. 18.).

의료와 영성

Spiritual Health

1948년 세계보건기구(WHO) 헌장은 건강에 대해 "단순히 질병이나 허약함이 없는 상태가 아니라 신체적, 정신적, 사회적으로 완전한 안녕 상태"라고 규정하였다. 이 정의의 중요한 의미는 정신건강이 단순히 정신적 질환이나 장애가 없는 것 이상이라는 것이다.[1] 그런데 1998년 세계보건기구 집행이사회 특별그룹은 헌장 전문을 다음과 같이 개정할 것을 제안하였다. 즉 건강은 단순히 질병이나 허약함이 없는 것이 아니라 신체적, 정신적, 영적, 사회적으로 완전한 역동적 상태[2]라는 것으로 영적(spiritual) 건강과 역동적(dynamic) 상태를 추가하였다.

신하 등[3]은 〈진료에 영성을 통합하는 것이 현대 의료시스템의 필수요소〉라는 논문에서 영성의 전통적 의미는 "인간의 본래 모습, 하나님의 형상을 회복하는 것을 목표로 하는" 혁신의 과정이며, 영적인 건강을 간단히 평화, 단순함, 공감, 자비 등으로 정의할 수 있다[4]고 한다. 또한 영성과 건강은 보건의료의 성장 분야이며, 영국 및 미국 의과대학 교육과정에도 포함되고 있고, 지난 30여 년 이 분야의 연구에 의하면 환자의 영적 믿음 정도와 치료 결과의 다양함 사이에 연관성이 입증되었다고 한다. 그러나 종교, 영성, 건강 간의 과학적 연관성을 다루는 것은 비이성적, 감정적 또는 '정치적'인 이유로 '잊힌 주제'이거나 기피되어 왔다면서 이제는 서로 통합해야 한다고 주장한다. 우리나라에서도 공교육 차원에서 영성교육을 해야 한다는 주장이 강해지고 있지만, 학교 종교교육은 영성 · 종교성, 인성, 신앙 등을 추구하는 교육이 아니라 '성찰적 교육'일 필요가 있다[5]고 한다.

신약성경에는 총 72건의 치유가 기록되어 있으며, 이는 복음서의 12%를 차지한다고 한다.[6] 박준양 신부는 인간은 근원적으로 영적 존재이기 때문에 환자뿐만 아니라 사람이라면 누구나 영적 돌봄이 필요하다고 한다. 또한 고통받는 이들의 마음을 공감하고 치유하는 것은 기계나 인공지능이 도저히 할 수 없는, 영적 인간만의 고귀한 작업이라고 주장한다.[7]

그런데 미국에서는 탈종교 현상이 가속화되고 있으며, SBNR(spiritual but not religious) 부류가 급부상하고 있다는데 여기에서도 '영적(spiritual)'이라는 단어가 나온다.[8] 이들은 영적인 생활을 중요하게 생각하지만 종교적 형식이나 관습은 싫어한다는 것이다. 또한 최근 미주한국일보 보도에 의하면 미국에서 카르마 등 '뉴에이지 영성주의'가 만연돼 있다고 하며, 불교 사상 '업(카르마)' · 환생, 최면술, 외계 존재를 믿는 사람이 많아졌다면서 기독교계에서는 '혼합주의 세계관, 종교 다원주의'를 경계해야 한다고 경고했다고 한다. 바나 디렉터에 따르면 미국인에게 가장 영향을 미치는 세계관은 '성경적 유신론(biblical theism)', '동양 신비주의(eastern mysticism)', 마르크스주의, '도덕적 치료 이신론(moralistic therapeutic deism)', '허무주의(nihilism)', 포스트모더니즘, '세속적 인본주의(secular humanism)' 등으로 7개 세계관이 골고루 섞인 '혼합주의(syncretism)' 세계관을 가장 경계하라고 강조했다고 보고하였다.[9]

그리스도교는 역사의 흐름에 따라 영지주의와 계몽주의, 실존주의, 사실주의, 낭만주의, 모더니즘, 포스트모더니즘 등의 도전을 받아왔는데 지금은 뉴에이지 시대다. 일본 종교사회학자 이토 마사유키는 뉴에이지 운동을 "구미, 특히 미국에서 1970년대 이후 확산된 사회·문화운동으로, 다양한 신념과 실천의 총칭"이라고 정의하면서, 무엇보다도 인간에 내재하는 영적인 것을 중시하고 "의식 변용이 사회변혁으로 연결된다."고 주장하는 사람들을 그 원류의 하나라고 보았다.[10] 아난다 마가, 라즈니쉬 명상센터, 신지학(神智學, theosophy), ESP(extra sensory perception, 초감각적 감지력) 같은 것들이 뉴에이지에 속하는 대표적인 단체다.

뉴에이지는 종교 영역뿐만 아니라 정치, 문화, 예술, 과학 등 사회 전반에 영향을 끼치기 때문에 종교인들도 알게 모르게 물들어 있는 경우가 많으며, 다양한 분야의 대중문화 안에 뉴에이지 사상이 널리 퍼져 있다.[11] 1986년부터 미국 그래미상에 '뉴에이지 음악'이 포함되어 있으며[12] 이들이 주로 사용하는 ASMR(자율감각 쾌락반응, autonomous sensory meridian response)도 백색소음이라는 용어와 함께 많이 사용되고 있다.

뉴에이지는 영지주의와 유사한 사상을 가지고 있는데 영지주의자와 기독교의 가장 큰 차이점은 구원론에 있어 믿음이 아니라 앎(그노시스)이 구원의 수단이라고 여겼으며, 힌두교나 불교처럼 윤회설을 믿는다.[13] 그리고 전통의학으로 치료가 불가능한 질병을 치료하면서 뉴에이지 계열의 대체의학이 널리 퍼지게 되었다. 여기에는 마사지, 명상 등의 심신중재요법과 식물요법, 민간요법 및 동종요법 등이 있으며, 피안의 세계에 있는 존재의 힘을 빌려 치유를 시도하기도 한다.

현대의학의 엄청난 발전에도 불구하고 보완대체의학(complementary and alternative medicine, CAM)의 인기가 높다. 그 이유는 인체의 면역 기능과 회복 능력을 증강시켜 준다는 주장이 일반인들의 신념 혹은 가치관과 잘 맞기 때문이고, 대체의학 시술자 주도의 수요창출 때문으로 생각된다. 또한 현대의학이 모든 질병을 완치시킬 수 없고 의사를 제시간에 만나기도 힘들며, 일부 불친절한 의사에게 느끼는 소외감이나 반인간적 처우도 한몫했을 것으로 생각된다. 또한 모더니즘, 포스트모더니즘 시대부터 유행한 반(反)과학도 있는데, 반과학의 배경에는 이를 전파하는 학자들과 대중의 흥미에 영합하는 매스컴이 있다. 무엇보다 부정직한 돈을 탐하는 부류가 이러한 반과학의 주요 전파자다.

보완대체의학에 대한 수요가 전 세계적으로 급증하고 있지만 대부분의 보완의학은 치료 효과나 안전성이 과학적으로 검증되지 않았다. 그럼에도 불구하고 보완의학이 현대의학을 대체할 수 있는 것처럼 과대 홍보되어 잘못 소개되고 있으며, 검증되지 못한 많은 보완대체의학이 환자에게 적용되고 있어 경제적 손실, 생명의 위험 등 많은 문제들이 노출되고 있다.[14]

보완대체의학의 필요성은 현대의학의 단점과 한계점을 보완하고 검증되지 않은 보완대체의학으로부터 국민의 건강을 보호하며 암 질환 등 만성질환 환자의 삶의 질을 향상하고 의료비를 절감[15]하는 데 있다. 미국의 경우 지난 1998년 국립보건원 산하에 국립보완대체의학센터를 설립하고 정부가 주도적으로 현대의학과의 접목을 시도하고 있다.[16] 현대의학은 근거중심의학(evidence based medicine)이기 때문에 보완대체의학 치료 방법이 엄격하게 검증된다면, 효과 있고 안전한 방법이라면 이는 받아들여져야 한다. 그러나 마음 약하고 불쌍한 환자를 호도하여 돈벌이 수단으로 삼는다면 후안무치가 아닐 수 없다.

2013년 WHO 본부가 있는 스위스 제네바에서 20여 개국에서 온 의사, 간호사, 원목자, 교육자, 철학자, 신학자, 사회복지사, 정책 입안자 등 40여 명이 모여 '의료에서의 영성 국제적 합의 회의'를 열었는데 우리나라에서는 가톨릭 간호대학 용진선 교수가 참석하였다. 이 회의에서 "인간은 종교의 유무에 관계없이 누구나 영적인 존재다."라는 합의를 했다고 전해진다. 또한 영성의 정의에 대한 다음과 같은 국제적 합의를 이루었다.

"영성은 인간성의 역동적이고 내적인 영역으로 사람이 영성을 통하여 궁극적인 의미와 목적 및 초월을 추구하고, 자신 · 가족 · 사회 · 자연, 그리고 의미 있는 또는 성스러운 대상과의 관계를 체험하는 것이다. 영성은 믿음, 가치, 전통 및 관례들을 통하여 표현된다."[17]

이 원문은 보완대체의학회지에 실려 있다.[18] 신이나 하느님이라는 말이 없고 단지 '성스러운 대상'이라고 되어 있다. 그만큼 종교계의 영향력이 상대적으로 작아졌다고 볼 수 있다.

어릴 때부터 자주 들어온 "사람이 되어라. 그릇이 큰 사람이 되어라."[19]라는 말이 있는데 장자는 "참된 사람이 있고 나서야 참된 지식이 있다."[20]고 하였다. 사이토 다카시는 사람이 사는 건 행복해지기 위해서가 아니라 하나의 '인간'이 되기 위해서라고 했다. 그는 어떠한 역경에도 좌절하지 않고 완성된 인간이 되기 위해 악전고투하는 장 크리스토프를 통해 고통을 받아들이고 그 고통을 뛰어넘는 것이 인생 최고의 묘미라고 하였다.[21]

그러나 착하고 정직하고 성실해서 법 없이도 살 수 있는 도덕적인 사람도 때로는 이기적이고 눈살을 찌푸리게 하는 행동으로 공동체 의식에 반하는 행동을 할 때가 있다. 이를 '도덕적 허가 효과(moral licensing effect)'라고 한다. 자신이 평소 도덕적인 행동을 많이 함으로써 비도덕적 행동에 대한 자기 합리화를 시키는 것을 말한다. 겉으로만 착한 체하는 위선은 아니지만, 도덕적인 행동이나 선행을 많이 한 사람이 보상으로 그 정도는 허용된다고 생각하고 이기적인 행동을 정당화하는 것이다. 이렇게 자기 합리화, 자기 정당화에 빠지면 무엇이 잘못되었는지 알기 힘들다. 그리고 법률을 위반하지 않는 부도덕한 행동으로 시작하지만 때로 범죄 행위로 이어질 수 있다. 그러나 영성은 인간됨이 무엇을 의미하는지를 이해하는 중요한 표현이다.[22]

해결하기 어려운 어떤 난관에 부딪혀 '어떻게 하지?(What shall I do?)'라는 고민을 할 때 '만일 예수님이라면 어떤 결정을 하였을까?(What would Jesus do?)', '부처님이라면 어떤 결정을 하였을까?(What would Buddha do?)'라는 생각을 해 보는 것이 조금 더 높은 차원일 수 있다. 교황 요한 바오로 2세는 '회칙: 노동하는 인간'에서 인간의 일은 창조주 하느님을 모방하는 것이며 공동선을 구축함으로써 인류 공동체에 봉사하는 것이라고 했는데, 이것이 영성의 삶이라 할 수 있다.

여성훈 감리교신학대 교수는 영성의 개념을 4가지로 구분했다.[23]

첫째는 요한복음 4장 24절에 나오는 "하나님은 영이시다."의 영성, 아니 영(靈) 그 자체, 즉 사랑이신 하느님, 빛이신 하느님을 말한다.

둘째는 '보다 영적인 사람이 되는 것'에서 말하는 영성이다. 영어 번역은 spirituality라기보다는 주로 spiritual인 영성이다. 청빈, 정결, 순명 혹은 신덕, 망덕, 애덕 등 그리스도인이라면 누구나 지켜야 하는 기본적 영성이다.[24]

셋째는 '수사적인(rhetoric, 修辭)' 용어로 사용되는 영성으로, 즉 해방 영성, 생태 영성, 지구 영성 등에서 사용되고 있다.

넷째는 인간 내부에 존재하거나 내면에 관련된 모종의 메커니즘이라는 점을 공통 요인으로 하는 영성 개념으로, 인간 내부에 존재하거나 내면에 관련된 모종의 성향, 차원, 상태, 능력 같은 것을 말한다고 하였다.

의료 영성가 킹 등은 영성의 정의를 "삶의 의미에 영향을 주는 일련의 신념들이며, 하느님과 사후세계에 대한 개념은 물론 옳음과 그름, 선과 악, 죄와 용서 등을 모두 포함한다."고 하였다. 그는 또한 환자와 의료인 사이에 영성 수준 차이(spirituality gap)가 있으며, 대체로 환자가 의료인보다 더 종교적이고 종교 및 영성적 문제에 관심이 많다[25]고 하였다.

많은 사람이 기적을 믿는다. 특히 불치병에 걸렸을 때 기적을 바라는 사람이 많고, 신과의 타협('병을 낫게 해주면 열심히 믿겠다.' 등)을 시도하기도 한다. 또한 신앙인들은 기적을 체험하기도 하지만, 때로 그 타협이 이루어지지 않을 때 신과의 간극이 더 벌어지기도 한다.

영성 연구가 필립 셸드레이크는 『영성: 매우 짧은 개론서(Spirituality: A Very Short Introduction)』에서 "전통적으로 영성은 세계 종교의 창시자나 경전에 묘사된 신의 이미지를 향하면서 인간의 원형 회복을 추구하는 종교적 재형성 과정을 가리키는 말이었다."고 했으며, "영성이란 말은 인생의 의미와 행위에 대한 염원을 담고 있다."고 했지만 영성을 정의하기는 쉽지 않다. 심지어 서로 중첩되지 않는 27가지 영성의 정의가 존재한다는 연구 결과도 있다[26]고 한다.

최근 영성에 관심을 가진 의사가 많아진 것은 반가운 현상이다. 정신과 영역뿐만 아니라 모든 의학 분야에서 돌봄의 영성이 필요하다. 그러나 많은 의사들은 신체적 질병 치료에만 집중하지, 돈이 되지 않는 다른 분야는 관심이 없다. 또한 호스피스 등 생애 말기 돌봄 등에는 손이 부족하다. 따라서 의료인에게만 맡기기는 힘들어 임상사목을 담당하는 수도자 등의 도움을 받는다.

영적 돌봄은 CPE(clinical pastoral education) 교육을 받은 전문가들이 담당하고 있다. CPE는 1920년대 미국 보스턴 지역의 목사 앤턴 보이슨(Anton T. Boisen)과 의사 리처드 캐봇(Richard C. Cabot)에 의해 시작된 영적 돌봄을 위한 교육 프로그램으로 현장의 체험과 감독자의 지도가 병행되는 영적 돌봄을 위한 전문교육을 의미한다. 우리나라에서도 1970년부터 골롬반회 소속 외국인 사제들에 의해 시행되었고, 2013년 가톨릭대학교 성빈센트병원 임상사목교육센터가 개설되었으며, 가톨릭 및 불교 수도자 등이 열심히 활동하고 있다. 전반적으로 영적 돌봄은 보살핌을 받는 사람의 영성을 기르는 것을 의미하는 한편, 보살피는 사람과 그들이 제공하는 돌봄의 영성도 똑같이 중시한다.

서두에서 언급했듯이 영성은 의료에서도 중요한 부분인데 신자본주의에 따른 상업의학으로 의사들에게 잊혀가고 있는 분야다. 그러나 최근 관심을 갖는 영성은 기독교 등 주요 종교에서 나온 것이 아니라 상업적 성격을 많이 띠고 있다.

영적인 관심을 나누는 'Patheos'라는 웹사이트 창업자 캐시 브루닉(Cathie Brunnick)은 "명상이나 요가 같은 동방의 전통에 특히 관심이 많죠. 이런 관심은 뉴에이지라는 표현으로 불린 적도 있습니다."라면서 영성이 가장 인기 많은 주제라고 한다. 그는 또 인도에서 웰빙, 영성을 파는 사업은 아주 오래전에 상업화된 분야라고 주장한다.[27] 나를 찾고 나를 치유하고 신과 삶의 진실을 깨닫는 것, 그 가치를 돈에 비유할 수 없는 것인데 이것이 광고 카피처럼 사용돼 상품화되어 있다면 얼마나 황당한 일인가. 아픈 환자를 대상으로 돈을 버는 혹세무민이다.

"의술은 강의실에서 배웠지만 인생은 진료실에서 만난 사람들에게서 배웠다."고 고백한 심장내과 의사 윌리엄 하블리첼은 진정한 휴머니스트다. 그는 의사들은 대체로 기적을 잘 믿지 않지만 예외적으로 믿는 사람들이 있는데, 그들이 종종 가장 좋은 의사라는 것을 인정하게 되었다고 했다.[28] 영화 「노트북」(The notebook, 2004)에서 의사는 주인공에게 치매 걸린 할머니(아내)를 포기하고 본인의 삶을 살라고 권유하지만 남편은 "과학이 닿지 않는 곳에 기적이 있다.(Science goes only so far and then comes God.)"면서 아내가 쓴 젊었을 때의 본인들 이야기를 할머니에게 반복해서 읽어준다. 그리고 할머니는 순간적이지만 치매 증상이 없어지고 남편을 알아보기도 한다.

윌리엄 하블리첼 박사는 진정한 의사는 환자를 치료하는 것이 아니라 '치유'하는 것이고, 그 치유가 결국 인생을 변화시키는 가장 근본적인 힘이라는 자신의 철학과 가치관이 많은 젊은 의사들에게 깊은 영향력을 끼쳤다[29]고 하였다. 소아과 의사인 레이첼 나오미 레멘의 『할아버지의 기도(My Grandfather's Blessings)』에는 "병은 육체적 치유뿐만 아니라 영혼의 치유도 함께 이루어져야 온전히 치유되는 것"이라는 구절이 있다. 버나드 라운 박사[30]는 의사가 단순히 '기술자'에 그쳐서는 안 되고, 인간을 생각하는 '치유자'로 자리매김해야 한다[31]고 주장한다.

의학적 치료에 영적 돌봄을 추가하여 환자에게 진정한 치유가 일어나야 한다. 조규성 가톨릭의대 교수는 환자와 의사의 관계에서 "의사는 철학이 있어야 한다. 철학을 가진 의사일수록 신에 가까워진다. 의사는 성직이다. 오늘날처럼 사명감을 가진 의사가 요망되는 때는 없다."고 훌륭한 의사를 정의하였다.

"우리 의사 선생님은 뭔가 향기가 난다."는 말을 듣는 의사가 정말 좋은 의사다.

1) "Health is a state of complete physical, mental and social well-being and not merely the absence of disease or infirmity." An important implication of this definition is that mental health is more than just the absence of mental disorders or disabilities. https://www.who.int/about/governance/constitution.

2) Health is a dynamic state of complete physical, mental, spiritual and social well being and not merely the absence of disease or infirmity.

3) Sinha AK et al.(2014), "Integrating spirituality into patient care: an essential element of modern healthcare system", Indian Heart Journal 66(3): 395-396.

4) The traditional meaning of spirituality is a process of reformation which "aims to recover the original shape of man, the image of God". One can define spiritual health as nothing but peacefulness, simplicity, empathy, compassion to name a few.

5) 고병철(2023), "공교육 내 영성교육의 의무화와 딜레마", 대순사상논총 45, pp. 69-102.

6) Kelsey MT, Healing & Christianity, SCM Press, 1973. 박동준, "치료할 것인가 치유할 것인가", 한국가톨릭의사협회지, 2006; 31:1, pp. 96-98.

7) 박준양, "건강과 영성의 관계에 대한 새로운 전망", 힐링앤라이프(http://www.healingnlife.com).

8) "미국 탈종교 현상 가속…'SBNR' 부류 급부상", 미주중앙일보(2017. 5. 2.).

9) "카르마 등 '뉴에이지 영성주의' 미국 사회에 만연", 미주한국일보(2022. 12. 8.).

10) 전명수, "뉴에이지 운동이란 무엇인가", 데일리굿뉴스(2007. 7. 28.).

11) 이창영(2005). "뉴에이지와 가톨릭 신앙", 가톨릭신학(6): 93-128.

12) https://ko.wikipedia.org/wiki/뉴에이지_음악.

13) 박홍배, "기독교 교회사: 초대교회의 이단들, 영지주의", 크리스찬타임스(2023. 11. 17.).

14) 이성재, "통합의학에서 보완대체요법의 역할", Hanyang Medical Reviews 30(2), pp. 75-83, 2010.

15) 대한암학회, "치료 및 부작용: 보완대체의학"(2017. 6. 20.).

16) http://www.monews.co.kr/news/articleView.html?idxno=25363.

17) 마크 콥, 『헬스케어 영성 2: 영적 돌봄의 개념』, 가톨릭대학교출판부(2016).

18) "Spirituality is a dynamic and intrinsic aspect of humanity through which persons seek ultimate meaning, purpose, and transcendence, and experience relationship to self, family, others, community, society, nature, and the significant or sacred. Spirituality is expressed through beliefs, values, traditions, and practices." Puchalski CM et al., Improving the spiritual dimension of whole person care: reaching national and international consensus, J Palliat Med, 2014 Jun;17(6):642.

19) 전혜성, 『엘리트보다 사람이 되어라』, 중앙북스(2009).

20) "최진석의 장자 철학: 참된 사람과 참된 지식, 有眞人 而後有眞知", https://notsunmoon.tistory.com/70.

21) 사이토 다카시, 이지수 역, 『한 줄 내공』, 다산북스(2017).

22) 필립 셸드레이크, 한윤정 역, 『영성이란 무엇인가』.

23) 여성훈(2016), "영성 커리큘럼 디자인을 위한 영성개념의 유목", 장신논단 48(2): 281-304.

24) 청빈, 정결, 순명 혹은 신덕, 망덕, 애덕 등 그리스도인이라면 누구나 지켜야 하는 기본적 영성이다. "정영식, 영성적 삶으로의 초대 Ⅱ (3) 영성이란 무엇인가", 가톨릭신문(2011. 6. 26.).

25) King DE, Koenig HG, 손진욱 역(2005), 『의료에서의 신앙 및 영성(Faith, Spirituality and Medicine)』, 서울: 하나醫學社.

26) 필립 셸드레이크, 한윤정 역, 『영성이란 무엇인가: 내 삶을 완성하는 영성에 관한 모든 것』, 불광출판사(2023).

27) "신을 찾는 데 얼마나 내야 하죠?", Newspeppermint(2013. 9. 13.).

28) 윌리엄 하블리첼, 유영 역, 『생의 모든 순간을 사랑하라』, 브리즈(2007). 원제: Dying Was the Best Thing That Ever Happened to Me.

29) 윌리엄 하블리첼, 유영 역, 『생의 모든 순간을 사랑하라』, 브리즈(2007).

30) 1985년 노벨평화상을 수상했고, 유네스코평화상, 간디평화상, 메데이로스평화상, 리투아니아 최고 훈장인 그랜드 루크 훈장 등 다수의 상을 수상했다.

31) Lown B., 이희원 역, 『잃어버린 치유의 본질에 대하여』, 서울: 책과함께(2018).

3부

살아가는 이야기와 죽음

볼 시(視), 볼 관(觀)

진짜 모습을 보다

앞서 '들을 청(聽)'과 '들을 문(問)', 즉 청각에 관한 작은 생각을 쓴 적이 있는데 이번에는 시각과 관련된 '볼 시(視)', '볼 관(觀)'에 대한 것이다.

시각과 관련된 영어는 주로 see, look, watch가 쓰인다. see는 의도와 상관없이 눈을 뜨면 보이는 것, look은 보통 at과 같이 쓰여 어떤 목적이나 의도를 가지고 보는 것을 말한다. 또 watch는 긴 시간 동안 두리번거리면서 보는 것을 말한다.

한자에서는 시(示: 보이다, 보여 주다), 견(見: 직접 가서 보다), 시(視: 시각을 가지고 주체적으로 보다), 관(觀: 목적을 가지고 상세히 보다), 찰(察: 이유를 생각하며 상세히 보다), 간(看: 지속적으로 보다), 람(覽: 내려 보고 마주 보며 두루 보다), 감(監: 보다, 살피다), 진(診: 신중히 보아 판단하다) 등으로 조금 복잡하다.

이 중 흥미로운 글자는 '볼 관(觀)'인데 이 한자는 '황새 관(雚)'과 '볼 견(見)'이 합쳐진 것으로 키가 큰 학처럼 높은 곳에서 상세히 본다는 말이다. '감(監)'은 '큰 눈으로 그릇을 내려다보는 모습'이라는 갑골문자에서 유래했는데 당시는 거울이 없었기 때문에 본인의 모습을 보기 위해 그릇에 물을 채워놓고 내려다보는 모습을 형상화한 것이라고 한다. 여기에 '쇠 금(金)'을 붙인 '거울 감(鑑)'은 구리나 철이 발견되면서 이들로 청동거울을 만든 문자를 의미하고, '거울 경(鏡)'과 같은 의미를 가지고 있다. 거울 감(鑑)은 '본보기'라는 뜻도 있는데 '거울로 삼아 본받을 만한 모범'이라는 '귀감(龜鑑)'에서 쓰이고 있다.

생텍쥐페리는 『어린 왕자』에서 가장 소중한 것은 눈에 보이지 않아 마음으로 보아야 한다고 했다. 그런데 장자는 "귀로 듣지 말고 마음으로 듣고, 다음엔 마음으로 듣지 말고 '기(氣)'로 들어라." 했다. 들리는 것은 귀에 그치고, 마음은 아는 것에 그친다. 그러나 '기(氣)'는 공허한 상태에서 사물을 받아들인다고 주장한다.

우리는 우리가 보고 싶은 것만 보고 듣고, 우리 마음대로 판단한다. 마음이 혼란스러울 때의 판단과 고요할 때의 판단이 서로 다를 수 있을 뿐만 아니라 우리가 알고 있는 수준에 따라 알아듣는(인식) 내용이 달라 그 본래의 모습을 놓쳐버리는 경우가 많다. 그래서 장자는 가장 순수한 상태[氣]에서 느껴야 한다는 것이다. 시각적인 착각 현상인 '착시'를 보면 우리 눈에 보이는 것이 진짜가 아닐 수 있음을 알 수 있다.

'보다'라는 관점을 이야기할 때 빼놓을 수 없는 것은 그리스 신화의 나르키소스다. 용모가 매우 아름다운 미소년으로 성장한 나르키소스는 수많은 사람과 요정(에코, Nymph Echo[1])으로부터 구애를 받았으나 아랑곳하지 않았다. 그는 연못에 비친 자기 모습에 반하여 한없이 바라 '보다' 탈진해 죽었는데 그 자리에 수선화가 피었다고 한다.

프로이트는 이 신화를 기초로 자기애(narcissism)라는 개념을 만들었다. 자기애성 인격장애는 오만하고 건방진 태도를 보이며, 돈과 권력으로 사람을 차별하고, 자신을 위해 타인을 착취하는 경향이 높다고 한다. 즉 자신에 대한 과장된 평가로 스스로 천재라고 생각하며, 인정받고 싶은 욕구가 높고, 다른 사람에 대한 공감의 결여를 특징으로 하는 인격장애를 말한다.

그러나 이 자기애는 자존감(self-esteem)과 자기 가치감(self-worth)과 분리하기 힘들다.[2] 또한 자존감이 독이 된다는 편견도 있으나 이는 나르시시즘을 명확하게 구분하지 못하기 때문이다. 자존감이 높은 사람은 대인관계가 만족스럽고, 학교 및 직장 생활이 원활하며, 대인관계가 좋아 주변에서 받는 정서적·물질적 지지가 많아 도전한 일에 실패하더라도 충격이 작다고 한다.[3][4] 한편 사람의 뇌는 자신의 모습을 5배 정도 더 예쁘거나 잘생기게 본다는데[5] 그만큼 자기애 수준이 높다는 것이다.

그리스 신화에서 제우스는 인간이 자신만을 생각하도록(자기애) 프로그램 해서 판도라 상자에 넣어두었는데 이 상자가 열리면서 자기애라는 불행이 빠져나왔다. 그렇다 보니 인간은 늘 자신을 무엇보다 먼저 사랑하고, 이웃을 사랑하는 법을 잊어버린 것이

다. 자신을 너무 사랑한 탓에 이웃의 적이 되었고, 서로 저주의 대
상이 되었다는 것이다.

그러던 인간이 변화하기 시작했다.

"인간은 어느 날 다른 사람의 눈 속에서 자신의 아름다움을 발견하
고, 남과 나 사이의 까마득한 계곡을 사랑이라는 줄다리를 타고 서로
를 향해 건너는 방법을 찾아냈다. 그리고 종종 그 사람을 위하여 자
신을 다 바치는 놀라운 일을 해내곤 한다."[6]

요한복음에 "조금 있으면 너희는 나를 더 이상 '보지' 못할 것이
다. 그러나 다시 조금 더 있으면 나를 '보게' 될 것이다."(요한 16,16)
라는 구절이 있다. 앞 문장의 '보다'와 뒤 문장의 '보다'가 그리스
말에서는 각각 다른 동사이며, 이로써 2가지 서로 다른 시간이 시
사된다[7]고 한다.

앞의 보다(theóreó)는 분석·식별하기 위해 보는 것이고, 영어
theatre(극장)[8]의 어원이다. 극장에서 관람하는 것은 '높은 곳에
서 둘러보다'라는 의미가 있다. 뒤의 보다(horaó)는 '마음(영적)으
로 보다'라는 은유적인 뜻이고, 미래형이다.[9] 고린도인들에게 보
내는 첫 번째 편지에는 "우리가 지금은 거울에 비친 모습처럼 어
렴풋이 보지만 그때는 얼굴과 얼굴을 마주 볼 것입니다. 내가 지
금은 부분적으로 알지만 그때는 하느님께서 나를 온전히 아시듯
나도 온전히 알게 될 것입니다."(1고린도 13,12)라고 쓰여 있다. 얼
굴과 얼굴을 마주 보는 것은 서로 눈을 맞추는 것이고, "주 만군의

하느님, 저희를 다시 일으켜 주소서. 당신 얼굴을 비추소서. 저희가 구원되리이다."라는 시편의 말씀대로 하느님의 구원을 의미하는 것이다(시편 80,20).

귀감(龜鑑)에서 감(鑑)은 '거울'을 의미하고, 거북 귀(龜)가 쓰인 것은 옛날에 신에게 제사를 지내고 거북 등에 불을 놓아 등이 갈라진 모습으로 길흉을 점친 데서 유래한다고 한다. 묵자는 "군자는 물을 거울로 삼지 않고 사람을 거울로 삼는다."고 했고, 이어 "물을 거울로 삼으면 얼굴 모양을 보지만 사람을 거울로 삼으면 길하고 흉한지를 안다."[10) 11)]고 하였다. 거울을 바라보면 본인 얼굴 모습만 볼 수 있을 뿐이지만 다른 사람을 거울로 삼으면 자신의 길흉을 점칠 수 있다는 것이다. 지금 이 세상을 살아가는 우리는 나 자신이 아니라 다른 사람의 눈에 비친 내 모습을 바라보면서 사랑을 실천하는 것이다.

고린도인들에게 보낸 두 번째 편지에서 바오로는 주님의 영광을 어렴풋이 바라보면서 성령의 도움으로 그분의 모습으로 바뀌어 간다고 한다.(2고린도 3,18) "우리는 모두 너울을 벗은 얼굴로 주님의 영광을 거울로 보듯 어렴풋이 바라보면서, 더욱더 영광스럽게 그분과 같은 모습으로 바뀌어 갑니다. 이는 영이신 주님께서 이루시는 일입니다."(2고린도 3,18)[12)]

구약성경 창세기에서 하가르는 아브라함의 아들 이스마엘을 낳았으나 본부인 사라가 이사악을 낳자 광야로 쫓겨났다. 먹을 것과 물이 떨어지고 하가르가 울부짖자 하느님께서는 하가르의 눈을 열어주시어 우물을 보게 되었다.[13] 하느님께서는 직접 물을 주시지 않았지만 눈을 열어 주셔서 보게 된 것이다. 엠마오로 가던 제자들도 같이 걸으신 분이 누군지 몰랐지만 그분께서 빵을 떼어 나누어줄 때야 눈이 열려 예수님을 알아볼 수 있었다.[14] 바오로 사도는 에페소인들에게 보낸 편지에서 기도를 통해 마음의 눈을 밝혀 주시면 그리스도를 통해 베풀어 준 은총이 얼마나 큰지 알게 될 것이라고 한다.[15]

제발 우리의 눈이 열리고, 눈이 제대도 볼 수 있으며, 마음의 눈을 뜨게 되어 소중한 것을 볼 수 있었으면 좋겠다.

1) 여기에서 심초음파술(echocardiography)이 유래되었다.
2) 어니스트 베커(Becker E.), 노승영 역, 『죽음의 부정』, 서울: 한빛비즈(2019).
3) "잘난 체 혹은 자기애…'자존감' 높은 게 좋은 걸까?", 헬스조선(2022. 6. 9.).
4) Orth U. and Robins R. W.(2022), "Is high self-esteem beneficial? Revisiting a classic question", American Psychologist 77:5-17.
5) "자신의 실제 모습, '충격' '내가 예뻤던 이유는…'", 동아닷컴(2012. 11. 3.).
6) 구본형(2012), 『신화 읽는 시간』, 서울: 와이즈베리.
7) 주석 성경, 요한복음 16,16.
8) 바이블허브 theóreó, https://biblehub.com/greek/2334.htm.
9) 바이블허브 horaó, https://biblehub.com/greek/3708.htm.
10) "거울에 비추어 보면 외모만 보게 되지만, 자기를 다른 사람에게 비추어 보면 자기의 인간적 품성이 드러납니다." 신영복(2015), 『담론』, 파주: 돌베개.
11) "君子不鏡于水, 而鏡于人. 鏡于水, 見面之容; 鏡于人, 則知吉與凶.", 「非攻」, https://blog.naver.com/n69/120014956840.
12) "우리는 모두 너울을 벗은 얼굴로 주님의 영광을 거울로 보듯 어렴풋이 바라보면서, 더욱더 영광스럽게 그분과 같은 모습으로 바뀌어 갑니다. 이는 영이신 주님께서 이루시는 일입니다."(2고린도 3,18)
13) "그런 다음 하느님께서 하가르의 눈을 열어 주시니 그가 우물을 보게 되었다. 그는 가서 가죽 부대에 물을 채우고 아이에게 물을 먹였다."(창세기 12,19)
14) "그러자 그들의 눈이 열려 예수님을 알아보았다."(With that their eyes were opened and they recognized him, 루카 24, 31)
15) "여러분 마음의 눈을 밝혀 주시어(the eyes of [your] hearts be enlightened), 그분의 부르심으로 여러분이 지니게 된 희망이 어떠한 것인지, 성도들 사이에서 받게 될 그분 상속의 영광이 얼마나 풍성한지 여러분이 알게 되기를 비는 것입니다."(에페 1,18)

함께 맞는 비(1)

함께 있어 주기

[그림 1] 고 신영복, 「함께 맞는 비」.

우산이 하나밖에 없을 때 비가 오면 남자는 여자에게 우산을 씌워 주느라 정작 본인 옷은 다 젖는다. 영화나 소설 속에 나오는 멋진 장면이다. 이처럼 우산은 비를 막아 주는 역할 외에도 그 우산 속에는 사랑과 낭만이 가득하다. 남녀노소를 불문하고 누군가에게 우산을 씌워 주면서 같이한다는 것은 멋진 모습이다.

고 신영복 선생님 글 중에「함께 맞는 비」([그림 1])가 있는데, 글씨 밑에는 "돕는다는 것은 우산을 들어 주는 것이 아니라 함께 비를 맞는 것입니다."라는 설명이 있다. 비가 올 때 우산이 없는 사람에게 우산을 씌워 주는 것이 돕는 것이 아니라니, 처음에는 그 말을 잘 이해하지 못했다. 그의 책 『처음처럼』에는 다음과 같은 부연 설명이 있다.

"함께 비를 맞지 않는 위로는 따뜻하지 않습니다.
위로는 위로를 받는 사람으로 하여금
스스로가 위로의 대상이라는 사실을
다시 한 번 확인시켜 주기 때문입니다."

『감옥으로부터의 사색』 옛날 버전에는 다음과 같은 설명이 있다.

"그렇지만 친구와 함께 비 맞으며 걸어가면 덜 처량합니다. 제법 장난기까지 동합니다. 작품에는 그림도 그려 넣었습니다. 빗줄기를 그리고 그 가운데 빨간 줄을 하나 넣었습니다. 그 빨간 줄이 사람입니다. 그리고 옆에 접은 우산을 세워 두었습니다. 우산을 접고 빗속으로 들어간다는 뜻으로 그렸습니다. '함께 맞는 비'를 붓글씨로 쓰면서 '함'자의 'ㅁ'과 '맞'자의 'ㅁ'을 공유하도록 쓰기도 합니다."[1]

신영복 선생은 감옥에서 간단한 호의를 거절당한 경험이 있다. 치약이 없는 젊은 수감자에게 치약을 건넸는데 거절당했다는 것이다."[2] 나중에 그 젊은이는 '세상에서 밀리고 밀려서 여기까지

와서 또다시 꿀린다는 것은 정말 죽기보다 비참하다.'고 생각하여 도움을 거절했다고 말했다. 『감옥으로부터의 사색』[3]에서 그는 이렇게 서술한다.

"남의 호의를 거부하는 고집에는 자기를 지키려는 주체성의 단단한 심지가 박혀 있습니다. 이것은 얼마간의 물질적 수혜에 비하여 자신의 처지를 개척해 나가는 데 대개의 경우 훨씬 더 큰 힘이 되어 줍니다."

이어서 그는 사람은 스스로를 도울 수 있을 뿐이며, 남을 돕는다는 것은 그 '스스로 돕는 일'을 도울 수 있음에 불과한지도 모른다고 덧붙였다.

우산을 씌워 주면서 그 해결책을 찾는 것보다 비를 같이 맞으면서 그 처지를 들어 주고 같이 아파하면서 이해하려고 노력하는 것이 도움을 받는 수혜자에게 진정한 도움이 될 수 있다. 입장이 동일해지면 이해의 폭이 넓어진다. 즉 공감이란 다른 사람의 신발을 신어 보는 것이라고 한다. 신발 속에 돌이 들어 있는지, 구멍이 났는지, 너무 무거운지 등을 알 수 있다는 것이다.

때로는 스페인 철학자 발타사르 그라시안의 "그냥 내버려두는 것도 기술이다."처럼 혼자 비를 맞게 그냥 놔두는 것도 좋을 수 있다. 그러나 톨스토이는 "사람은 누구나 할 것 없이 자신만의 짐을 지고 살아가지만, 다른 사람의 도움을 받지 않고는 살 수 없다. 위로와 충고로 다른 사람을 도와줘야 한다.”고 주장한다. 도움을 주는 것이 그대로 두는 것보다 더 좋은 결과에 이를 수 있다.

돕는다는 것은 어떤 의미로는 돕는 이의 이기적인 행동일 수 있다. 도와주면서 상대방에게 최소한 같은 크기의 뭔가를 바라는 것이다. 때로는 도움이 필요하지 않은 사람을 도와주는 경우도 있고, 도와주는 척하는 경우도 있다. 남이 볼 때 열심히 도와주는 사람이 있고(호손 효과[4]), 남들의 시선에 상관없이 도와주는 사람이 있다. 도와주다가 오히려 도움받는 이에게 피해를 줄 수 있는데 의료행위의 일정 부분이 그런 것 같다.

한귀은 교수는 영화 「사랑의 기적」을 해설하면서 “‘돕다’라는 위험한 기호”[5]라는 주제를 사용했다.

> “사람들은 다른 사람을 돕기 위해 무언가를 한다고 말한다. 또 어떤 사람들은 그 돕는다는 것조차 실은 고도의 이기적인 행동이라고 말한다. 내가 누군가를 돕고, 그것으로 그 사람이 행복해하고 좋아지는 것을 보고 내가 기쁘고 행복한 것, 그것 때문에 ‘돕는다’는 행동을 취하는 것이다.”

영화 「사랑의 기적」[6]에서 의사는 연구하고 배운 소신대로 L-dopa를 사용하여 환자를 호전시키고 학회에 증례 발표 등을 하여 명예를 얻는다. 그러나 의사 입장이 아니라 환자 입장, 환자 보호자 어머니 입장에서 보면 도와준다는 의미가 다를 수 있다.

이 영화에서 환자의 딸은 무감각하게 초점을 잃고 바라보고 있는 아버지에게 신문을 읽어 준다. 아프기 전에는 스포츠광이었던 아버지가 알아듣는지, 못 알아듣는지는 알 수 없지만 그날그날 스포츠 소식을 읽어 준다. 단지 같이 있어 주면서 이야기한다는, 우리가 잊고 지내왔던 아주 단순하지만 소중한 행동이 인간 정신을 깨울 수 있다는 것이다.

때로 도움을 줄 때는 그들의 눈에 띄지 않게 도와주기도 한다. 영화 「타인의 삶」 후반부에서 이런 멋진 장면을 볼 수 있다.

히브리어 사전에는 자선이라는 단어가 없는 대신 약자를 도와주는 것이 마땅하기 때문에 체다카(정의)라는 단어를 사용한다. 체다카의 높은 단계 중 하나는 도움을 받는 수혜자와 도움을 주는 기부자가 서로를 전혀 모르는 상태에서 도와주는 것이라고 한다. "오른손이 하는 일을 왼손이 모르게 하라."(마태 6,3)는 것이고, 대가를 바라지 않는, 주고받기(give and take)가 아닌, 주고 또 주는(give, give, and give) 것이다.

"해야 할 것을 하라. 모든 것은 타인의 행복을 위해서, 특히 나의 행복을 위해서다."
— 톨스토이

근거중심의학의 3가지 요소(Triad)는 많은 과학적 연구 근거(best evidence), 담당의사의 임상적 전문성(clinical expertise), 그리고 환자의 수준과 기대(patient values and preferences)로 구성되어 있다. 의학이 발달하면서 앞 2가지는 많이 발전했으나 마지막 '환자의 수준과 기대'에 대한 배려는 잘 이루어지지 않는 것 같다. 임종기는 아니라도 오랫동안 환자 상태가 나빠져 있고 다른 처치나 수술 등을 원하지 않는 경우도 의사들은 환자의 의지와 상관없이 치료해 주고 도와주려고 한다. 그러나 이러한 행동은 그들을 불편하게 할 수 있다.

히포크라테스 선서의 핵심은 '할 수 있는 일이라고 해서 반드시 해야 하는 것은 아니며, 첫째, 해를 주지 말라.'[7]이다. 우산을 씌워 주는 것은 될 수 있으나 함께 걸어가는 것은 아닌 것이다. 설령 연구 근거가 부족하고 의사의 임상적 전문성이 떨어진다고 할지라도 환자 옆에서 함께 있어 주면서 우산을 씌워 주는 것이 '함께 맞는 비'의 정신이라 할 수 있다.

---

1) '유반장의 사는 이야기'(네이버 블로그), https://blog.naver.com/kjcompany1219/223841938279.
2) "'돕는다는 것은 우산을 들어 주는 것이 아니라 함께 비를 맞는 것'…쇠귀 신영복을 돌아보다", 성공회대학보(2024년 10 · 11월호).
3) 신영복, 『감옥으로부터의 사색: 신영복 옥중서간』, 서울: YES24(2015).
4) 나를 지켜보는 사람이 있느냐, 없느냐에 따라 행동에 차이가 나는 것을 '호손 효과(Hawthorne Effect)'라고 한다.
5) "'돕다'라는, 위험한 기호 「사랑의 기적」", 한귀은, 『이토록 영화 같은 당신』, 경기도: 앨리스(2010), p. 159.
6) 감독: 페니 마셜('Awakenings', 1990).
7) What can be done is not necessarily what should be done, first, do no harm(Primum non nocere). https://en.wikipedia.org/wiki/Primum_non_nocere.

함께 맞는 비(II)

Sympathy, Empathy, Compassion

신영복 교수님의 '함께 맞는 비'의 정신은 공감(empathy, 감정이입)에 관한 것이라고 할 수 있다. 상대방의 감정과 속마음을 알아가는 데는 우산을 씌워 주는 것도 좋겠지만 같이 비를 맞으면서 들어 주는 것이 더 중요하다고 할 수 있다.

이 분야의 용어는 sympathy, empathy, compassion인데, 그 번역과 의미가 비슷하기는 하지만 정확한 뜻은 약간 차이가 있을 수 있다. sympathy는 연민(憐憫/憐愍)으로 번역할 수 있고, empathy는 공감(共感) 혹은 감정이입(感情移入)이라고 번역되며, compassion은 자비(慈悲), 실천적 공감이라 번역할 수 있다.

연민은 우리가 불쌍한 사람을 볼 때 느끼는 감정이라 할 수 있다. 수전 손태그(Susan Sontag)는 『타인의 고통』에서 연민은 변하기 쉬운 감정으로, 행동으로 이어지지 않는다면 이런 감정은 곧 시들해지는 법이라고 하였다.[1]

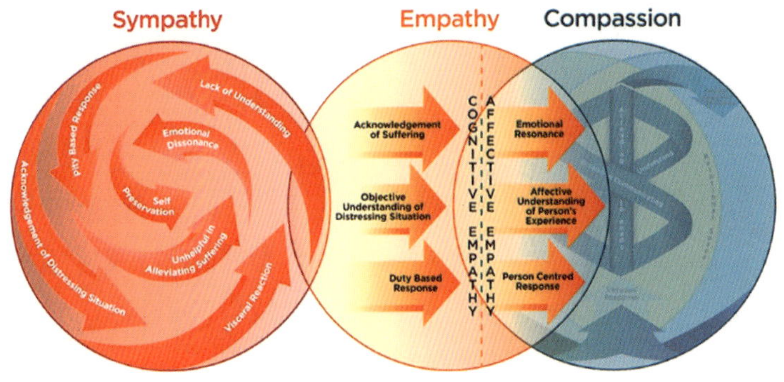

[그림 1] sympathy, empathy and compassion.[2]

미국의 심리학자 칼 로저스는 환자와 의사의 관계에서 중요한 점 3가지(congruence, empathy, unconditional positive regard)를 주장했는데 그중 하나가 empathy(공감, 감정이입)이다. 그는 "우리가 듣는다고 생각하지만 진정한 이해, 진정한 공감으로 듣는 것은 매우 드물다."[3]면서 환자와 의사의 관계에서 들음(listening)의 중요성을 강조하였다.

오스트리아 정신의학자 알프레드 아들러는 공감이란 상대방의 눈으로 보고, 상대방의 귀로 들으며, 상대방의 심장으로 느끼는 것이라고 하였다. 일본 작가 브래디 미카코는 타인의 신발을 신어봐야 진정한 공감(empathy)을 느낄 수 있다고[4] 한다. 인디언 속담 중에 "그 사람의 신발을 신고 1마일을 걸어보기 전까지는 그 사람을 판단하지 말라."[5]는 말이 있다고 한다. 조나 등[6]은 공감에는 3단계가 있다고 했는데, 어떤 상황을 인식(cognitive)하고 감정

(emotional)이 움직이면서 그에 상응하는 행동(action)에 이르러야 한다는 것이다.

한편 자비 혹은 실천적 공감이라고 번역되는 compassion은 com과 passion이 합해진 단어다. com은 함께한다는 뜻의 접두사이고, passion은 열정이라는 뜻 외에도 수난, 고통의 뜻도 있다. 그래서 '고통을 함께하다'라는 의미로 자비 혹은 긍휼이라 번역할 수 있고, 실천적 공감 혹은 사랑(love in action)이라 할 수 있다. 이는 공감의 세 번째 단계인 행동과 같다. 본인이 고통 중에 있음에도 불구하고 불쌍한 약자를 도와주는 것이다. 틱낫한[7] 스님은 "Compassion is a verb.", 즉 자비는 행동이라면서 불교사상의 사회적 실천을 강조하였다.

자비(慈悲)와 자선(慈善)은 비슷한 것 같지만 약간 차이가 있다고 한다. 자선은 나 자신이 선한 행동을 하는 것에 더 비중을 두는 것에 반해, 자비는 상대방에 대한 배려와 사랑을 우선시하는 것이다. 특히 불쌍한 사람에게 주는 위로의 말이나 돈보다 더 큰 공감이 따르면 자비라는 것이다. 자선은 연민보다는 좋은 행동이지만 empathy(공감, 감정이입)의 낮은 단계일 수 있다. 문제는 자선을 베풀면서 자비를 베풀고 있다고 생각하는 사람이 있다는 것이다.[8]

히브리어에 자선이란 단어는 없다는데, 유대인들에게 약자를 보호하는 것은 인간이라면 누구나 지켜야 할 마땅한 도리이기 때문이다. 그래서 이를 자선이라 부르지 않고 '체다카'(Tzedakah)라

부른다고 한다.[9] 체다카는 정의라는 뜻이지만 자선, 기부라는 말로 많이 쓰이고 있다. 한편 헤세드(Chesed)는 히브리어로 은혜, 긍휼, 자비 등을 뜻한다고 한다. 체다카가 더욱 발전하면 헤세드로 바뀐다고 하니 헤세드가 조금 더 큰 개념을 의미한다고 할 수 있다. 유대인 전문가 홍익희 교수에 따르면 아주 근본적인 차이도 있다는데, 체다카가 도움을 받는 사람의 부족을 채워 주려는 외부적 동정심에서 비롯된다면, 헤세드는 도움을 주는 인간의 내면에 있는 타고난 선한 마음에서 기인한다고 한다.

홍익희 교수는 체다카(정의)에 8단계가 있다고 한다.

체다카 품격의 8단계

① 아깝지만 마지못해 도와주는 것

② 줘야 하는 것보다 적게 주지만 기쁘게 도와주는 것

③ 요청받은 다음에 도와주는 것

④ 요청받기 전에 도와주는 것

⑤ 수혜자를 모르면서 도와주는 것(수혜자는 당신을 앎.)

⑥ 당신은 수혜자를 알지만 수혜자는 당신을 모르게 도와주는 것

⑦ 수혜자와 기부자가 서로를 전혀 모르는 상태에서 도와주는 것

⑧ 수혜자가 스스로 자립할 수 있게 만들어주는 것

체다카 품격 가운데 최상의 품격이 상대방이 자립할 수 있도록 도와주는 것이다. 물질적 도움만이 아니라 지식과 정보는 물론 인맥 지원 등 상대방의 자립에 필요한 모든 도움을 주는 것이다. 정말로 화끈하게 도와주는 것이다. 보상을 바라지 않고 이렇게 희

생적, 헌신적으로 남을 도와주는 정신을 '헤세드 정신'이라 부르는데, 우리가 유대인들에게 배워야 할 점이다.

한편 무감각증(apathy)이 있다. 냉담, 무관심이라고도 하지만 오로지 자기 자신의 일과 관련된 것에만 주의를 기울이고 관심을 가지며, 번거롭고 고통이 수반되는 문제는 아무리 중요하고 가치 있는 일이라 해도 무시하거나 관심을 갖지 않고 적극적으로 해결하려고 하지 않는 상태를 말한다.[10] 또한 pity라는 용어가 있는데 연민, 동정(심), 불쌍히(측은히) 여김이라는 뜻이지만 통상 sympathy보다 낮은 단계라고 한다.

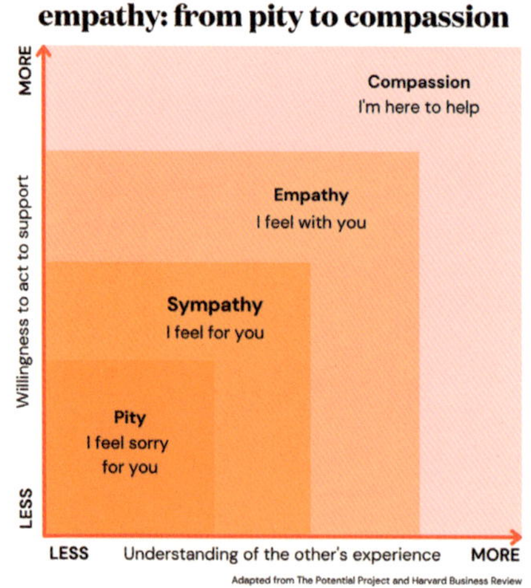

[그림 2] 공감: 연민(pity)에서 자비(실천적 공감).[11] 가로축은 타자의 경험을 이해하는 정도이고, 세로축은 그들을 지지하는 행동을 하는 의지다.(Pity: I feel sorry for you. Sympathy: I feel for you. Empathy: I feel with you. Compassion: I am here to help.)

최근 우리 사회는 비를 맞는 사람을 보면 우산을 씌워 주는 것이 아니라 '왜 비를 맞고 있냐?'고 비난한다. 왜 멍청하게 비를 맞느냐고, 감기 들면 어쩌라고 비를 맞고 있느냐는 것이다. 특히 방송이나 인터넷에서는 도와주기보다는 욕하고 비난하고 항의하는 사람이 많다. 물론 그들은 그 현장에 없었으니 본인은 죄가 없다고 주장하지만, 그들도 같은 사회의 일원이니 도덕적으로는 전혀 죄가 없다고 말할 수 없다. 이런 사람들을 결백한 방관자(무고한 구경꾼, innocent bystander)라고 한다.

모 커피 회사 광고 카피에서 시작된 단어로 업스탠더(upstander)가 있다. 아무것도 하지 않는 것이 많은 사람이 택하는 가장 쉬운 방법일 때, 나서서 행동하는 사람을 말한다. 긍정적인 변화를 위해 행동하는 사람(a person who acts to make positive change)을 말하는 것이다.

불쌍한 사람, 아픈 사람을 보면 연민을 느껴야 되고 자선·자비를 베풀어야 하는데 '내 행동이 잘못되면, 죄가 되면 어쩌나'라는 생각, 즉 '옳고 그름'을 판단하다가 행동을 못 하는 경우가 많다. '누가 네 이웃이냐'라는 착한 사마리아인의 복음 마지막 부분은 "가서 너도 그렇게 하여라."(루카 10,37) 하면서 행동할 것을 강조한다. 어떤 상황이 있을 때 옳고 그름을 따지기보다는 몸이 먼저 반응하는 덕(德)을 길러야 한다.

1) Sinclair S et al.(2017), "Sympathy, empathy, and compassion", Palliat Med 31(5): 437.

2) Sontag, Susan, 『타인의 고통』, 서울: 이후(2004).

3) We think we listen, but very rarely do we listen with real understanding, true empathy. Yet listening, of this very special kind, is one of the most potent forces for change that I know.

4) 브래디 미카코, 정수윤 역, 『타인의 신발을 신어보다』, 은행나무(2022).

5) 만수르 신발 신으면…짠! 내가 만수르! 중앙일보, 2015-04-08

6) Johna, S. et al.(2011), "Humanity before Science: Narrative Medicine, Clinical Practice, and Medical Education", Perm J 15(4): 92-94.

7) 틱낫한(Thich Nhat Hanh, 釋一行). 베트남 출신의 승려·명상가·평화운동가이자 시인. 불교사상의 사회적 실천을 강조해 참여불교의 주창자라 불린다.

8) 김재식, 『딸에게 보내는 엽서』, 부크크(2022), https://brunch.co.kr/@brunch3u86/235.

9) 홍익희, "세계를 장악한 유대인 기업가정신의 비밀", 타이쿤포스트(2015. 12. 9.).

10) 네이버 지식백과: 무감각증(apathy, 無感覺症), 상담학 사전(2016).

11) Sophie Hart, "Five ways to use compassion to ease empathy fatigue"(2022), https://theserenitycollective.com/empathy-fatigue/.

더불어 한길

함께 있되 거리를 두라

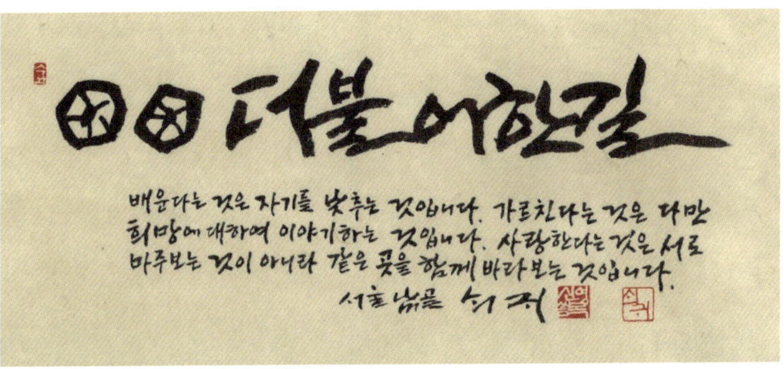

[그림 1] 고 신영복, 「더불어 한길」.

"배운다는 것은 자기를 낮추는 것입니다.

가르친다는 것은 다만 희망에 대하여 이야기하는 것입니다.

사랑한다는 것은 서로 마주 보는 것이 아니라 같은 곳을 함께 바라

보는 것입니다."

교학상장(敎學相長)이라는 사자성어가 있다. 가르치는 것과 배우는 것은 모두 나의 지덕(智德)과 학문을 성장시킨다는 뜻이다. 『예기』학기(學記) 편의 '故曰 敎學相長也 說命曰敩學半 其此之謂乎(고왈 교학상장야 열명왈효학반 기차지위호)'에서 나온 말이다. 그 해석은 "그러므로 교학상장이라 말했는데, 서경 열명 편에 '가르침은 배움의 반이라.' 한 것도 이를 두고 한 말이리라."[1]라는 뜻이다.

뒷부분의 '敩學半(효학반)'[2]은 "남을 가르치는 일은 자기 학업(學業)의 반(半)을 차지한다."는 뜻으로, 학업의 반은 남을 가르치는 동안 이루어짐을 이르는 말이라고 한다. 즉 배우고 나서 가르치기까지 해야 학업을 완전히 성취한다는 것이다. 그렇다 보니 배우고 가르치려면 혼자서는 이룰 수 없다는 것이다.

프랑스 작가 루이 아라공은 "가르친다는 건 희망을 말하는 것"이라고 했는데 실제로 가르침은 다만 더 나은 방향을 가리키는 것에서 그치며, 그다음은 개인의 배움 몫이라는 것이다.[3]

'가르침(敎)'과 '가리킴(指)'은 다른 것 같으나 같을 수 있다고 한다. 특히 '불교는 가르침이 아닌 가리킴의 종교'라고 주장하기도 한다. "달을 가리키는데 손가락은 왜 보려고 하는고?"라는 유명한 이야기가 있다. '표월지(標月指)'라고 하는데, 달을 가리키는 손가락이라는 뜻이다. 달은 진리를 상징하고 손가락은 그 진리를 가리키는 방편을 의미하는데, 손가락만 바라봐서는 달을 볼 수 없듯이 부처님의 가르침에만 집착해서는 근본 마음을 깨닫기 어렵다는 비유라고 한다.[4]

인간은 사회적 동물이다. 혼자서는 살 수 없는데 혼자 살 수 있다고 주장하는 사람이 많다. 인간은 서로 돕고 의지하고 살아야 하는데 그 기본단위가 부부다. 부부의 삶을 살아가는 모든 사람은 각자 할 말이 많다. 한 지붕 아래서 같이 산다는 것이 그렇게 만만하지 않기 때문이다. 그래서 한 지붕 두 가족, 쇼윈도 부부, '가정 내 이혼'[5], 정년이혼, 황혼이혼, 졸혼 등 여러 가지 말이 유행하고 있다. 특히 자녀가 있는 경우 가정을 유지하기 위해서거나 사회 직위 때문에 쇼윈도 밖으로는 멋진 모습을 보여주고 있지만 내부에서는 썩어가는 경우가 많다. 아이들이 결혼 후 나가 살고, 정년하면 목돈이 생기는데 이때 이혼하면 연금 등 재산분할이 가능하기 때문에 흔들리기도 하고 헤어지는 사람이 많다.

옛날 소설 『플로베르의 앵무새』에는 "연인들이란 하나의 영혼에 2개의 몸을 가진 샴쌍둥이와 같다. 한 사람이 다른 사람보다 먼저 죽으면 살아남은 자는 시체를 끌고 다녀야 한다."[6]라는 말이 있고, 우리 옛말에도 '부부는 일심동체'라는 말이 있다. 그렇지만 2개의 몸과 2개의 영혼[이심이체(二心異體)]이 함께 살아가는 것이다.

농경사회에서는 부부가 서로 힘을 합쳐 농사일을 하는 것이 당연했지만 지금 사회는 노동을 크게 하지 않아도 돈을 많이 벌 수 있는 시대다. 그리고 자본주의 사회에서 남녀 간 소득 차이, 능력 차이가 발행하기도 하는데 이를 무시하거나 무조건 평등을 주장하는 사람이 많아졌다. 서로 다른 일을 하더라도 힘을 모으는 것이 중요하다. 특히 결혼 후 한쪽이 능력이 떨어진다면 좋지 않다.

30여 년 병원에서 제자 레지던트들과 함께 살아보니 그들이 커가는 과정을 관찰할 수 있었다. 결혼 전에는 결혼한 동료 대신 당직도 서 주고 의국 대소사에도 열심이던 사람이 결혼 후에는 언제 퇴근했는지 알 수 없을 정도로 빨리 사라지는 경우를 많이 보았다. 열심히 일하던 능력 있는 사람이 결혼 후 능력이 떨어진다면 그 결혼은 결코 좋은 결혼이라 할 수 없다.

1990년대까지만 해도 남자를 위한 여자의 희생을 어쩌면 당연시했다. 일본 유학 중 만난 사람 가운데 남편을 따라와서 내조하는 여성이 있었다. 혼자 집에서 놀고(?) 있는 모습이 이웃에게는 조금 이해가 안 돼 조심스레 물었더니 "남편을 위해 희생하는 것이 도리"라는 말을 듣고 한참 동안 유학생 사이에서 가십거리가 된 적이 있다. 하긴 1970년대에는 현모양처가 여고생들의 장래희망이었던 시절도 있었다.[7]

그리스와 덴마크 왕자를 내려놓고 엘리자베스 2세 영국 여왕을 74년간 외조한 필립 공도 있다. 그는 여왕과 결혼하면서 왕자 지위와 해군 경력 등을 모두 내려놨으며, 1953년 여왕이 즉위한 이후 정치적, 사회적 격변을 모두 함께하였다.[8]

현대에서 부부는 2인3각 경기를 하는 사람들과 같다. 서로 보조를 맞추지 않으면 넘어진다. 남자 마음대로, 여자 마음대로 나아갈 수 없다. 그러나 의기투합하여 보조를 맞추기 시작하면 속도도 낼 수 있다. 다만 혼자서는 이 경기를 할 수 없다.

제자 부부에게 주로 해주는 이야기지만 부부란 기찻길과 같다. 양쪽 레일은 일정한 간격을 유지해야 한다. 너무 가까워도, 너무 멀어도 탈선하고 만다. 어느 한쪽이 약해져도 마찬가지다. 한편 어느 중간역에 도착하면 수많은 레일을 만나 혼란스럽기도 하다. 중심을 잘 잡고 같이 가는 경우가 많지만 서로 다른 레일로 바꿔서 달리기도 하고, 달리고 싶어도 달리지 못하는 종착역을 만나기도 한다. 수많은 짐을 실은 철마는 인생길을 달리고 싶지만 달리지 못하는 경우도 많다. 이것을 '기찻길 영성'이라 부른다.

고슴도치는 추운 날씨에 온기를 나누려고 몸을 기대면 서로의 가시에 찔리고, 가시에 상처를 입지 않으려면 추위를 견디기 힘들다고 한다. 이렇게 친밀감을 원하면서도 적당한 거리를 둘 수밖에 없는 모순적인 심리상태를 '고슴도치 딜레마(Hedgehog's dilemma)'라고 한다. 쇼펜하우어가 이 우화를 차용했는데, 그는 이 현상을 통해 외부로부터 따뜻함을 구하는 사람은 어느 정도 타인에게 상처받을 것을 각오해야 한다고 말했다.[9]

칼릴 지브란 역시 사랑은 힘들고 가파른 길이며, 감싸안은 날개 속의 칼이 상처를 입힐 수 있다[10]고 한다. 또한 결혼에 대해서는 "함께 있되, 거리를 두라. 그래서 하늘 바람이 그대들 사이에서 춤추게 하라. 서로 사랑하라. 그러나 사랑으로 구속하지는 말라."고 한다. 이어서 "함께 노래하고 춤추며 즐거워하되, 서로는 혼자 있게 하라. 마치 현악기의 줄들이 하나의 음악을 울릴지라도 줄은 서로 혼자이듯이."라면서 사원의 기둥들도 떨어져 있고, 참나무와 삼나무가 서로의 그늘에서는 살 수 없어서 떨어져 살아가듯이, 자유를 위한 거리를 확보하라고 한다.

부부가 함께 오래 살다 보면 서로 닮아간다고 하지만 몸과 마음이 하나가 되는 것은 아니다. 두 영혼이 두 육체에 각각 살고 있으며, 샴쌍둥이는 더욱 아니다. 결혼 상대방은 내 소유물이 아니다. 둘은 하나가 아니다. 또한 사람은 자주 변한다. 어제는 서로 같았을지라도, 어제의 내가 내가 아니듯 상대방도 어제와 오늘이 다르다. 같은 언어를 사용한다 해도 사람들 간격은 깊기도 하고, 이해했다고 믿지만 오해인 경우가 더 많다.[11] 서로의 차이를 인정하고, 그러다 보면 아플 때도 있지만 서로 사랑을 주고받는 것이 부부다.

베르나르 성인은 세상을 거대한 바다에 비유했다. 수도자와 성직자는 다리와 배를 이용해서 바다를 건너지만, 결혼한 사람은 헤엄을 쳐서 건너야 하는데 도중에 많은 이들이 물에 빠질 수 있다고 한다.[12] 그래서 부부가 더불어 산다는 것은 '서로 마주 보는 것이 아니라 같은 곳을 함께 바라보는 것'이다. 서로의 단점을 품어주고 장점을 키워주면서, 하나 더하기 하나가 둘이 아닌 셋이 되고, 그 이상이 되어야 한다.

1) 교학상장[전관수, 한시어사전(2007. 7. 9.)].

2) 斅學半(효학반), 네이버 한자사전.

3) "김성호의 씨네만세:「디어 마이 지니어스」", 오마이스타(2020. 10. 14.).

4) '달을 가리키는 손가락', https://blog.naver.com/wotnrckdtn/223819903126.

5) 일본에서는 1980년대부터 '가정 내 이혼'이라는 말이 유행하고 있다.

6) 한귀은,『이토록 영화 같은 당신』, 파주: 앨리스(2010), p. 260.

7) "청소년들의 장래희망", SBS 뉴스(2001. 5. 20.).

8) "영국 필립 공은 누구?…그리스 왕자 내려놓고 '74년 외조'", MBC 뉴스(2021. 4. 10.).

9) "도서관닷컴이 전하는 법칙 이야기: 가까워지고 싶지만 적당한 거리를 둔다", http://libns.com/View.aspx?No=2885665.

10) Gibran, Khalil,『예언자』, 서울: 무소의뿔(2018).

11) "김미옥, 그대를 해독한다", '오피니언 삶의 향기', 중앙일보(2025. 6. 24.).

12) 장 콩비, 노성기·이종혁 역,『세계 교회사 여행』, 가톨릭출판사(2012), in 김형수,『대주교 윤공희』(2025).

소크라테스와 사과

Life is C between B and D

소크라테스가 어느 날 제자들을 데리고 과수원으로 가서 각자 마음에 드는 최고의 사과를 하나씩 따 오라고 했다. 단 하나의 조건은 한번 지나가면 뒤로 되돌아갈 수 없으며, 선택은 단 한 번뿐임을 강조하였다.

시간이 지난 후 제일 좋은 사과를 골랐느냐는 스승님의 말씀에 제자들은 다른 사람의 사과와 비교하며 다시 한 번 고르게 해달라고 하였다. 어떤 제자는 과수원 입구에서 정말 크고 잘 익은 사과를 봤는데 더 크고 좋은 사과를 따기 위한 욕심에 그냥 지나쳤다고 하고, 어떤 제자는 과수원이 시작되는 곳에서 크고 좋은 사과를 보고 얼른 땄는데, 얼마 지나지 않아 더 크고 좋은 사과를 보았다고 했다. 소크라테스는 이렇게 말했다.

"그게 바로 인생이다. 인생은 언제나 단 한 번의 선택을 해야 한다."

프랑스의 철학자 사르트르는 "Life is C between B and D.", 즉 인생은 B와 D 사이의 C라고 했다. 여기서 B는 birth, D는 death, C는 choice이다. 인생은 태어나면서 죽을 때까지 수많은 선택을 해야 한다는 것이다. 삶은 곧 선택의 연속이라는 것인데, 더욱이 정답을 알 수 없는 그런 선택이다.[1]

소크라테스의 사과 이야기에서도 오다가 배가 고파서 사과를 먹어 버린 사람도 있고, 다른 사람의 사과를 강탈하여 빼앗은 사람도 있다. 그러나 사과가 없는 사람을 위해 자기 것을 양보하는 사람도 있고, 내가 가진 사과를 부러워하는 사람과 기꺼이 바꿔주는 사람도 있다. 어떤 철학자는 현대인에서 이런 일은 불가능하고 일어날 수 없는 일이라고 하지만 내 이웃을 위해 기꺼이 희생하는 의인과 성인도 많다.

이 세상에서는 좋은 사과를 못 골랐으니 저세상이나 환생하여 선택하겠다는 사람도 있는데 이것도 가능한지 모르겠다. 환생을 주장하는 티베트 승려들도 어릴 때는 전생을 기억하지만 나이가 들어 가면서 점점 잊어버린다고 한다. 내가 전생에서 어떤 사과를 선택했는지, 어떤 사과를 고를 예정이었는지 알 수 없게 되는 것이다. 영화 「인터스텔라」에서처럼 미래에서 온 아버지가 모스 부호를 통해 선택과 연구를 도와주면 좋겠지만 말이다.

사람들은 사과를 고를 때 많은 생각과 분석을 하면서 논리적인 결정을 한다. 그러나 때로 직감적인 선택을 하기도 한다. 직관(intuition)이나 직감(instinct)은 보통 우리의 육감(gut feeling, hunch, sixth sense)을 일컫는 말이다.[2] 우리의 무의식 속에 있는 생존본능 혹은 지능을 통해 좋은 선택을 할 수 있다는 말이다. 혹시 수호천사가 우리를 도와주는 것이 아닌가 하는 생각이 든다.

2006년 멕시코국립대 물리학자 호세 루이스 아라곤 박사팀이 고흐의 후기, 특히 정신상태가 조금 흐려졌을 때의 작품을 분석한 결과 「별이 빛나는 밤(Starry Night)」(1889), 「삼나무와 별이 있는 길」(1890) 등에 나와 있는 소용돌이가 난류를 설명하는 물리법칙 '콜모고로프 척도(Kolmogorov scaling)'와 일치한다는 논문을 네이처에 발표했다.[3] 또한 2015년 유럽우주국 플랑크 우주망원경이 지구로부터 17만 광년(光年) 떨어진 대마젤란은하를 촬영했는데 고흐가 그린 「별이 빛나는 밤」의 모습과 매우 유사했다고 한다.[4] 고흐는 미래에 밝혀지는 법칙과 마젤란은하를 보았을 가능성이 있고, 그것들을 그림으로 표현했던 것 같다.

이후 고흐의 그림은 의학연구 사진에서 인용되기도 하는데 그만큼 고흐의 그림이 많은 영감을 주었다. 의학 연구자들은 심장판막의 혈관신생을 연구하는 도중 얻은 사진이 고흐의 「별이 빛나는 밤」과 매우 닮았다면서 예술과 과학이 세대를 넘나들며 얽히고설킨 생생한 사례라고 주장하였다.[5]

자폐증으로 고생했지만 콜로라도주립대 교수가 된 동물학자 템플 그랜딘은 그림으로 생각하는 자신의 재능을 살려 동물의 이동 경로에 가장 적합하고 효율적인 가축 시설을 만들었다. 그녀는 자폐증 환자가 없었으면 인류는 핸드폰 같은 첨단기술을 발명하지 못했을 것이라고 주장했다. 그녀는 TED 강의에서 "어떤 마법이 지구상에서 자폐증을 없앴다면 인류는 아직도 동굴 입구에서 모닥불을 피우는 원시인에 머물렀을 것이다. 자폐 성향을 지닌 사람들이 없었다면 누가 돌창을 만들고, 누가 실리콘밸리를 만들었으며, 누가 에너지 위기를 해결했겠는가?"[6]라고 말했다.

자폐증을 가진 사람들에게 미래를 보는 눈이 있어, 프로메테우스가 인류에게 불을 가져다주듯이 이들도 시공을 초월하여 당시보다 미래의 기술을 보고 가져다주었을 가능성이 있다.

삼국지에서 관우가 독화살을 맞고 팔이 마비되자 전설의 명의 화타는 칼로 장군의 팔 근육을 가르고 뼈를 깎아내는 수술을 한다. 그렇지만 조조의 머리를 여는 위험한 수술을 권유했다가 죽임을 당했다는데, 그는 당시보다 미래의 의술을 습득했는지도 모른다. 물론 소설 『삼국지연의』에서 사실을 조금 각색하였을 것이다.

한편 「인디아나 존스」 같은 영화에서 많이 인용되고 있지만 고고학을 연구하는 사람은 환생한 것처럼 과거를 본 것 같은 영상이 선명하게 보일 때가 있어 더 큰 확신을 가지고 발굴한다고 한다.

기도를 많이 하고 가난한 이웃을 돌보는 신앙생활을 열심히 하면 좋은 사과가 어디에 있는지 알려줄지⋯. 못난 사과라도 내가 선택한 작은 사과에 만족하고 받아들여야 하는지⋯. 만일 사과 개수가 적어서 좋은 것은 다른 사람이 다 가져가고 내게 배정된 것이 못난 것이라면⋯. 아니 내 몫이 없다면 어떻게 할지⋯.

우리는 가지 않은 길, 선택하지 않았던 길에 대한 회한으로 잠 못 들기도 한다. 그런데 소크라테스 제자들이 사과를 선택했듯이 특히 배우자를 선택하는 과정에서는 운명이나 숙명이라는 것이 있는 것 같다.

1) "'자아 정체성' 어떻게 형성해야 할까?", 부산일보(2010. 12. 17.).
2) Gigerenzer G., 안의정 역(2008), 『생각이 직관에 묻다』, 서울: 추수밭.
3) "고흐 그림에 유체역학 숨어 있다", 동아사이언스(2006. 7. 26.).
4) "고흐 「별이 빛나는 밤」 빼닮은 마젤란은하 포착", 조선일보(2015. 12. 26.).
5) Latif N. et al.(2021), "Starry Night by Van Gogh and morphogenesis of a tissue engineered heart valve", Glob Cardiol Sci Pract 2021(4): e202130.
6) "자폐증을 가진 동물학자, 템플 그랜딘", 채널예스, https://ch.yes24.com/Article/View/41180.

페이잇포워드와 갚음

Pay it forward vs. Pay it back

인도 정치가 메논은 중학교를 중퇴하고 시골에서 광부와 직공 등으로 일하며 온갖 고생을 했다. 공무원이 되려고 기차를 타고 델리로 가다 돈과 신분증을 포함하여 갖고 있던 모든 것을 잃어 버렸다. 그는 낙담했고, 앞길이 막막했다. 간신히 용기를 내어 어느 낯선 집에 찾아가 자신의 처지를 말하고 15루피만 빌려 달라고 부탁했다. 노인은 선뜻 돈을 빌려주었다. 메논이 이름과 주소를 알려달라고 하자, 살아 있는 동안 도움을 청하는 모르는 사람들에게 갚으라고 한다.

메논은 죽기 전날에도 거지에게 신발값 15루피를 주었는데 이것이 그가 죽기 전 의식을 갖고 했던 마지막 행동이었다. "가능한 한 자주, 가능한 한 많이 당신이 줄 수 있는 것을 주어라."가 그의 모토였다고 한다.[1]

우리 말에도 품앗이나 상부상조라는 말이 있는데 대부분 특정

인맥의 사람들끼리 도움을 주고받는 상호 호혜(reciprocity)다. 페이잇포워드(Pay it forward)는 전혀 모르는 사람에게 아무 대가 없이 도움을 주는 일방통행적 도움을 말한다. 도움을 받은 사람이 또 다른 사람을 도와주어 연달아 도움이 연결되기도 하는데 사회과학에서는 이를 '연쇄 교환(serial reciprocity)'이라고 부른다.[2]

'Give back, Pay it back'은 준 사람에게 되돌려준다(되갚음)는 뜻이다. 돈이나 은혜뿐만 아니라, 원한을 되갚는다(앙갚음)는 뜻이다. 호혜주의는 한쪽에서 받은 만큼 다른 쪽에 되돌려주는 행동을 의미하며, 주고받는 행동의 균형을 중시하고 일방적인 이익 추구보다는 서로에게 이익이 되는 관계를 추구함을 의미한다. 사회적인 인간사회에서는 누군가를 도와주면 그 도움이 되돌아오는 것이 정당하며, 되돌아오지 못하는 경우 수혜자의 평판이 나빠지고 따돌림을 당할 수 있다.

	Take(받다 +)	Take(받다 -)
Give(주다 +)	매처(matcher)	관대한 기버(giver)
Give(주다 -)	이기적인 테이커(taker)	개인주의자, 외로운 늑대형

[표 1] Give and take(주고받기). 주고받음이 균형을 이룬 경우를 매처(matcher)라 한다. 받기만 하고 주지 않는 사람은 이기적인 테이커이고, 받는 것보다 주기를 많이 하는 사람은 관대한 기버다. 때로는 주지도 않고 받지도 않는 개인주의자(외로운 늑대형 인간)가 있을 수 있다.

자본주의 사회에서 경쟁에서 승리하고 성공 사다리 꼭대기에 오르기 위해서는 다른 사람의 이익보다 내 이익을 먼저 생각해야 한다, 이처럼 주는 것보다 받는 것을 많이 하는 사람을 테이커(taker)라고 하는데 인간관계에서 자기 이익만 챙기는 이기적인 사람들이고, 인구의 19%가 여기에 해당한다. 한편 받은 만큼 되돌려주는 사람을 매처(matcher)라고 하는데 인구의 절반이 넘는 56%가 여기에 해당한다.

반대로 자기 할 일을 희생해 가며 남을 돕는 사람, 즉 대가를 바라지 않고 시간과 노력을 동원해 누군가를 돕고자 애쓰는 사람은 기버(giver)다. 받는 것보다 주는 것에 익숙한 사람을 말하고, 인구의 25%이다. 이들은 이기적인 사람에게 이용만 당할 뿐 성공과는 거리가 멀 것이라는 생각은 어쩌면 당연한 이치다. 기버가 가장 좋은 사람이고 좋은 대우를 받아야 함에도 불구하고 만만한 사람 정도로 치부되어 다른 사람에게 이용당하거나, 피드백 없는 양보를 퍼주다 제풀에 지쳐 쓰러지는 경우가 많다.

펜실베이니아대학교 심리학자 애덤 그랜트는 대중을 테이커(taker)와 기버(giver), 매처(matcher)로 나누어 연구한 결과, '주는 사람인 기버가 성공한다'는 결론을 발표했다.[3] 최적의 협상 결과물은 '서로 이기는' 창의적 결과물이어야 한다는 협상 원칙을 새삼 깨닫게 한다. 자기 분야에서 최고에 오른 사람은 남을 위해 배려하고 희생하고 양보한다. 반면 자기 것만 챙기다 처절한 실패를 맛본 테이커들은 때로는 실패하기도 하고 그저 평범함에 머무른다고 한다.[4]

상대방에게 주지도 않고, 도움을 받지도 않는 지극히 개인적인 개인주의자들이 많아졌다. 성공하려면 자수성가해야 하며, 성공이란 꼭대기까지 열심히 선두에서 달려야 한다. 그렇다 보니 옆 사람을 도울 생각도 없고, 도울 여력도 없다. 주위에 도움을 주지 않다 보니 평판은 좋지 않고, 어쩔 수 없이 도움을 청해야 하는 경우도 지원을 받지 못하는 경우가 있다. 홀로 떨어진 외로운 늑대가 되는 것이고, 업무 성과도 낮을 수밖에 없다. 이들은 회피형 애착 유형이 될 수 있다.[5)]

통념에 따르면 탁월한 성공을 거둔 사람에게는 3가지 공통점이 있다. 바로 ▶타고난 재능, ▶피나는 노력, ▶결정적 타이밍[6) 7)]이 그것이다. 세계 3대 경영대학원 와튼스쿨에서 역대 최연소 종신교수에 임명된 조직심리학자 애덤 그랜트는 그의 책[8)]에서 대단히 중요하지만 흔히 간과하는 성공의 네 번째 요소를 '타인과의 상호작용'으로 규정한다. 그리고 주는 것보다 더 많은 이익을 챙기려는 사람[테이커(taker)]이나, 받는 만큼 주는 사람[매처(matcher)]보다 '자신의 이익보다 다른 사람을 먼저 생각하는 사람[기버(giver)]'이 더 성공할 가능성이 높다는 혁명적 가설을 내놓는다.

2015년 미국에서 성탄절이 다가오던 어느 날 한 여성이 맥도날드 드라이브스루에서 바로 뒤 고객의 음식값을 지불했다. 그러자 앞 고객의 선의를 받은 뒤 고객이 그 뒤 고객의 음식값을 지불했고, 뒤 고객은 또 그 뒤 고객의 음식값을 지불해 주고…. 이렇게 음식값을 대신 지불해 준 행동은 247번째까지 이어졌다고 한다.[9)]

한 남자가 미국 샌프란시스코 다리 톨게이트에서 다음 차의 통행료를 대신 내주었다. "앞 차에서 이미 요금을 지불했다."는 이야기를 들은 뒤차 운전자는 주저하지 않고 그다음 차의 통행료를 내주었다고 하며, 이런 미담은 꽤 오래도록 지속되었다. 한편 이 이야기를 들은 어떤 한국인이 한국에서 실천해 보기로 했다. 고속도로 톨게이트에서 다음 차의 요금을 대신 내주었는데 그 뒤차가 경적을 울리면서 따라오더니 "야, 이 ○○야! 네가 뭔데 돈을 내줘! 어디서 돈 자랑이야!"[10]라고 했단다.

이 뒤차 운전자는 개인주의자이며, 외로운 늑대형 인간이었을 가능성이 높다. '어차피 인생은 혼자 사는 것'이며 사람들은 모두 자신의 이익을 위해 산다고 생각하는 부정적 사고방식 안에 갇혀 사는 것이다. 이들은 자신에게 호의를 베푸는 사람의 마음을 제대로 헤아리지 못한다. 나한테 잘해주는 데는 뭔가 꿍꿍이가 있을 거라고, 정신 바짝 차리지 않으면 상대방의 의도에 말려 내가 큰 피해를 입을지도 모른다고 생각하기 때문이다.

음식점에서 음식값을 미리 내주거나 톨게이트 통행료를 미리 내준 사람은 관대한 기버(giver)다. 나에게 어떤 이득이 돌아옴을 기대하지 않고 돈을 내주었기 때문이다. 그리고 이어서 다음 사람의 돈을 내준 사람은 매처(matcher)이고, 이 연쇄고리를 끊고 돈을 내주지 않은 사람은 이기적인 테이커(taker)이다. 공짜 식사나 공짜 통행료를 받고 '이게 웬떡이냐' 쾌재를 부르고 사라졌을 것이다.

한동안 서스펜디드 커피(suspended coffee)와 미리내 운동이 있었다. 서스펜디드 커피는 돈이 없어 커피를 사 먹지 못하는 노숙인이나 어려운 이웃을 위해 미리 돈을 내고 맡겨두는 커피를 가리키는 것으로, 자신의 커피값과 함께 그들의 커피값까지 지불하는 것이다. 미리내[11] 운동은 음식점에 돈을 미리 지불하여 다른 사람과 나누는 사회운동으로, 2013년 이탈리아의 서스펜디드 커피 운동에서 착안해 국내에서 시작된 것이다.

실리콘밸리에도 페이잇포워드 문화가 있다고 한다. 누군가 나에게 도움을 청했을 때 대가를 바라지 않고 기꺼이 도와주는 풍토다. 스티브 잡스는 "도와달라고 청했을 때 도움을 주지 않는 사람을 만나본 적이 없다."고 했으며, 많은 사람이 이런 경험을 하지 못한 것은 도움을 청하지 않았기 때문일 것이라고도 했다. 그러나 실리콘밸리 사람들만의 리그일 수 있고, 도움받기에 성공한 사람들의 이야기일 수 있다. 물론 적극적인 도움 요청은 시도해 볼 만하다. 한성희 작가는 딸에게 "제힘으로는 버거운 일을 만나면 너무 고민하지 말고 타인에게 도움을 청해야 한다."고 말하며, 안 그러면 나라 문을 걸어잠갔다가 멸망해 버린 여느 나라의 지도자와 다를 바 없다고 이야기한다.[12] 나중에 확실히 갚으면 된다.

어떤 한국 여학생은 인도여행 중 여권 등 귀중품이 든 가방을 잃어버렸다고 한다. 새벽 4시에 버스터미널에서 난감해하고 있는데 어떤 오토릭샤 기사가 사정을 듣고 동료 기사들을 불러 모았다고 한다. 그는 동료들에게 사정 이야기를 전했고, 이들이 10~20루피씩 모아 델리에 있는 한국대사관까지 갈 수 있는 여비를 마련해 주었다고 한다. 그는 "인도인 한 명이 네 가방을 훔쳤지만 많은 사람이 너를 위해 도움을 주었다."며 위로했다고 한다. 그 후 그 학생은 선교수녀회 수녀가 되었다.

어느 지방 소도시의 한 버스에서 많은 짐을 든 할머니가 버스비를 찾느라 쩔쩔매면서 운전사와 실랑이를 하고 있었다. 그때 뒤에 앉아 있던 고등학생이 달려나오더니 1만 원짜리 하나를 요금통에 넣으면서 "할머니시잖아요! 앞으로 돈 없는 사람이 타면 이 돈으로 버스비 하세요!"라고 소리쳤다고 한다. 정말 얼마 되지 않는 버스비를 대신 내줄 마음은 없지 않으나 다리가 움직이지 않는 경우가 허다하다. 그래서 고 신영복 교수는 머리에서 가슴에 이르는 여정도 길 뿐만 아니라 가슴에서 발까지의 여행이 길다고 하고, 발은 실천이라 하였다.[13]

성경에 "주어라. 그러면 너희도 받을 것이다. 누르고 흔들어서 넘치도록 후하게 되어 너희 품에 담아 주실 것이다. 너희가 되질하는 바로 그 되로 너희도 되받을 것이다."(루카 6,38)라는 말씀이 있다. 이를 '누르고 흔들어서 넘치도록 후하게 주어라.'라고 풀이할 수 있다. 되로 주면 말로 받을 수 있다는 말이다.[14] 페이잇포워드는 대가를 바라지 않으며 '대가 없는 줌'을 말한다. 불교에서는 보시(布施)[15]라고도 하는데, '베풂'이라고 번역하는 것도 좋은 것 같다.

인류의 수많은 문화, 종교에서 내세우는 보편적 원칙인 황금률, 즉 "자신이 대접받고 싶은 대로 남을 대접하라."가 상호 호혜의 기본이다. 나는 성경의 착한 사마리아 사람처럼 기버인가? 최소한 받은 만큼 돌려주는 매처인가? 받지도 않고 주지도 않으며, 나만 잘 살고 있는 외로운 늑대가 아닌가? 남의 도움 받는 것을 좋아하고 주체적으로 처리하지 못하는 거지 근성[16]에 찌들어 있는 테이커는 아닌가?

문형배 (전)헌법재판소장은 고등학교부터 대학 졸업 때까지 김장하 선생님께 장학금을 받았다고 한다. 어떻게 갚아야 하느냐는 질문에 선생님은 "갚으려거든 내가 아니라 이 사회에 갚아라"라고 말씀하였다고 한다. 페이잇포워드를 실천하고 있는 것이다.

"가서 너도 그렇게 하여라."(루카 10,37) 하시면서 착한 사마리아인을 닮으라는 말씀을 모르는 바는 아니지만 발이 쉽게 떨어지지 않는다.

1) "아름다운 세상을 위하여(Pay It Forward), 2000: 대가를 바라지 않는 도움", in 장경식, 『심장내과 의사의 따뜻한 영화 이야기』, 고양: 예지(2021), p. 195.

2) https://en.wikipedia.org/wiki/Pay_it_forward.

3) 애덤 그랜트, 윤태준 역, 『기브앤테이크: 주는 사람이 성공한다』, 서울: 생각연구소 (2013).

4) "베푸는 사람이 크게 성공한다", 감사나눔신문(2013. 8. 15.).

5) https://brunch.co.kr/@a8ea39742de1492/65.

6) "조수미의 음악적 성공은 뛰어난 재능과 끝을 모르는 노력, 그리고 위대한 스승들의 가르침을 온몸으로 체화한 유연한 흡수력에서 비롯됐다.", https://jmagazine.joins.com/art_print.php?art_id=297048.

7) "시대를 잘 타고나야 한다. 본인이 선택한 길에서 특출난 재능을 보유했다고한들, 시대를 잘 타고나지 않으면 소용이 없다." 출처: 시대 운은 타고도 나야 하며, 노력이 있어야 한다. 선택과 집중의 노력이.(작성자 0516cost)

8) 애덤 그랜트, 윤태준 역, 『기브앤테이크: 주는 사람이 성공한다』, 서울: 생각연구소 (2013).

9) "McDonald's Customer's Generous Christmas Gesture Sparks Chain Reaction Of 250 People Paying It Forward", Huffingtonpost(2015. 12. 16.).

10) 김윤나, 『말 그릇: 비울수록 사람을 더 채우는』, 오아시스(2017).

11) 은하수의 순우리말 미리내를 차용한 것인데, 돈을 '미리 내'준다는 의미와 나눔이 은하수의 별처럼 많아졌으면 하는 소망에서 사용하였다.

12) "한성희의 『딸에게 보내는 심리학 편지』 중에서", https://www.godowon.com/last_letter/view.gdw?no=6295.

13) "가장 먼 여행은 머리에서 가슴까지라 합니다. 사상(cool head)이 애정(warm heart)으로 성숙하기까지의 여정입니다. 그러나 또 하나의 여정이 남아 있습니다. 가슴에서 발까지의 여행입니다. 발은 실천이며, 현장이며, 숲입니다.", https://soupgipeun.tistory.com/12?pidx=2.

14) '되로 주고 말로 받는다.' 조금 주고 더 많은 대가를 받는다는 뜻. 이웃에게 먹을 것을 나눠 주었더니 답례로 더 많은 음식을 돌려보낼 때.

15) 자비심으로써 다른 이에게 조건 없이 물건을 주는 것, https://ko.wikipedia.org/보시, https://encykorea.aks.ac.kr/Article/E0023442.

16) 더위키: 거지 근성, https://thewiki.kr/w/거지근성.

누구를 위하여 종은 울리나

For whom the bells tolls

'No man is an island, entire of itself'로 시작하는 시 「누구를 위하여 종은 울리나」는 17세기 영국 시인 존 던(John Donne)의 명상록(Meditations 17)이다. 대륙과 바다, 언덕(promontory), 영지, 죽음, 종소리 등 어렵지는 않지만 서로 관련이 없을 것 같은 단어가 나열되어 있어 해석이 분분하다. 또한 마지막 부분에 'for whom the bells tolls(누구를 위하여 종은 울리나)'라는 내용이 나오는데 헤밍웨이가 스페인 내전을 배경으로 쓴 소설의 제목으로 사용하였고, 1943년에는 동명의 영화가 만들어졌다.

영어 원문은 다음과 같다.

No man is an island
Entire of itself;
Every man is a piece of the continent,
A part of the main.

If a clod be washed away by the sea,

Europe is the less,

As well as if a promontory were:

As well as if a manor of thy friend's

Or of thine own were.

Any man's death diminishes me,

Because I am involved in mankind.

And therefore never send to know for whom the bell tolls;

It tolls for thee.

영국 성공회 신부이며 이상학파 시인 존 던(1572-1631)이 전염병으로 병상에 누워 죽음을 묵상하며 쓴 기도문이다. 1999년 연극 부문 퓰리처상을 수상한 마거릿 에드슨의 영화 「위트」 또한 존 던의 시가 이야기의 핵심이다. 이 영화는 의학교육에서 사용하는데, 그 주제는 존 던의 성스러운 소네트 10번 '죽음아, 오만해하지 마라(Death, be not proud)'이다. 여기에 "And death shall be no more; Death, thou shalt die"라는 유명한 구절이 나오는데 직역하면 '죽음, 너도 아무것도 아니다. 너도 결국 죽을 것이다.'이며, 의역하면 '죽음이여, 너 자만하지 마라. 죽음도 날 죽일 수 없다.'이다.

영화 「위트」는 진행성 난소암으로 죽어가는 영문학 교수이자 존 던 권위자 비비언 베어링 교수의 마지막 고난 여정을 그리고 있다. 영화 초반부에 교수가 존 던의 시를 가르치면서 쉼표와 쌍반점(semicolon) 등의 중요성에 대해 누누이 강조하는 부분이 나온다. 사소하다고 생각하는 것들조차 해석에 중요할 만큼, 존 던의 시는 어렵고 난해하다.

본론으로 돌아가서 시 'No man is an island'의 우리말 번역도 여러 가지인데 시인 우태훈은 다음과 같이 번역하고 있다.[1]

어느 사람이든지 그 자체로서 온전한 섬은 아닐지니
모든 인간이란 대륙의 한 조각이며
또한 대양의 한 부분이어라.

만일에 흙덩어리가 바닷물에 씻겨 내려가게 된다면
유럽 땅은 또 그만큼 작아질 것이며
만일에 모래벌이 그렇게 되더라도 마찬가지며
그대의 친구들이나 그대 자신의
영지가 그렇게 되어도 마찬가지어라.

어느 누구의 죽음이라 할지라도 나를 감소시키나니
나란 인류 속에 포함되어 있는 존재이기 때문이라
누구를 위하여 종은 울리나
이를 위하여 사람을 보내지는 말지라
종은 바로 그대를 위하여 울리는 것이므로.

첫 문장 "No man is an island, entire of itself"는 인간은 완전히 자립·자족할 수 있는 섬이 아니라는 의미다. '그 누구도 혼자

살 수 없다.'고 의역할 수 있는데 이렇게 되면 섬이라는 단어의 의미가 빠져 버린다. 섬과 사람은 뒤에 나오는 대륙과 의미가 연결되어 있기 때문이다.

조너선 하이트는 TED 강의에서[2] 시 앞부분의 대륙이라고 번역되는 것도 문맥을 보면 군중이라고 볼 수 있다고 주장한다. 이어서 그는 "대부분의 사람들은 작은 것을 극복하고 더 큰 것의 일부가 되기를 갈망한다."면서 본인 강의의 요점이 "거의 400년 전에 쓰인 이 간단한 은유 시와 놀라운 공명을 하고 있다."고 하였다.

그런데 최근 시인 윤일현은 다음과 같이 번역했다.[3]

"세상의 누구도 외딴섬이 아니다. 모든 인간은 대륙의 한 조각이며, 전체 중 일부다. 만일 흙덩이가 바닷물에 씻겨 내려가면 유럽은 그만큼 작아지며, 만일 곶(串)이 그렇게 돼도 마찬가지, 그대의 친구나 그대 영지(領地)가 그리 돼도 마찬가지. 누구의 죽음도 나를 감소시킨다. 왜냐하면 나는 전체 인류 속에 포함돼 있기 때문이다. 그러니 누구를 위하여 종이 울리는지 알고자 사람을 보내지 말라. 종은 그대를 위해 울리는 것이니!"

조금 더 이해할 것도 같지만 어렵기는 마찬가지고, 아무리 영문을 읽고 또 읽어도 과학 전공자인 저자는 이해하기 힘들었다. 그런데 코로나 사태로 사람들이 죽어가는 것을 보면서 조금씩 시를 이해할 실마리가 풀리기 시작했다. 이 시를 쓸 당시 영국에서도 전염병으로 많은 사람이 죽었다. 또한 존 던이 살던 영국 마을에서는 사람이 죽으면 교회에서 종을 울렸다. 이 조종(弔鐘)은 죽은 영혼을 위로하고, 마을 사람들에게 사람이 죽었음을 알리는 역할을 하였다. 시인 자신도 전염병을 피할 수 없었으며, 입원한 병석에서 교회 종소리를 들으며 그게 바로 자신을 위한 종소리임을 깨닫고 이 시를 썼다고 한다.[4]

시에서는 서로 상응하는 세 단어가 나온다. 그것은 인간과 섬, 군중과 대륙(유럽), 전염병과 바다다. 전염병이라는 단어는 나오지 않지만 바다가 이 의미를 함축하고 있으며, 섬은 유럽대륙의 상대적인 단어로 영국을 의미할 수 있다. 이 세 단어가 섞이고 축약되어 해석을 어렵게 하고 있다. 홀로 우뚝 선 외딴섬 영국도 한때 대륙이었지만 바닷물이 불어나 섬이 되었다. 거친 바다의 파도가 연결 부위 흙을 씻어내면 섬은 대륙에서 떨어진다. 대륙(유럽)은 그만큼 작아지는 것이며, 해안절벽[5]도 사라질 것이고, 넓은 평야도 작아지게 된다.

여기에서는 영지(manor[6], 領地)라고 되어 있으니 그 언덕에는 성채와 영주가 있을 것이다. 누군가(당신이나 친구)가 영주라 해도 전염병이 창궐하면 병에 걸리지 않는 온전한 사람은 없다(No man is an island, entire of itself). 누구든 어디로 도망가든 죽음을 피할 수 없다. 이렇듯 '대륙이 소실'되는 것과 '사람들이 죽어 사라짐'을 은유적으로 표현하는 것이다. 그래서 내가 생각하는 시의 번역은 다음과 같다.

외딴섬이 홀로 완전한 것 같지만, 대륙의 한 조각이듯 인간도 군중의 일부이다. 바닷물이 진흙을 씻어 내면 유럽은 작아지고 (전염병이 창궐하여 많은 사람들이 죽어가면) 해안절벽 마루에 올라가 있다고 해도, 넓은 영지에 숨어 있어도 소용없지. 다른 사람들의 죽음은 내 마음을 졸아들게 한다. 나도 그들과 같은 사람이기 때문이다. 그러니 누구의 죽음을 알리는 종소리[弔鐘]인지 알려고 하지 마라. 그 소리는 그대의 죽음을 알리는 종소리이니.

그래서 '누구를 위해 종은 울리나'라는 제목도 '누구를 위해 조종(弔鐘)이 울리나' 혹은 '누구의 죽음을 알리는 종소리인가'가 원문에 가까운 번역일 것 같다.

---

1) "우태훈의 詩談 22: 존 던 '누구를 위하여 종(鐘)은 울리나'", 시사1(2021. 2. 1.).
2) Jonathan_haidt, Religion, evolution and the ecstasy of self_transcendence, TED.
3) "누구를 위하여 종은 울리나", 대구일보(2022. 3. 30.).
4) "한정숙, 누구를 위하여 종은 울리나", 한겨레(2006. 11. 2.). "그러니 묻지 말라, 조종이 누구를 위하여 울리는지를, 그것은 그대를 위해 울린다."
5) promontory: 헤드랜드[headland, 곶(串), 갑(岬) 혹은 단(端)]. 포항 호미곶처럼 해안에서 바다로 불쑥 튀어나온 부분으로 대부분 높은 바위 절벽이다. 본문에서는 물이 더 불어나거나 중간 허리 부분이 잘리면 섬이 되어 살아남을 수 있지만, 물이 더 차오르면 물속에 잠겨 버리는 것을 표현하였다.
6) (넓은 영지 안에 들어서 있는) 영주의 저택.

하느님을 믿는 것과 하느님의 일

아프고 나서야 희미하게 보임

어떤 병약한 사람이 시골에 내려가서 생활하였다. 시골집은 다 좋았는데 집 앞에 큰 바위가 있는 것이 흠이라면 흠이었다. 나름대로 시골에 적응해 가면서 신앙생활도 열심히 했지만 병세는 그렇게 호전되지 않았다.

그러던 어느 날 천사가 나타나 집 앞의 바위를 밀라고 했다. 처음에는 바위가 조금도 움직이지 않았지만 몇 달이 지나고 나니 바위가 조금씩 흔들거렸다. 그렇게 몇 년이 지났지만 병세가 그렇게 호전되지 않았다는 느낌이 들었다. 그는 다시 한번 바위를 바라보면서 곰곰이 생각하기 시작했는데, 바위 위치를 측정해 보니 이전에 비해 1cm도 움직이지 않았다는 것을 알았다.

그는 슬퍼서 밤새 울었다. 지금까지 고생한 보람이 하나도 없었기 때문이다. 순간적으로 나타났다 사라진 천사를 원망하기도 하고, 자기가 만난 천사가 정말 하느님의 천사였을까 하는 생각도 들었다. 며칠간 울고 있는데 천사가 다시 나타났다.

"왜 울고 있느냐?"

"바위를 옮기라고 했는데, 몇 년을 밀어도 1cm도 옮겨지지 않았어요."

"내가 언제 바위를 옮기라고 했느냐? 나는 바위를 밀라고 하였다. 거울에 가서 네 모습을 보아라."

그가 거울을 보니 건장한 젊은 남자가 서 있었다.

간세포암 진단을 받고 서울 큰 병원에서 수술받을 때 원목실이라는 것을 처음 보았다. 초기 암이라 항암 치료나 방사선 치료 등을 받지 않는 은총을 입었다. 몇 달 쉬고 다시 근무를 시작하는데 병원 리모델링이 시작되면서 종교실을 만들어 준다고 한다. 유리창이나 환기 시설도 없는 약 8~9평 되는 공간을 둘로 나누어 개신교와 같이 쓰라고 했다. 서울 병원 등에 비해 너무 좁은 공간이고, 혹시 사제나 수녀님이 오신다면 공간이 너무 작은 것 같아 심란했다.

다행히 병원 공간 조정을 맡은 부원장이 동기 선생님이었다. 그 교수님은 지금은 개신교 목사님을 하고 있다. 그 동기 부원장님을 믿기로 했다. 하긴 언제 죽을지 모르는 사람의 소원을 들어주라고 하는데 어찌 들어주지 않을 것인가?

어느 토요일 오후 망치를 들고 가서 둘로 나누어진 공간을 부숴 버리고 가톨릭 원목실로 만들어 버렸다. 다행히 원장님의 종교가 가톨릭이고, 이렇게 저렇게 하여 그 공간을 확보할 수 있었다.

그 전에도 병원 담당 신부님이 계셔서 토요일 미사가 있었지만 회의실이나 다른 강당에서 할 수밖에 없었고, 그 장소에서 회의나 행사가 있으면 또 다른 곳으로 미사 도구 보따리를 들고 옮겨 다녀야 했다. 회의실에는 피아노가 있었지만 다른 곳에서 미사를 할 때는 반주 도구가 없어서 기증받은 키보드를 들고 다녀야 했는데, 공기는 잘 통하지 않는 공간이지만 이제 9평 정도의 원목실을 만들 수 있었다.

가톨릭 병원에는 좋은 원목실 및 성당이 있지만, 개신교 병원 등 다른 병원에서는 지하실이나 병원 옥상 옆 빈 공간 등 위치가 썩 좋은 편은 아니다. 교우회 소속 의사, 간호사, 기사, 행정직원 등의 신자들이 십시일반 봉헌하고 신부님의 도움으로 원목실을 만들게 된 것이다. 그간 수녀님도 배치되시고 하여 명실상부한 가톨릭 원목실이 생긴 것이다. 병원 직원 레지오도 4팀이 되고, 병원공동체 울뜨레아도 신설되는 등 병원 가톨릭 교우회가 활성화되었다. 더욱이 교우회 가족 중 신부님이 두 분이나 배출되는 은총을 받았고, 새 신부님의 첫 미사도 병원 강당에서 할 수 있었다.

개인적으로는 교우회장을 맡았고, 광주교구 가톨릭의사회와 가톨릭교수회 회장도 맡았다. 그런데 세월이 흘러가면서, 더욱이 코로나 사태가 겹치면서 교우회 및 교수회 활동이 초창기보다 못하다는 생각이 들고, 의사회와 교수회는 정년 하면서 회장을 넘겨 주었는데 고사 직전까지 가 버렸다.

어느 날 가톨릭 평화방송을 듣다가 베트남 구엔 반 투안 추기

경 이야기를 들었다. 추기경님은 주교에 임명된 지 얼마 되지 않
아 창문도 없는 감방에 투옥되었다. 당시 젊은 주교였던 그는 8년
동안 사목 현장에서 쌓아올린, 하느님을 위해 시작한 수많은 사
업이 수포로 돌아가고 교구를 포기해야 한다는 상념으로 괴로워
잠을 이루지 못한다. 어느 날 밤 마음 깊은 곳에서 들려온 소리로
말미암아 내면의 평화를 찾았다고 한다.

"왜 그토록 괴로워하느냐. 너는 하느님과 하느님의 일(사업)을 구분
해야 한다. 네가 마친 일과 계속해서 하기를 바라는 모든 것, 곧 사
목 방문과 신학생과 수도자, 평신도와 젊은이 양성, 학생들을 위한
학교와 휴게실 건설, 믿지 않는 이들의 복음화 사명은 훌륭한 하느
님의 일이다. 그러나 하느님은 아니다. 하느님께서 네가 이 모든 것
을 포기하길 바라신다면 즉시 그렇게 하여라. 그리고 하느님을 믿어
라. 하느님은 그 모든 것을 너와 비교할 수 없을 만큼 잘하실 것이다.
그분은 네 일을 너보다 훨씬 잘할 수 있는 사람들에게 맡기실 것이
다. 너는 하느님을 선택했지, 하느님의 일을 선택한 것은 아니다."[1][2]

하느님께서 나를 어디로 이끄실지 모르겠다. 손과 발이 없는 하
느님께 몸을 빌려 드린다는 생각과, 내가 감히 하느님의 일이라고
생각했던 것도 큰 착각일 수 있다. 그렇지만 가만히 앉아 있는 것
보다 억지라도 당신께 손을 내밀다 보면 당신의 뜻에 맞는 방향으
로 갈 수 있을지 모르겠다. 만일 하느님께서 천국으로 부르신다면
또 울고불고해야 할 것인가.

1) “이연수, 일은 일이고 하느님은 어디에”, 가톨릭뉴스 지금 여기(2012. 2. 28.).
2) 프란치스코 하비에르 구엔 반 투안, 『지금 이 순간을 사랑하며』, 바오로딸(2011).

동료 교수의 정년을 아쉬워하며

거친 길, 좁은 길, 가지 않은 길

몇 해 전 한라산 눈길 산행을 한 적이 있는데, 보통 사람 키의 두 배 정도 높은 나무에 붉은 리본이 달려 있었다. 눈이 많이 쌓이면 길이 보이지 않기 때문에 이 리본으로 길 표식을 해둔 것이라고 한다. 그런데 눈이 많이 온 뒤 등산로가 다시 개방되려면 선발대 몇 사람이 먼저 그 길을 확보해야 한다. 선발대는 수많은 경험을 바탕으로 붉은 리본을 따라 걸으며 길을 다져놓아야 일반 등산객이 골짜기 등 옆길로 빠지지 않는다. 산길을 걸어가면서 서산대사가 썼다고 알려진 '답설야중거(踏雪野中去)'가 생각났다.

눈 내린 들판을 걸어갈 제
발걸음을 함부로 어지러이 걷지 마라.
오늘 내가 걸어간 발자국은
반드시 뒷사람의 이정표가 되리니.

그런데 이 시는 조선시대 임연당 이양연의 작품이라고도 한다. 단지 '걷다, 밟고 가다'의 답(踏)이 아니라 '뚫다, 개통하다'라는 의미의 천(穿)자이고, 날 일(日) 자가 아침 조(朝)로 바뀌어 있다고 한다. 철학자 강신주는 "노자의 길은 이전에 만들어진[三生萬物] 길이고 약간 보수적인 길이며, 장자의 길은 이제 만들어 가야 할 길이고 약간 진보적인 길이다."라고 하는데 한라산 등반로는 이전부터 있었던 길이니 오히려 답설야중거보다는 천설야중거(穿雪野中去)가 더 맞지 않을까 생각해 본다.

우리 7회 졸업생들은 7명이 대학에 남아 근무하다가 정년을 맞이했는데, 때로 무슨 부귀영화를 누리겠다고 학교에 오래 남아 있었던가 하는 생각도 든다. 그러나 ooo 교수를 비롯한 동기들은 '가지 않는 길'을 선택했고, 어쩌면 좀 더 '좁은 길'을 선택했던 것 같기도 하며, 때로는 없던 길을 개척하면서 나름대로 소명을 다한 것 같다.

> 훗날에 훗날에 나는 어디선가
> 한숨을 쉬며 이야기할 것입니다.
> 숲속에 두 갈래 길이 있었다고,
> 나는 사람이 적게 간 길을 택하였다고,
> 그리고 그것 때문에 모든 것이 달라졌다고.
> ― 로버트 프로스트, 「가지 않은 길」, 피천득 옮김

우리가 정말 좁은 길을 걸었는지 또는 다른 사람이 가지 않는

길을 걸었는지는 잘 알 수 없다. 또한 구부러진 소나무가 산을 지키고 못난 자식이 효도한다고, 어쩔 수 없는 선택을 했을 수도 있다. 그렇지만 일본에서 존경받는 기업가 이나모리 가즈오가 쓴 '거친 길'(『왜 일하는가』, 신정일 옮김, 2010)은 우리의 심정을 잘 표현해 주고 있는 것 같다.

> "지금껏 남들이 길이라고 생각하지 않는 거친 길을
> 질퍽거리며 걸어왔습니다.
> 발을 삐끗해 진창에 빠지면 발을 다시 빼내고,
> 갑자기 눈앞에 나타난 날짐승에 놀라기도 했지만
> 한 발씩 한 발씩 앞을 향해 걸어왔습니다.
> 문득 옆을 보면,
> 포장된 길로 차들과 사람들이 편하게 지나가는 것이 보입니다.
> 그 길을 걸으면 계속 편하게 갈 수 있다는 것은 잘 알고 있습니다.
> 하지만 나 스스로의 의지로 다른 사람이 걷지 않는,
> 질퍽거리지만 새로운 길을 묵묵히 걸어왔습니다."

우리 교수님은 의과대학에 큰 발자국을 남기면서 홀로 묵묵히 걸어왔다고 생각된다. 그 과정에 옆길에서 수많은 조롱과 멸시를 받기도 하고, 시거든 떫지나 말았으면 하는 반대자들의 부리움을 받았던 것 같다. 그렇지만 그 과정을 버텨낸 것은 본인의 의지뿐만 아니라 '뷰티풀 마인드'를 가진 부인의 위대한 희생이 있었기에 가능하지 않았나 싶다.

하지만 인생은 설니홍조(雪泥鴻爪)라고, '진창 위 눈[雪泥]을 거닐던 기러기 갈퀴[鴻爪] 자국'과 같아서 시간이 지나면 사라지고 마는 것이고, 우리보다 먼저 정년 하였던 선배들의 발자국도 벌써 지워져 가고 있으니, 후학들이 기억하지 못하더라도 슬퍼하지 말기를 소망하면서도 많이 서운해지려고 한다. 그러나 어쩌랴. 장강의 뒷물이 앞 물을 밀어내듯이 새로운 사람들이 그들의 시대를 살 것이고, 역사는 역류하거나 멈춤 없이 유유히 흘러가야 하기 때문이다.

아무쪼록 타이어를 새로 갈아 끼우고(retire), 한 지붕 아래 같이 사는 분을 더 사랑하면서 건강하고 행복하게 잘 살기를 바라면서, 내년 이맘때 이 길을 따라갈 기러기는 이 글을 마친다.

교수님의 정년을 맞아

殘花, 散木, 暮境을 생각하다

　　얼마 전 의사신문에 정년 하여 한림의대에 계시는 유형준 교수(시인)의 늙음 오디세이아—'시든 꽃, 남은 꽃'이라는 수필이 올라온 적이 있다. 중국 당나라 후기 시인 이상은의 화하취(花下醉)라는 시를 소개했는데 그 내용은 다음과 같다.

꽃구경 나섰다가 나도 몰래 노을에 취하여
나무에 기대어 잠든 사이에 해는 이미 저물었네
술 깨니 손님은 다 흩어져 가고 이미 깊은 밤이라
다시 붉은 촛불 밝혀 시든 꽃 구경하네

尋芳不覺醉流霞 심방불각취유하
依樹沈眠日已斜 의수침면일이사
客散酒醒深夜後 객산주성심야후
更持紅燭賞殘花 갱지홍촉상잔화

유형준 교수는 여기 나오는 잔화(殘花)의 설명에서 '시든 꽃'으로 번역하는 경우가 많다고 했는데 그 잔화의 번역에는 '시든 꽃', '남아 있는 꽃'이라는 의미뿐만 아니라 '상처받은 꽃'의 의미도 있을 것으로 생각된다. 비바람에 상처받아 화려함의 일부가 소실되었지만 여전히 예쁜 꽃으로 당당하게 피어 있는 꽃이라는 의미다.

잔화는 약간 부정적 의미로 패류잔화(敗柳殘花)라는 말로 쓰이기도 한다. 잎이 떨어진 마른 버드나무와 시든 꽃이라는 뜻으로, 아름다움을 잃은 미인이나 현직에서 내려온 고관대작을 일컫는다. 화무십일홍(花無十日紅)이라는 말이 있듯이, 꽃은 열흘 이상 그 아름다움을 유지할 수 없고 시들고 만다는 것이다. 그런데 백일홍(百日紅)은 100일 동안 꽃이 피어 있는데, 자세히 보면 조그만 포도송이처럼 모인 꽃이 피고 지는 까닭에 멀리서 보면 그 붉음을 유지하고 있는 것처럼 보인다.

그런데 동백꽃은 시들지 않고 떨어져 버린다. '그 누구보다도 당신을 사랑합니다.'가 주요 꽃말이지만, 죽을지언정 시들지 않는다고 해서 절개를 상징한다고 한다. 양반집에서만 핀다고 해서 '양반꽃'이라고도 부르는 능소화 역시 시들지 않고 그대로 떨어지는, 조금 안타까운 모습을 보여준다.

유 교수는 잔화의 의미에서 장자(莊子)의 산목(散木)을 연상시켰는데 '쓸모없는 나무'를 말한다. 못생긴 나무가 산을 지킨다는 말이 있듯이, 못생기고 꼬불꼬불하여 쓸모없는 나무였기 때문에 산에 남아 있다는 것이다. 그렇지만 이 못생긴 나무가 휘몰아치는 비바람과 추운 날씨를 이겨내고 주위에 있는 나무들과 공생하였기에 남아 있는 것이다. 그리하여 주위 동식물에게 여름에는 시원한 그늘을 마련해 주고, 겨울에는 비바람과 눈보라를 막아내 주면서 꿋꿋이 버텨내 같이 살아남았기 때문에, 쓸모가 없는 것이 아니라 '쓸모가 있는' 것이다.[1]

산목의 다른 쓰임에는 저력산목(樗櫟散木)이라는 말이 있는데, 저력(樗櫟)은 가죽나무[2]와 참나무를 말하고 이들이 쓸모가 없다는 의미이지만 자신을 낮추는 말로 쓰인다. 자신은 아무 데도 쓸모없이 보잘것없다고 겸손하게 낮추어 하는 말이고, 저력지재(樗櫟之才)라고 쓰기도 한다. 성경에 "저희는 쓸모없는 종입니다. 해야 할 일을 하였을 뿐입니다. 종이 분부를 받은 대로 했다고 해서 주인이 그에게 고마워하겠느냐? 이와 같이 너희도 분부를 받은 대로 다 하고 나서, '저희는 쓸모없는 종입니다. 해야 할 일을 하였을 뿐입니다.'[3]"라는 말이 나오는데, 이 쓸모없는 종(unprofitable servants)의 의미가 저력지재와 같은 것으로 생각된다.

화하취(花下醉)라는 시를 단어만 가지고 마음대로 다시 조합하여 해석한다면 다음과 같다.

술 한잔 마시면서 꽃구경, 노을 구경을 하다 보니 어느새 날이 저물었다. 문득 바라보니 그 많던 사람들은 온데간데없네. 이제 정신을 차려 호롱불 밑에서 책을 들었지만 이 모경(暮境)[4]을 어찌할까.

아무쪼록 교수님의 앞날에 기쁨과 희망, 은총이 가득 넘치시길 바랍니다.

<hr>

1) 장자의 우화에 나오는 '신령스러운 나무는 쓸모가 없다'의 일부다.
2) 두 나무는 잎이 비슷하지만 참죽나무 잎은 먹을 수 있는 데 반해 가죽나무 잎은 먹지 못하므로 '가짜 죽나무'라는 뜻이다. 두산백과, 'Tree of heaven, 假僧木'. 영어 이름이 흥미롭다.
3) "종이 분부를 받은 대로 했다고 해서 주인이 그에게 고마워하겠느냐? 이와 같이 너희도 분부를 받은 대로 다 하고 나서, '저희는 쓸모없는 종입니다. 해야 할 일을 하였을 뿐입니다.' 하고 말하여라."(Luke 17,9-10)
4) 늙어서 노인이 된 처지인 노경(老境)을 '저무는 지경'이란 뜻으로 모경(暮境)이라고도 한다.

삼기론과 삼혹에 관한 작은 생각

패기, 의기, 화기

오래전부터 우리나라에 '삼기론(三氣論)'이라는 것이 전해지는
데, 인간이 살아가는 데 필요한 3가지 정신인 패기(覇氣), 의기(義
氣), 화기(和氣)를 말한다.[1]

한국의 대표적인 지성이라 불리는 고 안병욱 교수는 패기(覇氣)
를 오기(午氣)라 하여 자부심, 자존심을 의미한다고 하며, 장자의
비막대어심사(悲莫大於心死)를 예로 들었다. 슬프다 슬프다 하여
도 우리 마음이 죽는 것[心死]처럼 슬픈 일이 없다는 것을 예로 들
면서 오기가 충만하게 살아야 한다고 하였다.[2] [3] 다른 학자는 중
국 난세의 영웅 항우가 사면초가 상태에서 지었다는 역발산기개
세(力拔山氣蓋世), 즉 힘으로 산을 뽑을 수 있고, 씩씩한 기운이 온
세상을 덮을 수 있다는 것을 패기의 예로 들었다.

그러나 패기의 사전적 의미는 '어떤 어려운 일이라도 해내려는
굳센 기상이나 정신'을 말한다. 무거운 짐을 지고 먼 길을 걸어가

는 낙타처럼, 힘들어도 참고 끝까지 가는 것을 말한다. 대하소설 『대망』에서 도쿠가와 이에야스[德川家康]는 사람의 "일생은 무거운 짐을 지고 먼 길을 가는 것과 같다."[4]고 했는데 이런 굳센 정신을 패기라고 하는 것 같다.

펜실베이니아대 심리학자인 앤절라 리 덕워스 교수는 다양한 분야의 리더들이 다른 사람들과 비슷한 지능을 가지고 있지만 특정한 리더만이 성공에 이르게 되는데, 이들이 유사한 창의성과 재능을 가진 다른 사람들을 능가하여 성공하는 요인을 연구하였다. 그녀는 성공한 리더들의 공통점을 발견했는데 이것을 그릿(Grit)[5]이라고 이름 붙였다. 스스로 능력이 성장, 발전할 수 있다는 신념을 바탕으로, 온갖 어려움과 역경에도 포기하지 않고, 자발적인 열정으로, 자신이 세운 목표를 향해 끝까지 노력할 수 있는 능력을 말한다고 한다.

덕워스 교수는 장기적인 목표를 향한 인내와 열정(perseverance and passion for long-term goals)을 그릿이라 했는데[6] 여기서의 열정(passion)이란 외부적인 고난이나 경험 등으로부터 내면에 생겨난 열망이나 열정이라는 의미다. 즉 단거리 달리기가 아닌 장거리 마라톤을 고통을 견뎌내면서 끝까지 꿈을 물고 늘어진다는 의미다. 국문학자 조윤제는 우리 민족의 심성에 담겨 있는 은근과 끈기를 설명하면서 은근이 한국의 미요, 끈기가 한국의 힘이라고 했는데[7] 이 은근과 끈기가 그릿이고 패기라고 생각된다.

의기(義氣)는 옳고 그른 것을 준엄하게 판단하는 양심이고, 부정과 거짓을 버리고 진실과 공의의 편에 서려는 정의감이다. 불의를 보고 불현듯 일어나는 용기이며, 청렴을 위하여 아니라고 말할(say 'no') 수 있는 기개(氣槪)다. 맹자는 수오지심(羞惡之心)을 의(義)의 단서라고 했는데 수오(羞惡)라는 글자의 뜻은 자신의 잘못을 부끄러워하고 또 타인의 잘못을 미워할 줄 아는 마음, 곧 의로움의 표상이다.

데이비드 그레이슨은 "우리는 지나친 용기 때문이 아니라 지나친 소심함 때문에 실패하는 경우가 훨씬 많다."고 했는데 우리는 의기가 부족한 소심함 속에 살아가고 있는 것 같다. 안중근 의사는 '見利思義(견리사의) 見危授命(견위수명)'이라는 공자의 말씀을 글로 남겼는데 견리사의는 "눈앞의 이익을 보면 정의를 생각하라."는 말로 현시대에 돈과 권력, 향락 앞에서 의(義)을 망각하고 사는 우리에게 경종을 일으키는 말이다. 다음 구절 견위수명은 "나라와 사회가 위태로울 때는 목숨을 내어놓으라."는 어마무시한 말이다.

화기(和氣)는 '화기애애'의 화기다. 집안이나 직장에 화기가 가득 차고 넘칠 때 우리 인생은 즐겁고 행복하다. 이는 서로 믿고, 서로 아낄 때 이루어진다. 그런데 공자는 "군자는 화이부동(和而不同)하고 소인은 동이불화(同而不和)한다."면서 화(和)라는 단어를 사용했는데 "군자는 서로의 생각을 조절하여 화합을 이루기는 하지만 이익을 얻기 위해 주관을 버리고 상대방에게 뇌동하지는 않으며, 소인은 이익을 얻기 위해 주관을 버리고 상대방에게 뇌동하기는 하지만 서로의 생각을 조절하여 화합을 이루지는 못한다.”[8]는 의미로 부화뇌동하지 말라는 것이다.

고 신영복 교수는 “차이를 존중하고 다양성을 포용하는 존중의 철학이 화(和)입니다. 반대로 모든 것을 자기중심으로 동화하려는 패권의 논리가 동(同)입니다. 화이부동은 공존과 평화의 원리입니다.”[9]라고 하였다. 배철현 교수도 자기가 믿는 것만 옳다고 믿는 건 오만이자 무식이라며, 다름을 인정하는 것이 신의 가르침이라고 했다.

부화뇌동(附和雷同)의 동(同)은 맹종(盲從, blind following, stampede)한다는 의미인데 ‘친구 따라 강남 간다’는 말이 있듯이, 남이 가니 그저 따라간다는 뜻이다. 부정명령문인 ‘하지 마라(따라가지 마라)’는 의미이기 때문에 공자의 불혹(不惑)과 일맥상통하기도 한다. 불교에서는 삼혹이라 해서 불도를 닦는 데 장애가 되는 3가지 번뇌를 말한다.

공자는 일생을 회고하면서 40세가 되어서는 미혹하지 않았다[四十而不惑]면서, 유혹에 빠지지 않는 불혹을 말했다. 어느 교수의 조언에 의하면 40대에 미혹되어서는 안 된다는 해석이기보다는, ‘나는 이렇게 살았으니 너희도 이를 따라서 살아가라.’는 뜻이라고 한다. 도덕적인 의무라기보다는 권유라는 설명을 듣고 큰 위로를 받은 기억이 있다. ‘흔들리지 않고 피는 꽃이 어디 있으랴’는 도종환의 시처럼 유혹에 흔들릴 수는 있으나 빠지지는 말라는 것이다.

후한서에 사지삼혹(四知三惑)이라는 말이 있는데 사지(四知)는 '하늘이 알고, 땅이 알고, 그대가 알고, 내가 안다.'는 뜻이고, 삼혹(三惑)은 술과 여자(이성), 재물(酒, 色, 財)을 말한다. 이 글의 주인공 양병은 술을 입에 대지 않았고, 젊어서 아내가 세상을 뜨자 다시 장가들지 않았다. 양병은 "나는 술과 여색, 재물 이 3가지에 흔들리지 않았다."고 했다. 그는 또한 청렴함으로 사람들의 기림을 받았다.

잘나가다 술과 여자, 재물의 삼혹(三惑)에 발이 걸려 넘어질 수 있다. 군자가 사소한 것조차 삼가지 않을 수 없는 까닭인데, 군자에게 청렴이란 작은 선일 뿐이어서 군자에게 일컬을 만한 것이 못 된다며, 청렴이 무너지면 비록 다른 훌륭한 점이 있더라도 미녀 서시가 오물을 뒤집어쓴 것 같아 코를 막지 않을 사람이 드물다고 하였다.[10]

서양에서도 성스럽지 못한 삼위일체(三位一體)란 말이 있는데 맘몬(Mammon, 물질만능주의), 바쿠스(Bacchus, 술), 프리아포스(Priapus, 신화에 나오는 거대한 남근을 가진 신)[11]를 말하는 것을 보면 재물과 술, 섹스는 동서양이 금기시하며 유혹에 빠지지 말아야 하는 대상이었던 것이다. 톨스토이도 음주의 해악에 대해 "범죄를 일으키고, 건강을 해치며, 지성과 양심을 흐려놓는다."고 했으며, 술을 마시는 이유가 '양심을 뒤덮기 위해서'라는 무서운 이야

기를 하였다.[12]

하버드대 마이클 샌델(Michael Sandel) 교수는 저서 『돈으로 살수 없는 것들: 무엇이 가치를 결정하는가』에서 '오로지 돈이 만능 해결 열쇠가 되어버린 시대'를 신랄하게 비난하면서 돈으로 살 수 없는, 아니 돈으로 살 수도 있으나 사면 안 되는 것을 말하고 있다.

파우스트 거래(Faustian bargain)라는 말이 있다. 파우스트 박사와 악마인 메피스토펠레스와의 거래(Deal with the Devil)를 비유하는 말로, 출세와 명예를 위해 자신의 양심과 도덕을 파는 지식인을 비난하고, 현대인의 마음속에 자리하는 영악한 심리를 꼬집어 지적하는 말이다. 돈과 명예, 사랑을 위해 메피스토펠레스에게 영혼을 팔면 안 된다.

그리스에서 형성되고 플라톤과 아리스토텔레스에 의해 체계화되어 서양 윤리학의 근거가 된 '사추덕(四樞德, 4가지 중요한 덕: 지혜, 용기, 정의, 절제)'과 겹치기도 하는데, 플라톤에 의하면 사추덕은 4가지 덕으로 구성돼 있으나 현실적으로는 따로 떨어질 수 없는 통합적 체계의 덕이라고 한다.(그래서 그는 "덕은 하나다."라고 말한다.)[13] 여기에서 정의는 삼기론의 그것과 같고, 용기와 절제가 패기 혹은 삼혹에 대한 절제라고 볼 수 있다.

지혜는 현명이라 번역되기도 하는데, 현명하고 지혜로워야 갖가지 덕을 추스르고 삶의 규범을 바르게 세워나갈 수 있어서 현명을 '덕의 마부(馬夫)'라고도 부른다고 한다. 신앙적으로 "지혜의 시작은 주님을 경외함이며, 지혜는 믿는 이들과 함께 모태에서 창조되었다.”(집회 1,14)는 집회서의 말씀과 “사추덕은 하느님께 대한 사랑의 여러 가지 형태에 불과하다.”는 아우구스티누스의 말은 깊이 새겨둘 만하다.[14]

서양에서 지혜를 포함시켰지만 상대적으로 동양에서는 화기를 추가하였다. 같은 삶의 지혜이지만 강조하는 점이 동서양에서 조금 다르다.

패기와 의기, 화기는 서로 조화를 이루어야 우리 인생은 완전한 경지에 도달할 수 있다. 사추덕의 ‘덕’이란 여러 가지 좋은 행동이 몸에 배어(버릇이 되어 익숙해짐.) 어떤 상황에서도 악을 피하고 선을 실천하면서 이웃과 같이 살아가는 것이다.

1) 춘원 이광수는 의기와 근기, 용기를 삼기라 하였다. 고정일, 『춘원 이광수 민족정신을 찾아서』(2016), 동서문화사, p. 342.

2) "안병욱, 삼기론", 동아일보 칼럼/논단(1973. 8. 6.).

3) 안병욱(2013), 『인생 사전』, 고양: 예원북하우스.

4) 등에 무거운 짐을 짊어지고 먼 길을 가는 것이 인생이다. 그렇기에 우리는 인생을 급히 달리지 말고 천천히 가야 한다. 人の一生は重きを負うて遠き道を行くがごとし, 急ぐべからず, 大望-15.

5) 성장(Growth), 회복력(Resilience), 내재적 동기(Intrinsic Motivation), 끈기(Tenacity)의 앞 글자를 따서 만든 단어로 미국 심리학자 앤절라 리 덕워스가 개념화한 용어다.

6) Duckworth AL et al.(2007), "Grit: perseverance and passion for long-term goals", J Pers Soc Psychol 92(6): 1087-1101.

7) 문화유산청, "우리 민족의 심성에 담겨 있는 은근과 끈기", 월간문화재사랑(2015. 11. 2.).

8) 네이버 지식백과, "자왈: 군자화이부동, 소인동이불화(子曰: 君子和而不同, 小人同而不和)".

9) 신영복(2007), 『처음처럼』, 서울: 랜덤하우스코리아.

10) 정민, "군자가 조심해야 하는 셋… 여자, 돈, 그리고", 조선일보(2015. 5. 13.).

11) 그리스 신화에 나오는 번식과 다산의 신. 유난히 큰 성기를 지닌 기형적인 모습으로 묘사된다.

12) 석영중, 『톨스토이, 도덕에 미치다』, 예담(2009).

13) 최기섭, "사추덕, 하느님께 대한 사랑의 한 모습", 가톨릭평화신문(2008. 11. 2.).

14) 지요하, "사추덕을 아십니까?", 가톨릭뉴스 지금 여기(2013. 2. 14.).

절제하고 또 절제하라

Self-Control, Temperance

『바른 마음(The Righteous Mind)』으로 전 세계에 도덕 열풍을 일으킨 사회심리학자 조너선 하이트(Jonathan Haidt)의 'EBS 인문학 특강: 우리가 믿는 옳음의 진실'(1, 2부)을 보다가 우연히 노자의 도덕경 일부를 영어로 접할 수 있었는데 이해가 잘 안 됐다. 인터넷 및 책에서 수많은 다른 해석을 본 뒤 조금은 이해할 수 있게 되었다.

도올 김용옥을 포함한 많은 도덕경 설명 중 가장 마음에 닿는 해석[1]은 다음과 같다.

- 伍色令人目盲(오색령인목맹): 오색은 사람의 눈을 멀게 하고,
- 伍音令人耳聾(오음령인이롱): 오음은 사람의 귀를 멀게 한다.
- 伍味令人口爽(오미령인구상): 오미는 사람의 입을 상하게 하고,
- 馳騁畋獵令人心發狂(치빙전렵령인심발광): 말을 타고 사냥하는

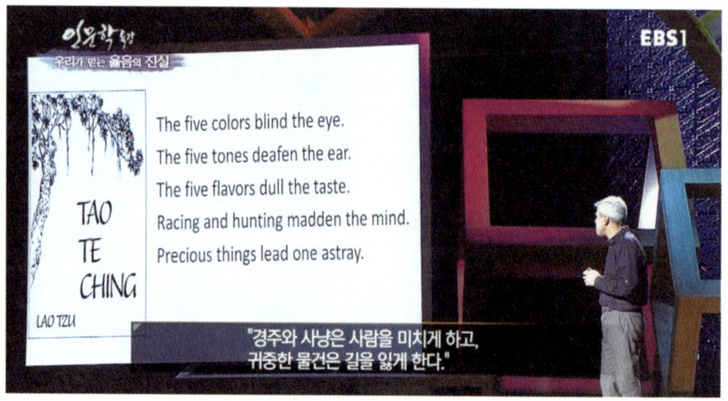

[그림 1] 조너선 하이트, 'EBS 인문학 특강: 우리가 믿는 옳음의 진실'. The five colors blind the eye./ The five tones deafen the ear./ The five flavors dull the taste./ Racing and hunting madden the mind./ Precious things lead one astray.[2] Tao Te Ching은 도덕경을 말한다.

것은 사람의 마음을 발광하게 만든다.

- 難得之貨使人之行妨(난득지화령인지행방): 얻기 어려운 재물(財物)은 사람의 행실을 그르치게 한다.
- 是以聖人爲腹不爲目(시이성인위복불위목): 이로써 성인은 배를 위하고 눈을 위하지 않는다.
- 故去彼取此(고거피취차): 그러므로 저것을 버리고 이것을 취한다.

『노자를 웃긴 남자』[3]란 책을 쓴 이경숙 작가의 번역은 다음과 같다.

"현란하고 아름다운 볼거리들은 사람의 눈을 멀게 만들고,

아름답고 듣기 좋은 음악은 사람의 귀를 먹게 만들며,
기름지고 맛난 음식은 사람의 혀를 버리게 만들고,
말 타고 사냥하는 것은 사람의 마음을 열광시키며,
얻기 힘든 재화는 사람을 편히 쉬지 못하게 하느니라.
그러하므로 성인은 먹고살게는 하지만 감각을 만족케 하지 않으니,
쾌락과 탐욕을 버리고 소박하고 검소한 생활을 택하느니라.”

우리의 감각(오감: 시각·청각·후각·미각·촉각)은 생존을 위해 필요한 것이고, 통증을 제외한 많은 감각은 즐거움, 즉 쾌감을 준다. 도덕경에서는 이 중 3가지 감각을 사용하였다. 『장자』도 천지에서 위와 비슷한 내용을 설명하고 있다.[4]

“대개 본성을 잃는 일에 5가지가 있다.
5가지 좋은 빛깔이 눈을 어지럽혀 눈이 밝지 않게 되는 것이 첫째고,
5가지 좋은 소리가 귀를 어지럽혀 귀가 밝지 않게 되는 것이 둘째며,
5가지 냄새가 코를 찔러 코를 막히게 하는 것이 셋째고,
5가지 좋은 맛이 입을 더럽혀 입병이 나게 하는 것이 넷째고,
득실이 마음을 어지럽혀 본성을 사라지게 하는 것이 다섯째다.
이 5가지는 모두 생을 해치는 것이다.”

장자 역시 오감 중 4가지 감각에 대해 설명하고 있는데 감각이 지나치면 본성을 잃게 된다는 것이다. 이렇게 감각을 통해 느끼는 쾌감은 자주 느낄수록 그 정도가 무뎌지고 더 큰 자극이 있어야 쾌감을 느낄 수 있다. 따라서 자주 자극받으면 본성을 잃고 중

독 등이 될 수 있다는 것이다.

다음은 "말을 타고 사냥하는 것은 사람의 마음을 열광(발광)하게 만든다."인데 '열광'의 사전적 의미는 '너무 기쁘거나 흥분하여 미친 듯이 날뜀'을 말하기 때문에 사냥의 쾌감을 좇다 보면 본성을 잃게 된다는 것이다. 일반 스포츠보다는 스피드와 스릴을 만끽하는 모험 스포츠(익스트림 스포츠)가 여기에 해당할 수 있다.

다음에 나오는 '얻기 힘든 재물'에 대한 설명이 많은 혼란을 주는데, 앞 문장들과 비교해 보면 이경숙의 '얻기 힘든 재화는 사람을 편히 쉬지 못하게 하느니라.'보다는 '얻기 어려운 재물(財物)은 사람의 행실을 그르친다.'가 더 좋은 번역이 될 수 있다. 사글셋방이나 전세방에서 살다 아끼고 절약하여 조그마한 집이나 아파트를 샀을 때의 기쁨은 이루 헤아릴 수 없다. 평수가 점점 넓어짐에 따라 그 기쁨도 증가할 수 있으나, 고가의 아파트(얻기 힘든 재물)를 소유하려다 보면 힘들어지고 때로는 무리하지 않을 수 없다. 즉 힘들게 재물을 좇다 보면 행동이 정상범위를 벗어날 수 있다. 영문에서는 astray를 사용했는데, 길을 잃고 벗어나 타락한다는 의미, 즉 도둑질 같은 나쁜 일도 할 수 있다는 것이다.

다음 구절, 是以聖人爲腹不爲目(시이성인위복불위목)이 번역에 논란이 많다. 직역은 '성인은 배를 위하고 눈을 위하지 않는다.'이지만 이경숙 작가는 '그러하므로 성인은 먹고살게는 하지만… 쾌락과 탐욕을 버리고'라고 번역하였다. 생존을 위해 허기를 채운다는 뜻이라는 것이라 추측은 되지만 이해가 잘 안 된다. 이경숙 작가는 본인의 책에서 '생존을 위한 최소한의 충족'을 의미한다고 하였다. 먹는 것은 생존에 필수적이지만 현대인은 생존을 위해 먹는 것보다는 먹는 즐거움 때문에 먹는다.

그러나 먹다 보면 비만뿐만 아니라 음식 중독 및 온갖 질병이 따라온다. 최근 연구 보고에 의하면 위장에도 감각수용체가 있어 어느 정도 먹으면 위가 충만되었다는 정보를 뇌에 전달하기도 하고(조금 늦게 전달하는 것이 문제되지만), 음식 중의 영양분을 확인하여(맹물을 마시면 위도 안다.) 뇌로 전달한다고 한다. 따라서 이 구절은 먹는 즐거움에 빠지지 말라는 이야기가 된다. 그런데 '눈을 위하지 않는다.'는 해석이 문제될 수 있는데 구약성경 코헬렛(전도서)을 읽다가 조금 이해되었다(코헬렛 2,10-11).

> "내 눈이 원하는 것은 무엇이든 나 뿌리치지 않았고, 내 마음에게 어떠한 즐거움도 마다하지 않았다. 그렇다. 내 마음은 나의 모든 노고에서 즐거움을 얻었으니 그것이 나의 모든 노고에 대한 몫이었다. 그러고 나서 내 손이 이룬 그 모든 위업과 일하면서 애쓴 노고를 돌이켜 보았다. 그러나 보라, 이 모든 것이 바람을 잡는 일. 태양 아래에서는 아무 보람이 없다."[5]

여기에 나오는 '내 눈이 원하는 것'이 위목(爲目)에서 목(눈, 目)의 뜻[6]이라고 생각된다. 따라서 '성인은 허기를 때울 뿐이지, 보이는 대로 다 먹지 않는다.'가 좋은 해석일 수 있다.

코헬렛의 다음 문장에서는 도덕경 12장 결론을 설명해 주고 있다. (솔로몬 왕은) "내 능력이 특출하여 먹고 마시고, 좋은 옷을 입고 온갖 쾌락을 다 누려 보았으나 모든 것이 '허무하다'."[7]고 말하면서 '이렇게 살지 말기'를 권하고 있다. 그러므로 저것을 버리고 이것을 취한다. 이경숙 작가는 '쾌락과 탐욕을 버리고 소박하고 검소한 생활을 택하느니라.'라고 해석하고 있다.

성경을 읽다 보면 절제(자제력)[8]에 대한 많은 기술을 볼 수 있다. 구약성경에는 "꿀을 너무 많이 먹는 것이 좋지 않듯 명예에 명예를 추구하는 것도 좋지 않다. 정신에 자제력이 없는 사람은 파괴되어 성벽이 없는 성읍과 같다."(잠언 25,27-28)고 기록되어 있고, 신약성경에는 9가지 성령의 열매 중 마지막이 절제라고 한다(갈라 5,23). 가장 강력한 성경 문구는 "네 오른 눈이 너를 죄짓게 하거든 그것을 빼어 던져 버려라. 온몸이 지옥에 던져지는 것보다 지체 하나를 잃는 것이 낫다."(마태 5,29)이다.

코헬렛에서처럼 내 눈이 원하는 것, 내 눈에 보이는 것 때문에 죄를 지을 수 있다. 도박이나 마리화나, 오르가슴, 올나이트 댄스 파티, 인터넷 게임, 쇼핑, 고칼로리 음식뿐만 아니라 학습이나 기도도 내측전뇌(medial forebrain)의 쾌감회로라 불리는 신경 신호를 촉발하고 쾌감을 발생시킨다고 한다. 그런데 이런 쾌감에는 중독이라는 어두운 면이 있다.[9]

현대사회에서 '생존을 위한 감각'과 지나침을 방지하라는(중독되지 말라, 괴물이 되지 말라는) '윤리적 감각' 사이에서 마음을 조절하기는 지극히 어렵다. 존 파이퍼 목사는 "절제라는 개념은 나누어진 자아 사이의 전투를 뜻합니다. 그것은 우리 자아(self)가 산출하는 욕망 중 어떤 것들은 이를 만족시켜서는 안 되고 억제돼야 한다는 것을 의미합니다."[10]라고 설교한다. 에드워드 웰치[11]는 절제(self-control)란 'one more(하나 더, 한 번 더)'와의 싸움이라고 한다.[12]

처음으로 조금 야한[伍色, 伍音] 영화를 보았을 때 고개를 숙이기도 하고 손가락 사이로 보기도 하지만, 몇 편 보다 보면 큰 느낌을 못 받을 수 있고, 오히려 즐기기도 한다. 때로는 좀 더 다양하고 자극적인 방법으로 최대한의 쾌감을 얻으려 하기도 하는데 그들 중 일부는 중독이 된다. 음식도 마찬가지이며, 쾌감을 주는 모든 것이 과하면 문제가 된다. 즉 많은 오감을 즐기다 보면 길을 잃고 벗어나 본성을 잃기도 한다는 것이다.

그러나 절제할 수 있는 능력이 있는 인간이기 때문에 우리는 절제하고 또 절제해야 하며, '쾌락과 탐욕을 버리고 소박하고 검소한 생활'을 지향해야 한다.

1) PD저널, 'EBS 인문학 특강: 조너선 하이트 특별 강연회', http://www.pdjournal.com/news/articleView.html?idxno=55065.

2) http://blog.naver.com/8282saju/120146394022.

3) 이경숙, 『노자를 웃긴 남자』, 서울: 자인(2000).

4) 네이버 지식백과, "다섯 가지 좋은 빛깔은 눈을 멀게 하고, 말 달리고 사냥하는 것은 마음을 미치게 하고, 얻기 어려운 재물은 행동을 그르친다(伍色使人目盲, 馳騁田獵使人心發狂, 難得之貨使人之行妨)". 김홍경, 『노자: 삶의 기술, 늙은이의 노래』, 서울: 들녘(2003).

5) Nothing that my eyes desired did I deny them, nor did I deprive myself of any joy, but my heart rejoiced in the fruit of all my toil. This was my share for all my toil. But when I turned to all the works that my hands had wrought, and to the toil at which I had taken such pains, behold! all was vanity and a chase after wind, with nothing gained under the sun.(NAB Ecclesiastes 2:10-11)

6) 목(目)은 그룹을 의미하기도 한다. 목은 생물 분류학 단위(單位)의 하나로, 강(綱)과 과(科)의 사이(강-목-과)에 있다.

7) 코헬렛은 "허무로다, 허무! 코헬렛이 말한다. 허무로다, 허무! 모든 것이 허무로다."(코헬렛 1,2)라고 시작하고 있다.

8) 절제를 영어 성경에서는 self-control을 많이 사용하고, temperance를 쓰기도 한다.

9) Linden DJ, 김한영 역, 『(고삐 풀린) 뇌: 우리의 자유의지를 배반하는 쾌감회로의 진실』, 파주: 작가정신(2013).

10) 존 파이퍼, "절제의 치열한 열매", http://www.desiringgod.org/articles/the-fierce-fruit-of-self-control?lang=ko.

11) 에드워드 T. 웰치, 김준 역, 『중독의 성경적 이해』, 국제제자훈련원(DMI, 2013. 8. 25.). 원제 "Addiction: A Banquet In The Grave"(2001).

12) Edward Welch, "Self-Control: The Battle Against 'One More'", J Biblical Counseling, 19;2, 2001, pp. 24-31.

틴포탯 전략

바로 갚기, 대갚음, 앙갚음

기원전 1750년경 바빌로니아에서 제정된 함무라비 법전에는 눈을 쳐서 빠지게 했으면 그의 눈을 빠지게 하고, 이를 부러뜨렸으면 그의 이를 부러뜨리라는 법조문이 있어서 '눈에는 눈, 이에는 이'라는 용어가 전해져 온다. 의료사고를 낸 의사는 손을 자르라고 나온다니 의사들에게는 무서운 내용도 있다.

복수를 당연히 해야 한다는 뜻으로 잘못 알고 있지만 무제한 복수를 허용하던 단계에서 동해(同害報復)의 정도까지 보복, 즉 피해자가 입은 피해와 같은 정도의 손해를 가해자에게 가한다는 보복의 법칙이다. 동태(同態)복수법, 동해(同害)복수법, 탈리오 법칙(lex talionis)이라고 한다. 자식이 밖에서 맞고 들어오면 대부분 가해자를 쫓아가서 흠씬 패주고 싶은 마음이 생기고, 실제로 그렇게 하는 사람도 있지만 한 대를 맞았다면 한 대를 때리고, 혹시 신체에 1cm 상처가 생겼다면 상대방도 똑같은 부위에 정확히 1cm 상처를 가하라는 법칙이다.

그러나 똑같은 상처를 내기도 힘들고, 나보다 힘 있는 상대 보호자를 만나면 불가능하다. 권투 시합에서도 상대방이 한 대 치면 나도 한 대 때리면 되지만 그러지 못하는 경우가 많다. 팔레스타인-이스라엘 전쟁에서처럼 총 한 발을 쏘면 수많은 미사일 보복이 뒤따른다. 따라서 이에 따른 보복의 악순환 고리를 끊으려면 엄청난 노력이 필요하다.

심리학 용어에 죄수의 딜레마(Prisoner's Dilemma)가 있다. 죄수 2명이 공모하여 범죄를 저지르다 잡혔는데 증거가 불충분할 경우 자백에 의존할 때가 많다. 수사관들은 범인을 각각 격리한 뒤 자백하면 풀어주고 자백하지 않는 사람은 형을 받는다고 말한다. 두 사람 모두 자백하지 않으면 경범죄 등 약한 죄목으로 처벌받아 낮은 형량을 받을 수 있다. 이렇게 협동하면 모두에게 이익이 됨에도 불구하고 대부분의 죄수는 자백을 함으로써 똑같이 형을 받게 되는 상황을 '죄수의 딜레마'라 한다.

내 입장에서는 내가 자백하고 상대방은 자백하지 않는 것이 최상이지만, 상대방도 같은 생각을 하고 있을 것이기 때문에 서로 자백하게 된다. 협력하면 서로 이익이 되지만 상대방은 풀려나고 나만 감옥에 간다는 불리한 생각으로 인해 서로 나쁜 상황에 이른다는 이론이다. 특히 범죄자들에게 상대방이 배신하지 않을 것이라는 신뢰는 애초부터 존재하지 않기 때문이라는 것이다. 정말 의리 있는 사람이거나 조폭들이라면 본인이 자백하여 감옥에 가고 상대방은 풀려나게 할 수 있을지도 모르겠다.

마하트마 간디는 '눈에는 눈' 이렇게 보복하다가는 이 세상 모든 사람이 앞 못 보는 사람이 될 것이라며 비폭력 무저항 운동을 하였다.

사회학자들은 어떻게 하면 이 보복의 악순환을 끊고 서로 잘 살(원윈) 수 있을까에 대한 연구를 하였다. 1979년 미국의 정치학자 로버트 액설로드는 죄수의 딜레마 게임을 반복할 경우 최선의 전략이 무엇인지 알아보기 위해 여러 전략을 가진 팀을 모아 컴퓨터 게임을 하였다. 서로 협동하면 3점, 서로 배신하면 1점, 한 사람은 협동하고 다른 사람은 배신하면 각각 5점과 0점을 주었다. 이를 5회 반복하여 평균 득점이 가장 높은 전략을 우승 전략으로 했는데, 팃포탯(Tit-for-tat) 전략이 우승하였다.

Tit과 Tat은 모두 '가볍게 때린다'는 의미인데 이를 합친 tit-for-tat은 '맞대응(tat에 대한 tit)', 즉 받은 만큼 돌려준다는 용어다. 치고받다, 똑같이 갚다 등 남이 나에게 한 대로 나도 한다는 바로 갚음의 의미다.

팃포탯 전략은 간단한 4가지 원칙으로 구성되어 있다.

① 신사적일 것: 내가 먼저 상대를 속이거나 배신하지 않고, 최초에 설정했던 게임 정신이나 둘 사이의 관계 규정을 먼저 파기하지 않는다.
② 반드시 보복할 것: 상대가 반칙을 범했을 때는 반드시 즉시 보복한다.

③ 용서할 것: 규칙을 어긴 상대가 반성하고 협력하면 용서하고 다
시 협력한다.

④ 행동을 명백히 할 것: 사실 이 전략은 매우 단순하기 때문에 상대
가 금방 알아차릴 수 있다. 즉 경기자는 이전 게임에서 상대가 한
행동을 이번 게임에서 그대로 따라 하면서 상대가 이 전략을 알
아차리게 하는 것이 이 전략의 목적이다.

우리도 이 게임을 할 수 있는데, 바로 가위바위보 게임이다. 게
임에서는 가위와 보만 사용하는데[1] 이기면 5점, 비기면 3점, 지
면 0점을 주는 게임을 20회 반복하여 총점 및 평균이 가장 높게
나오게 게임을 한다.

개인별 점수가 많이 나오는 게임은 한 사람은 계속 지고, 한 사
람은 계속 이기는 것이다. 계속 이긴 사람은 100점(5×20)을 받
고, 계속 진 상대방은 0점이다. 그러므로 평균 점수는 50점이다.
두 번째 가장 공평한 것은 계속 비기는 것이다. 한 사람당 60점
(3×20)을 받아 평균 점수도 60점이다. 그다음 계속 비기다가 마
지막에 배신하고 이기면 그 사람은 62점(3×19+5=62)이고 상대방
은 57점(3×19+0)으로 평균은 59.5이다. 어떤 사람이 두 번 배신
하여 이기면 그는 64점(3×18+10)이지만 상대방은 54(3×18+0)로
평균은 59점이다.

이렇듯 배신 횟수가 늘어나면 늘어날수록 총점과 평균은 감소
하기 시작한다. 따라서 가장 점수가 높은 것은 두 번째 방법으로,
서로 이기려고 하지 말고 계속 비기는 것이다.

죄수의 딜레마가 일상생활과는 상관없는 이론이라 생각될 수 있지만 의외로 살아가면서 자주 마주하게 되는데 1/N(N빵) 딜레마가 그것이다. 뻔뻔한 저녁식사의 딜레마(Unscrupulous Diner's Dilemma 혹은 Diner's Dilemma)라고도 하는데[2] 저녁식사나 만찬을 의미하는 dinner가 아니고 식사하는 사람을 지칭하는 diner이다. ① 각자 자신의 음식값을 자기가 지불하는 더치페이(Dutch pay), ② 1/N으로 식사비를 나누는 방법, ③ 어떤 이가 한턱내기를 할 때, 이 3가지 경우에서 뒤로 갈수록 1인당 식사비가 증가한다고 한다(①〈②〈③).

한국 공정거래위원회는 1997년부터 기업들의 담합 여부를 조사하는 데 '죄수의 딜레마'를 활용하고 있는데 '자진신고자 감면제도'가 바로 그것이다. "현재까지 드러난 일부 혐의 이외의 모든 것을 자백하면 과징금을 경감해 주겠소. 하지만 다른 회사에도 똑같은 제안을 했으니 먼저 자백해야 처벌을 면하게 될 것이오." 이렇게 말했더니 A사와 B사는 모두 '자백'을 선택했고, 과징금의 25%를 경감받았다는 것이다. 공정거래위원회에 따르면 담합 상대방의 배신에 대한 불안감과 상호불신을 이용한 '자진신고자 감면제도'를 통해 지금까지 총 11건의 담합 사건을 해결한 것으로 나타났다[3]고 한다.

이것은 의사결정과정에서 여러 사람이 참여하는 일종의 죄수의 딜레마와 같다. 여럿이 식사하는 상황에서 값을 똑같이 나누어 치르기로 했다면, 옆 친구는 비싼 스테이크를 주문하는데 나는 샐러드를 주문할 이유가 없다. 그래서 모든 사람이 상대적으로 값비

싼 메뉴를 주문하고, 그 결과 혼자 식사할 때보다 더 비싼 식사비를 지불하게 되는 현상이다. 어쩌면 일반상식 같은 흔한 이야기지만 그 안에 게임이론이 숨어 있는 것이다.

Give and take가 선물이나 이익을 주고받는 것이라면 Tit-for-tat은 협력과 배신에 대한 반응을 이야기한다.

	Tat (+)	Tat (−)
Tit (+)	eye to eye	tyrant
	generous TFT (tit for 2, 3, 4…tat)	
Tit (−)	non for tat, simpleton	외로운 늑대

[표 1] 팃포탯: tat에 대한 갚음(tit) 반응. 'eye to eye(눈에는 눈)'는 받은 만큼 돌려주는 것이다. '폭군(tyrant)'은 특별한 tat도 없는데 폭력(tit)을 반복한다. tit도 없고, tat도 없는 경우는 외딴섬 등에 홀로 고립된 '외로운 늑대'다. 최근 집에서만 생활하고 외부접촉 없이 살아가는 사람(코쿤족, 솔로족, 은둔형 외톨이)이 늘어나고 있다. 밖에서는 자극받을 수 있기 때문에 그 자극이 싫은 것이다. 나머지 설명은 본문에 있다.

팃포탯 전략에서는 누구 하나가 돌아서지 않으면 무한보복의 악순환에 빠지게 된다. 그래서 가끔 상대에게 화해를 시도하여 무한보복의 악순환에서 빠져나와야 한다는 것이다. '관대한 팃포탯(generous TFT)'은 실수로 협력하지 않았을 경우를 대비하여 한 번은 봐주고, 두 번째 tat에 대한 갚음(tit for two tat), 두 번은 봐주고 세 번째 tat에 대한 갚음(tit for three tat)…, 즉 몇 번은 참고 용서하지만 또다시 배신하면 갚음하는 것을 말한다.

베드로가 "몇 번이나 용서해 주어야 합니까? 일곱 번까지 해야 합니까?"라고 질문했을 때 예수님은 "일곱 번이 아니라 일흔 번씩 일곱 번까지라도 용서해야 한다."(seventy times seven, 마태 18,22)고 무한 용서를 강조했다.

'Non for tat'은 tat에 대한 대갚음을 하지 않는 것(무대응)이다. 상좌불교 명상 수행의 핵심 원칙에 이것이 잘 표현되어 있다.

"수행자는 대상에 관심을 갖되, 대상에 개입해서는 안 된다. 대상과 마주칠 때는 무관심으로 대하지 말고 무대응으로 대해야 한다. 무관심하게 보면 대상을 외면하는 것으로 수행자의 영역을 벗어난 상태다. 무대응은 대상을 외면하지 않고 지켜보되 대상에 개입하지 않는 것으로 수행자의 영역 안에 있다."

간디는 기도하러 가던 중 힌두교 광신자가 쏜 총에 맞았다. 그는 죽어가면서 살인자를 향해 머리를 돌렸지만 살인자를 보지는 못했고, 힘이 빠진 손을 자신의 가슴과 얼굴을 거쳐 이마에 올려 놓았다. 이는 용서하겠다는 화해의 표시였다.

'파블로프 전략(simpleton)'[4)]은 용서하지만 오직 상호 변절 이후에만 용서한다. 즉 둘 다 동시에 변절했다면 파블로프는 자신의 행동을 '뉘우치고' 다음 라운드에서 협력하여 보다 좋은 결과를

얻으려는 것이다. 내 것을 내어주고 손해 보는 바보 전략이라고
할 수 있다. 법이나 공평, 정의의 개념으로는 설명하기 힘들고, 사
랑과 자비를 실천하는 것이다.

영화「우리들」[5]에서 친구가 때리면 나도 때려야 하고, 또 때리
면 나도 또 때려야 한다는 누나의 말에 어린 동생의 대사가 바보
전략을 표현하는 것 같다.

> 누나: 너 바보야? 그리고 같이 놀면 어떡해?
> 동생: 그럼 어떡해?
> 누나: 다시 때렸어야지.
> 동생: 또?
> 누나: 그래. 걔가 다시 때렸다며. 또 때렸어야지.
> 동생: 그럼 언제 놀아? 연우가 때리고, 나도 때리고, 연우가 때리고,
> 나도 때리고…. 그럼 언제 놀아? 나는 그냥 놀고 싶은데.

항상성(homeostasis)은 외부 자극에 반응을 잘하여 우리 신체
의 밸런스를 유지하는 데 큰 역할을 한다. 그런데 빅터 프랭클은
이들 자극과 반응 사이에 공간이 있고, 그 공간에서의 선택이 우
리 삶의 질을 결정짓는다고 주장했다. "자극과 반응 사이에는 빈
공간이 있다. 그 공간에 우리의 반응을 선택하는 자유와 힘이 있
다. 그 반응에 우리의 성장과 행복이 달려 있다."는 것이다. 자극
에는 환경이나 어려움, 갈등, 공포 등이 있고, 그 반응은 행동이나
태도로 표현될 수 있다.

외부 자극에 대해 방파제를 쌓고 맷집을 키우고 포용력을 넓혀서 어지간한 큰 자극을 잘 참아내는 것이 보다 나은 삶을 사는 것이다.

---

1) 가위 · 바위 · 보 3개 중 2개만 사용하면 된다.
2) n-player prisoner's dilemma.
3) 강준만, 『우리는 왜 이렇게 사는 걸까?: 세상을 꿰뚫는 50가지 이론 2』, 서울: 인물과사상사(2014).
4) https://namu.wiki/w/팃포탯.
5) 「우리들」, 감독 윤가은(2016).

죽음과 같이 살아가는 이들의 돌봄

들어가며: "얼마나 아파야 죽는다요?"

오랫동안 심장병으로 고생하던 할머니가 갑자기 가슴 통증이 심해지고 식은땀이 많이 나는 등 심장병 발작이 재발하였다. '아, 이제 죽는구나. 이제는 때가 되었구나.' 생각하고 가볍게 몸을 씻은 다음 깨끗한 옷으로 갈아입고 침대에 누웠다. 자식들에게 연락하지 않고 '이대로 죽는 것이 최고다.'라고 생각했던 것이다. 그런데 정신을 차려 보니 병원 응급실이었다.

부모와 자식 간에는 가끔 텔레파시가 통하는 것 같은데 평소 전화 한 번 하지 않던 아들이 무엇엔가 이끌려 어머니 집을 방문하였고, 쓰러져 있는 어머니를 병원으로 옮긴 것이다. 할머니는 응급실 방문이 이번이 세 번째였고, 다행히 응급실에서 정신을 차렸다. 회진을 갔더니 힘없이 물으신다.

"얼마나 아파야 죽는다요?"

죽음은 생명체의 삶이 끝나는 것, 다시 말해 생명활동이 정지되어 다시 원상태로 돌아오지 않는 생물의 상태로서, 생(生)의 종말을 가리키는 말이다. 예전부터 사망(죽음) 인정의 통설은 '호흡의 불가역적 정지', '심장의 불가역적 정지', '동공 확산(대광 반사의 소실)' 등 3개의 징후를 평가하여 사망한 것으로 본다. 그러나 생명유지 장치가 발달하면서 심장박동기를 통해 심장을 뛰게 하고, 인공호흡기를 통해 호흡이 가능하게 하기 때문에 '뇌 기능이 불가역적으로 멈춘 상태인 뇌사'를 사용하기도 한다.

뇌사는 장기이식을 위한 법률이 제정되면서 만들어진 개념이다. 비교적 젊은 사람이 뇌를 다쳐 뇌 기능이 소실되었으나 심장이나 신장 등은 아직 건강한 상태인 경우가 있다. 시간이 지나면 이 장기들도 그 기능을 잃으므로 뇌사자의 장기부전이 오기 전에 장기가 필요한 환자에게 이식하여 치료하게 하려는 것이다.

생물의 본능은 생존과 번식이다. 이 생존에 반대되는 개념이 죽음이다. 따라서 본능에 반대되는 죽음은 두렵고 무섭다. 그래서 싸워 보려고 하지만 안 되면 피해 도망친다. 죽음이 눈앞에 닥쳐 절망 상태가 되면 건강한 사람이라도 이해할 수 없는, 생명에 대한 집착과 죽음에 대한 공포가 엄청난 기세로 밀어닥친다.[1] 그 반응의 일부는 죽음을 터부시하려 하고, 아예 생각을 하지 않는 것이다.

그러나 정말 두려워해야 할 것은 죽음이 아니라 죽음을 의식하지 못하는 삶이다. 지혜가 있는 사람은 잔칫집보다 초상집에 가서 인생을 돌아보아야 하는데 철학자 프란츠 쿠체라(Franz Kutschera)는 이것을 '죽음을 직면한 채 살아가는 삶'이라고 하였다.[2] 죽음에 불안 · 공포를 느낀 인류는 수많은 문명과 문화를 만들어 왔는데 그 대표적인 것이 종교와 철학, 의학이라 할 수 있다.

톨스토이의 소설 『이반 일리치의 죽음』에서 주인공은 "내가 죽으면 그다음엔 무슨 일이 일어나는 거지? 아무 일도 없겠지. 내가 죽고 없는데 내가 대체 어디에 있을 수 있겠어? 정말 나는 죽는 걸까? 싫어, 죽고 싶지 않아."라고 푸념한다.

알폰스 데켄은 죽음에 대한 공포와 불안 9가지[3]를 나열하였다.

① 통증에 대한 두려움

② 외롭게 혼자 죽는 것에 대한 두려움

③ 죽음에 대한 좋지 못한 무서운 경험

④ 가족, 사회에 짐이 된다는 두려움

⑤ 죽음이라는 미지의 세계에 대한 두려움

⑥ 삶에 대한 두려움이 클수록 죽음을 두려워함.

⑦ 미완성의 삶을 살아왔다는 것에 대한 두려움

⑧ 자신의 존재가 사라진다는 것에 대한 두려움

⑨ 죽은 후의 심판과 죄에 대한 두려움

죽은 후에 심판을 받고 천국에 가느냐 못 가느냐에 대한 불안이 크다고 생각하지만 그것은 죽음에 대한 불안 · 공포의 일부다.

인도 요가 철학의 전통에 지대한 영향받은 철학자 초다리(K.

Choudhary)는 인생이 한바탕 꿈이며, 꿈에서 깨면 모든 것은 허무하게 사라진다고 여겼다. 이때 죽음에 대한 두려움은 현세에 대한 미련 때문이라고 한다. 또한 죽음은 미리 경험할 수 없기 때문에 그에 대한 인식은 타인의 죽음에 대한 인지와 느낌을 토대로 한 것들이고, 이것이 사람들에게 신비로운 두려움을 선물하기도 한다. 죽음에 대한 두려움은 생명에 대한 사랑이며, 죽음을 두려워하는 것은 생명의 유한성과 소중함을 깨달았음을 의미한다.[4]

1. 죽음의 역사

예일대 셸리 케이건 교수는 "죽음은 살아 있을 때 하던 모든 것을 할 수 없는 상태"라고 했다. 세계보건기구(WHO) 헌장은 "건강이란 질병에 걸리거나 허약한 상태가 아니라는 것뿐 아니라 육체적, 정신적, 사회적으로 완전한 상태를 말한다."고 정의하는데 죽음 역시 육체적 죽음뿐만 아니라 정신적 죽음, 사회적 죽음, 더 나아가서는 영적인 죽음으로 나눌 수 있다. 따라서 죽음이 언제부터 시작하느냐에 대한 의문이 들 수 있다.

의학에서는 육체적·정신적 죽음을 다루지만 사회적 죽음이나 영적인 죽음은 방치해둔 경우가 많다. 예를 들어 요양병원에 있는 환자 대부분은 사회·문화적 죽음 상태라고 생각된다. 영적인 죽음을 앓고 있는 사람도 많다.

프랑스 역사학자 필립 아리에스는 『죽음의 역사(The Hour Of Our Death)』에서 인간이 죽음을 꺼리는 이유를 찾으려 하였다.[5]

그는 시대별 죽음에 대한 관념 변화를 누구의 죽음인지(우리의 죽음 혹은 개인의 죽음), 죽음을 인정하는지, 적극적으로 부정하는지, 내세에 대한 관념은 어떠한지, 죽음과 악의 관계는 어떠한지에 따라 4가지로 나누었다. ▶순화된 죽음, ▶나의 죽음, ▶너의 죽음, ▶금지된 죽음이 그것이다.[6]

중세 초기까지만 해도 죽음은 '우리의 죽음'이었다. 사람들은 죽음을 '인류 공동의 운명'이라고 생각했다. 죽어가는 사람은 자신의 최후가 가깝다는 사실을 알고 세상을 떠날 준비를 했다. 공공의 것이기도 하고, 친숙한 존재였다(순화된 죽음).

중세 후기에 개인주의의 영향으로 죽음의 주체가 '나의 죽음'으로 변했다. 1348년 흑사병이 발생, 4년 만에 유럽 인구의 3분의 1에 해당하는 2,500만 명의 목숨을 빼앗아 갔으며, 중세 도시는 공포로 뒤덮였다.

바로크 시대에 이르러 과학이 발전하기 시작하며 죽음이 나와 멀어질 수도 있겠다고 느끼는 한편, 떨어질 수도 없다는 사실을 알게 된다. 그래서 죽음의 역사도 '멀고도 가까운 죽음'으로 변한다.

낭만주의 시대에 이르면 종교의 힘이 약해진다. 사람들은 더 이상 신앙으로 죽음을 극복할 수 없다고 느끼며 과학이 내가 가지고 있는 죽음의 공포를 극복할 수 있게 해준다고 생각하게 된다. 그래서 이 시대의 죽음은 나와 직접적인 관련이 없는 '너의 죽음'으로 여겨지게 된다. 또한 죽음을 미학적으로 표현하기 시작한다.

마침내 현대에 이르러서는 죽음을 삶에서 완전히 밀어낸다. 죽음은 우리의 것도, 나의 것도, 너의 것도 아닌 금지된 죽음이 되었다. 미국의 사회학자 제프리 고러는 어떻게 죽음이 터부가 되었고, 20세기 들어 죽음이 왜 섹스 대신 주요한 금기 사항이 되었는지 분명하게 보여준다. 자본주의는 소비를 기반으로 하는데 이 소비문화로 인해 상품 가치가 없는 죽음은 사라진다는 것이다. 하버드 의대 셔윈 눌런드 교수는 "요즘 사람들은 대부분 병원에서 죽음을 맞는다. 병원에서는 죽음의 과정이 감추어지고 부패된 장기가 깨끗이 처리되어 결국은 현대식 장례에 알맞게 정리된다."며 "이제 우리는 죽음의 힘을 부인하는 경지를 넘어, 자연의 힘까지 부정하는 단계에 이르렀다."[7]고 주장한다.

의학은 질병과의 싸움이다. 처음에는 종교가 그 역할을 했으나 히포크라테스 이후 의학은 신학에서 분리되었다. 질병의 경과에 따른 통증을 해결하려 하고, 질병의 마지막인 죽음에 맞서보려고 하지만 죽음을 연장할 뿐 해결하지는 못하고 있다. 의학은 질병, 고통, 그리고 죽음과의 싸움이지만 죽음은 의학보다 훨씬 큰 영역이기 때문에 죽음을 치료할 수 없다.

죽음에 대한 공포와 불안에는 이중적 성격이 있다. 단지 수동적으로 이러한 감정에 몸을 맡겨 버리면 절망과 무기력에 빠져 정신을 해칠 위험이 높지만, 반대로 이것을 인생의 도전이라고 받아들이고 능동적으로 대응한다면 인간적으로 성장할 수 있는 기회로 만들 수 있다.[8]

2. 죽음학 교육의 목표

알폰스 데켄 신부는 『인문학으로서의 죽음교육』에서 '15가지 죽음 준비 교육 목표'를 설정하였다. ① 죽음에 이르는 과정 이해, ② 인간답게 죽는 법, ③ 죽음의 터부 없애기, ④ 죽음의 공포·불안에 대한 대응, ⑤ 생명의 위협 및 자살 방지, ⑥ 병명 통지와 영적 돌봄(spiritual care), ⑦ 호스피스(hospice), ⑧ 안락사, ⑨ 장기이식, ⑩ 장례식에 어린이 참석시키기, ⑪ 유머 교육 권장, ⑫ 사후(死後)에 대한 고찰… 등이다.

20세기 독일의 실존철학자 마르틴 하이데거는 인간을 '죽음의 존재'라고 정의했다. 태어난 순간부터 죽음을 향해 나아가는 유한한 존재라는 것이다. 그는 진정한 삶은 죽음에 대해 관심을 가질 때 가능해진다면서, 유한한 시간 속에서 절절하게 살아가라고 한다. 진정한 삶은 죽음을 체험하는 삶을 사는 것, 다시 말해 "행복하려면 죽음을 미리 체험하라."는 것이다.[9] 죽음에 대한 사색이 삶에 대한 성찰로 이어진다는 것이다.

죽음 과정에 대한 연구로 유명한 엘리자베스 퀴블러로스(1926~2004) 박사는 죽을병에 걸린 환자의 반응을 5단계로 설명했다.

① 첫 번째, 자신은 결코 죽지 않을 것이라며 죽음을 '부정'한다.

② 두 번째, 죽어야 한다는 사실에 대해 '분노'한다.

③ 세 번째, 어떻게 해서든 생명을 연장하고자 '타협'한다. '몇 달만 더 살게 해주신다면…', '살게 해주시면 착하게 살겠다', '아

들 결혼식까지만 살려달라'는 식이다.

④ 네 번째, 더 이상 회복 가능성이 없다고 느끼면서 '우울'증에 빠진다.

⑤ 다섯 번째, 네 번째 단계까지 지나면 환자는 이제 자신이 죽는다는 사실을 받아들이게('수용') 된다고 한다.

그런데 데켄 신부는 제6단계에 기대와 희망(Expectation and Hope)을 추가하였다. 회복될 수 있다는 희망을 갖는 것이 아니라 영원한 생명, 그리고 자신이 사랑했던 사람과 다시 만날 수 있다는 기대를 갖는다는 것이다. 퀴블러로스 역시 이 모든 단계까지 집요하게 남아 있는 것은 바로 희망이라고 하였다. 겨우 100여 명만 생존했던 테레진 수용소 막사에 갇혀 있던 15세 이하 어린이 1만 5,000여 명도 마지막까지 희망의 끈을 놓지 않았다고 한다.[10]

대다수 임종기 환자들은 죽음에 대한 과도한 공포로 정서가 마비됨에 따라 죽음의 과정을 통해 영적으로 성장할 수 있는 기회를 놓치고 만다. 그뿐만 아니라 환자들의 공포를 덜어줘야 할 의료인들이 죽음에 대해 공포를 가지고 있거나[11] 아예 무관심한 것또한 문제다.

간병이라는 무거운 짐

가족 중 누군가 아프면 온 가족이 환자에게 매달리게 된다. 이전처럼 대가족제도에서는 그 부담이 작을 수 있지만 지금과 같은 핵가족시대에는 아주 힘들다. 노인 방임 · 유기라는 용어가 법으로 만들어지는 것을 보면 그 실태가 얼마나 심각한지 짐작할 수 있다. 또한 70~80에 이른 노인이 거동이 불편한 고령의 부모를 돌보는 노로간병(老老看病) 사례도 많아졌으며, 장애인 자식을 돌보는 노인도 많다.

간병인이 있지만 그 비용이 상당하고, 간병인이 하는 일이 보호자 입장에서 보면 뭔가 부족한 것 같아 분쟁이 일어나기도 한다. "긴 병에 효자 없다."는 말이 있을 정도로 간병은 힘들어지고, 간병 살인이라는 용어가 심심찮게 회자되고 있다. 몇몇 국가에서는 노인 환자 요양을 국가에서 전담하고 있고, 우리나라도 상당 부분을 국가에서 부담하고 있지만 간병 문제는 돈으로만 해결되지 않는다.

3. 무의미한 연명치료

의학의 발전으로 많은 병이 정복되었지만 아직 정복되지 못한 병도 많고, 특히 노인의 질병은 가벼운 것이라도 치료되지 못하는 경우가 있다. 또한 보라매병원 사건과 세브란스 '김 할머니 사건'이 발생하면서 의료환경에 많은 변화를 초래하였다.

지난 1997년 서울 보라매병원 의료진은 뇌수술을 받고 중환자실에 입원 중이던 환자 김모 씨를 "치료비가 없다."는 아내 이모 씨의 요구에 따라 퇴원시키고 인공호흡기를 제거, 숨지게 한 혐의(살인)로 기소되었다. 아내 이 씨는 2심에서 징역 3년에 집행유예 4년을 선고받고 상고를 포기하였다. 의사는 환자가 퇴원할 경우 사망할 가능성이 있음을 알고 있었고, 그러면서도 가족의 요청에

못 이겨 퇴원을 허용했다. 대법원은 전문의 양 씨와 수련의 김 씨의 행위를 살인방조행위로 보고 각각 징역 1년 6월에 집행유예 2년을 선고한 원심을 확정했다. 의료 관행도 형사처벌 대상이라는 대법원 첫 확정판결이었다.

본인이나 보호자의 희망에 의해 퇴원하는 소위 '자의 퇴원'에는 4가지 유형이 있다. ① 회복하여 퇴원하는 경우, ② 다른 의료 기관으로 전원되는 경우 같은 회복 퇴원과 타 기관 전원은 자기 결정권이 존중되기 때문에 법적으로 문제가 없다. 문제되는 것은 ③ 가망 없는 퇴원(소극적 안락사), ④ 의학적 충고에 반하는 퇴원(DAMA)이다. 의학적 충고에 반하는 퇴원이란 계속적인 치료가 필요함에도 불구하고 생존 가능성이 있는 환자 본인이나 그 보호자가 의사의 충고에 반하여 자의로 퇴원하는 것을 말한다. 보라매병원 사건은 바로 의학적 충고에 반하는 퇴원이다. 이러한 퇴원은 치료와 회복 가능성이 있기 때문[12]에 형법적 평가의 대상이 될 수 있다.

이 판결 이후 환자는 편하게 죽을 수 있는 권한이 제한되어 버렸다. 이 판결뿐만 아니라 의료의 산업화와 가족들의 잘못된 '효 개념'이 '편하게 죽지 못함'에 일조하였다. 이전에는 자의 퇴원(의학적 충고에 반하는 퇴원)이 관행처럼 이루어졌지만 이제 생존 가능성이 있는 환자를 퇴원시켰다가는 처벌받을 가능성이 높다. 생존할지, 못 할지는 의사도 잘 판단할 수 없지만, 뭔가를 하면 처벌받을 가능성이 높고, 아무것도 하지 않으면 처벌 가능성이 낮다는 행위(작위)·부작위(Commission vs. Omission)의 윤리 문제가 딜 레마처럼 존재한다.

또한 오래 입원시키면 병원 수입에 도움이 되는 의료산업화도 한몫한다. 그리고 효심이 깊은 자녀나 평소 환자와 함께하지 못 해 불효(?)했다고 생각하던 이들은 최선을 다해 치료해 주기를 바 란다. 더욱이 실손의료보험에서 치료비를 부담해 주어 경제적 부 담을 덜어주는 것도 한 가지 요인일 수 있다.

한편 '김 할머니'는 2008년 2월 폐암 조직검사를 받다가 과다 출혈로 식물인간이 되었다. 자녀들은 김 할머니의 인공호흡기 등 연명치료 중단을 요구(영양 제공 중단은 요구하지 않았다.), 재판 끝에 2009년 5월 대법원에서 승소했다. 김 할머니는 인공호흡기를 뗀 뒤에도 튜브로 영양을 제공받으면서 무려 8개월을 더 생존하다 2010년 1월 사망했다.[13] 우리나라에서 첫 존엄사 판결이며, '연명 치료 중단' 법제화 논의를 촉발하는 계기가 되었다.

실천윤리학자 피터 싱어는 '누구를 위한 생명 연장 치료인가'[14] 에서 "우리는 모든 인간의 생명은 신성하다는 믿음 때문에 자연 이 인간에게 허락하는 삶의 경계를 넘어 생명을 연장해야 한다고 잘못 생각하고 있는 것은 아닌지 의심해볼 필요가 있다."면서 가 톨릭교회는 자연이 허락하는 삶의 경계를 넘어서까지 과도하게 치료하거나 환자에게 지나치게 가혹한 부담을 요구하는 치료를 제공해야 할 의무는 없다고 했다고 한다. 그는 또한 임종기 환자 에게 해주어야 할 사항[15]은 ▶불필요하게 죽음의 순간을 연장하지 않는 것, ▶환자에게 맞는 최소한의 통증을 조절하는 것, ▶환자 자신이 통제력을 유지하도록 하는 것, ▶죽음에 대한 부담감을 덜어주는 것, ▶사랑하는 사람들과의 관계를 따뜻하게 유지하고 마무리 짓게 하는 것이라 하였다.

연명의료결정법이 만들어졌다고 하나 그 법이 복잡하고 용어가 복잡하여 이들을 잘 이해하는 것이 중요하다. '임종 과정'이란 회생 가능성이 없고, 치료에도 불구하고 회복되지 아니하며, 급속도로 증상이 악화되어 사망에 임박한 상태를 말한다. '임종 과정에 있는 환자'란 연명의료결정법 제16조[16]에 따라 담당 의사와 해당 분야의 전문의 1명으로부터 임종 과정에 있다는 의학적 판단을 받은 자를 말한다.

"그 약 제게도 파세요."[17]
"그 약이라뇨?"
"저도 들어서 안다고요. 선생님은 빨리 저세상으로 보낼 수 있는 약을 갖고 계신다고, 그래서 선생님 담당 환자들은 고통 없이 빨리 간다고…."
스즈 할머니는 더 이상 오래 살고 싶지 않고 사람들에게 폐를 끼치고 싶지도 않아서 빨리 저세상으로 갔으면 하는 생각을 하는 것 같았다.
"안락사도 좋고, 무엇이라도 좋아요. 그냥 잠자듯 조용히 가고 싶어요."
내가 대답했다.
"요즘 시대는요, 본인의 의사를 글로 써서 남겨놓지 않으면 안 돼요.

그렇지 않으면 의사들이 경찰서에 잡혀간단 말이에요."

"글씨를 제대로 쓸 줄 몰라서…."

스즈 할머니의 목소리가 가라앉아 간다.

4. 존엄사: 어쩔 수 없는 죽음이라면 품위 있게

A 환자는 늑막염 증상으로 대학병원을 방문했는데 진행된 폐암으로 진단받고 병세가 너무 빨리 악화되어 이틀 만에 인공호흡기를 달았다. 환자는 인공호흡기를 빼달라고 애원했으나 산소포화도가 떨어지는 등 상태가 좋지 않아 그 소원을 들어주지 못했고, 환자는 유언 한마디 못 하고 사망하였다.

B 환자는 위암으로 치료받고 나서 완치 판정을 받았다. 그런데 몇 년 후 갑자기 병세가 악화되어 전신에 암이 퍼졌다. 응급실에서 인공호흡기를 달았는데 몇 시간 후 의식이 잠깐 돌아왔다. 환자가 손을 풀어 달라고 간절하게 호소하여 손을 풀어 주니, 인공호흡기 튜브 등을 만져 보았다. 환자는 삶을 포기한 듯 눈을 감았고, 얼마 지나지 않아 사망하였다.

작고한 최인호 씨가 본인은 '작가'로 죽고 싶은데 병원에서는 한 사람의 '말기암 환자'일 뿐인 것에 대해 안타까움을 표현했다. 한 유명한 스님은 서울의 대형 병원에 입원하여 두 달가량 수술 등 치료를 받다 돌아가셨는데 병원비가 6,000여 만 원이 나왔고, 이 소식을 들은 어느 재벌 회장 부인이 대납해 주었다 한다.

연명치료를 비롯한 모든 의료 행위는 환자가 원하는 대로 살 수

	존엄하지 못한 죽음	존엄한 죽음	무의미한 연명치료	대안
육신	고통 속에 죽음을 맞이함. 편안히 잠들지 못함.	육체적으로 편안한 죽음	임종 환자에게 심폐소생술, 인공호흡기 등으로 불필요한 고통을 가중시킴.	완화 치료
정신 (영적)	'한'을 품고 죽음. 고통, 원한, 상처를 남김.	고통과 상처를 치유하고, 마음에 걸림이 없이 임종을 맞이함.	임종을 앞둔 2~3개월의 귀중한 시간을 연명장치에 의존하여 중환자실에서 보냄. 따라서 환자의 일생에서 발행한 상처를 대화를 통해 풀고 갈 기회를 박탈함.	호스피스

[표 1] 무의미한 연명의료가 존엄한 죽음을 방해하는 이유

있게끔 도와주는 수단이어야 한다. 그런데 언제부터인가 모든 의료 행위가 그저 '죽지 않도록' 하는 데 초점이 맞춰져 버렸다. 치료 자체 수단이 아닌, 목적으로 변질된 것이다. 말기암 환자는 사망 1년 전부터 반년 동안 본인이 평생 쓰는 의료비의 20.1%를 쓰고, 사망 직전 마지막 한 달 동안은 전체 비용의 무려 36.3%를 쓴다고 한다. 특히 말기암 환자는 사망 전 3개월간 지출한 의료비가 사망 전 1년 동안 쓴 의료비의 50.4%에 달한다.[18]

허대석 교수는 "의사의 역할은 환자가 고통을 최대한 적게 받고 의미 있게 삶을 마무리하도록 돕는 것"이라면서, "죽음에 대한 가치는 개인적 문제이자 사회적 문제이며, 연명의료 결정은 이들 모든 가치의 문제"[19]라고 주장한다. 돈벌이 수단으로 전락한 생의 종말 치료, 돈이 되면 무엇이든 한다는 것이 의료 현실이다. 남용될 위험이 있는 기술주의적 태도로 환자의 실제적 이익 없이 죽

음을 인위적으로 지연시킬 수 있는 수단이 된 의료[20]에 집착해서
는 안 된다. '의료 집착'은 생명 존중이 아니다. "'의료 집착'은 생
명 존중이 아니다."[21]

영국이나 미국에서는 18세 이상 성인이 되면 본인의 의
료문제를 본인이 결정할 수 있는데 이를 '의료 해방(Medical
Emancipation)'[22]이라고 한다. 성인에서 의료 해방은 죽을 때까지
모든 치료를 하는 의료 집착에서 해방되는 것을 말한다. '의료 집
착'은 'All Code'라고도 하는데 심폐소생 금지(DNR code) 같은 코
드를 사용하지 말고 죽는 순간까지 최선을 다해 모든 치료를 하
는 것을 말한다.

의사들 사이에서, 특히 구명 의료를 해본 의사라면 동료들에게
"내가 만약 이런 처지에 놓이게 되면 차라리 나를 죽여 주겠다고
약속해 줘."라는 말을 자주 한다.[23] 그리고 조금 특이한 것은 임
종기에 이른 의사들이 치료를 얼마나 많이 받는가가 아니라 얼마
나 적게 받는가 하는 점이다. 의사들은 평생을 다른 사람들의 죽
음을 막기 위해 살아왔지만 자신들의 죽음에 직면해서는 꽤 평온
한 경향이 있다.

5. **사전연명의료의향서**(Advance Directive, Advance Health Care Directive)[24]

1981년 포르투갈 리스본에서 열린 세계의사총회에서는 "환자
는 인간으로서의 존엄을 유지하면서 죽음을 맞이할 권리가 있

다.”는 획기적인 선언이 채택되었다. 우리가 사고를 당하거나 불치병에 걸려 의식불명이 됐을 때(임종기)를 대비해서 품위 있는 죽음을 맞이하기 위해, 자기가 원하는 치료와 원하지 않는 치료를 의료진에게 미리 밝혀두는 것이다. “회복이 어려운 임종 단계에서 아름다운 마무리, 존엄한 죽음을 원한다는, 삶과 죽음에 대한 가치관과 의지를 담은 자기결정서”이다.

사전연명의료의향서는 보건소나 인가받은 종합병원에서 작성할 수 있으나 근처 국민건강보험공단에서도 작성할 수 있으며, 의향서를 작성하여 등록해 두면 어느 병원에서도 그 자료를 열람할 수 있다. 개인의 의사가 중요하기 때문에 의식이 분명해야 하고, 보호자와 같이 방문해도 개별 면담을 통해 작성된다.(부록1 참고)

6. 죽음의 경계에서 마주하는 현상: 회광반조, 섬망, ‘저세상을 보았다’

임종이 가까워지면 알 수 없는 동물적 본능만 남아 생존 본능으로 죽음의 미로에서 헤매게 된다. 때로 환자의 존엄한 원래 모습은 찾아볼 수 없고, 의식이 처지고 잠만 잘 때도 있다.

사람이 죽기 직전 잠시 온전한 정신이 돌아오는 것을 ‘회광반조(回光返照)’, ‘회광반사(回光反射)’라고 한다. 영어로는 Last Rally라고 하는데[25] ‘죽음에 직면한 환자가 주위에 메시지를 남기는 것’이라는 뜻이다. 병 때문에 자꾸 졸던 사람도 저세상으로 떠나기 직전에는 마치 건강이 회복된 것처럼 또렷한 의식을 보이는 경우가 있는 것이다. 촛불이 꺼지기 직전에 크게 타오르는 것처럼, 마

치 병에서 회복한 것처럼 활기를 되찾고 가족과 많은 이야기를 하기도 하는 현상이다.[26]

'섬망'은 임종기 환자에서 흔한 증상인데 뇌의 전반적인 기능 장애가 발생하여 나타난다. 주의력 저하와 의식수준 저하, 인지 기능 저하를 특징으로 하며, 그 외 환시 같은 지각 장애, 비정상적인 정신운동 증가, 수면주기 변동 같은 문제가 동반되기도 한다. 이때 저승사자를 보았다면서 불안해하는 사람도 있고, 먼저 돌아가신 분이 마중 나왔다는 사람도 있다.

한편 "의학의 발달로 죽을 사람도 살려 최근 임사체험자(near death experience)가 두 배 급증"했다고 한다.[27] 심장박동이 정지되었다가 심폐소생술 등으로 다시 살아난 사람 중 의식이 없던 동안 신비한(?) 체험을 하는데 체외이탈 체험(본인의 모습을 공중에서 내려다보는 현상)도 그중 하나다. 그 외에도 감각 고조, 격렬한 긍정적 감정, 신비로운 빛, 지인과의 재회, 달라진 시공 개념, 삶의 회고, 특별한 지식을 전수받음, 경계를 만남, 자의·타의로 귀환 등을 경험한다고 한다. 그리고 "체험자들은 죽음에 대한 공포가 줄고 사후세계에 대한 믿음이 강화되며, 신의 존재를 더 굳게 믿는 경향이 생기고, 사랑하는 사람들과의 관계를 더 중요시하고 강하게 찾아나서는 경향" 등 긍정적인 변화를 보인다고 한다. 그러나 산소 부족이나 뇌가 충격받았을 때 생기는 환각 현상일 뿐이라며 임사체험을 부정하는 사람도 많다.[28]

"이반 일리치는 소리내어 울고 싶었다. 그리고 사람들이 그런 자신을 다정하게 어루만져 주고 그와 함께 울어 주기를 바랐다. 하지만 법원 동료인 세베크가 찾아오자 그는 소리내어 울거나 응석을 부리는 대신, 진지하고 엄숙한 얼굴로 깊이 생각하는 표정을 지었다. 이반 일리치는 누군가 자신을 아픈 어린아이 대하듯이 그렇게 가엾게 여기며 보살펴 주기를 가장 간절히 소원했다. 어린애를 어루만지고 달래듯이 다정하게 쓰다듬어 주고 입을 맞추고 자기를 위해 울어 주기를 그는 바랐다."[29]

언젠가 어느 환자가 암으로 투병하고 있는데 친구가 와서 "모든 생명은 태어나면 죽는 것이고, 태어나는 것은 순서가 있으나 죽는 것은 순서가 없다." 등 소위 사실·진실만을 이야기하였다. 가만히 듣고 있던 환자가 다른 친구에게 "저 친구 면회 오지 못하

[그림 1] 「낡은 구두 한 켤레」(고흐, 1886).

게 해."라고 하였다. 우리는 위로한다고 하면서 의도와는 달리 상처를 줄 때가 많다. 또 위로하던 사람이 상처받을 때도 많다.

[그림 1]은 고흐가 그린 「낡은 구두 한 켤레」이다. 이 그림을 보고 독일 철학자 하이데거는 "이 낡은 신발에는 그녀의 발걸음들이 쌓여 있다. 구두 가죽에는 대지의 습기와 풍요로움이 스며 있고, 구두창 아래에는 해가 떨어질 무렵 밭길을 걸어가는 외로움이 펼쳐져 있다. 이 신발에는 대지의 소리 없는 외침이 진동하고 있다."고 그의 논문에 기술하였다.[30]

그런데 이 사진을 보면 구약성경의 욥이 연상된다. 이 신발은 더러워서 버려야 할 신발이 아니고, 새 신발이 필요한 것도 아니다. 신발을 비난하거나 심판하거나 동정해서도 안 된다. "신발 이야기, 아니 내 이야기를 들어 주세요(Job 13,17). 내가 말 좀 하게 놓아 두세요(Job 13,13). 나에게 주의를 기울여 주세요."라고 욥이 호소하는 것 같다.

"저는 여기 있어요. 저는 당신을 기다리고 있을 겁니다. 저는 내일도 그리고 모레도 여기 있을 거예요."[31]

호스피스 간호의 기초를 마련한 손더스(Dame Cicely Saunders)는 1967년 성크리스토퍼 호스피스를 설립하였고, 말기 의료에 영원히 남을 금자탑을 세웠으며, 호스피스 간호라는 개념을 남겼다

([그림 2]).[32] [그림 2]의 ①에서 환자와 마주한 이는 의사이다(육체적 고통을 다룬다.). ②에는 카운슬러가 환자와 상담하고 있다(심리·사회적 고통을 다룬다.). ③에서는 종교인이 상담하고 있다(정신·영적 고통을 다룬다.). ④에서는 벌거벗은 채로 마주 보고 앉아 있다.

이 그림은 진정한 '조력자(도움을 주는 이웃)'가 환자에게 해줄 수 있는 일은 자기 자신을 그대로 내어준다는 것을 의미한다. 지식이나 기술이 아니라, 병에 걸려 고통받고 괴로워하는 환자에게 전인

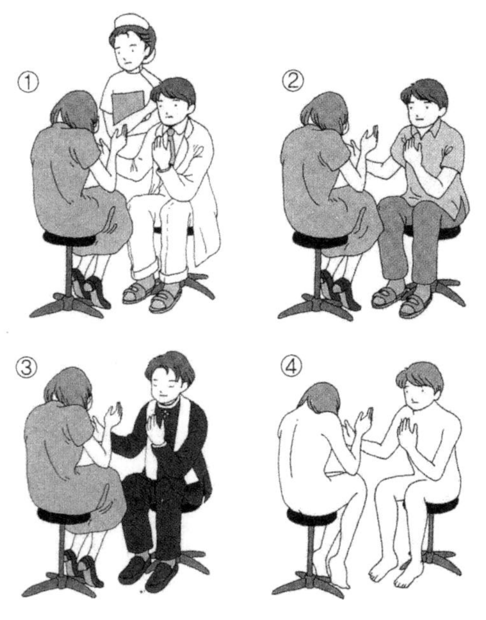

출처: 《최신 완화의료학》

[그림 2] 호스피스 간호의 진수(손더스).

적(全人的: 지知, 정情, 의意)인 돌봄이 필요하다는 것이다. 손더스는 'not doing, but being', 즉 환자와 다를 것 없는 '벌거벗은 한 인간'으로 그의 곁에 있다는 개념을 소개했는데 여기에서 'being'은 '앉아 있기와 듣기'를 하는 것을 의미하며, 환자가 능동적인 주체가 되고 도와주는 사람은 수동적인 자세로 마주 보고(face to face, eye contact) 앉아 있어야 한다.[33]

정신과 의사이며 정신분석학자인 칼 융도 의사가 거리를 둔 채 자기 환자를 치유하는 것은 불가능한 일이라고 주장하였다. 그는 의사와 환자의 관계는 인격적인 관계가 되어야 한다고 주장했는데[34] [그림 2] 중 ④의 상태가 되어야 진정한 치유가 일어난다는 것이다.

알폰스 데켄은 가족 중 어느 한 사람이 불의의 죽음을 당한 유족을 대할 때 주위 사람들은 위로의 말 한마디를 하는 데도 세심한 배려를 해야 한다고 했다. 그는 서로 간의 대화를 방해하는 '바람직하지 않은 말' 몇 가지를 소개했다.

- "힘내!"
  (말뿐인 안이한 격려는 오히려 반발심을 불러일으킨다.)
- "빨리 기운 차려야지."
  (정말 해서는 안 되는 말이다.)
- "내가 자네의 고통을 잘 알아."
  (당사자의 기분을 잘 알지도 못하면서⋯.)

- "자네만이 아니야. ○○보다는 자네 쪽이 훨씬 나은 편이야."
  (다른 사람과의 비교는 특히 금물이다.)
- "이제 회복되었나?"
  (오히려 더 서글퍼진다.)

죽음을 앞둔 환자를 대할 때도 마찬가지다. 상실을 체험하고 있고 고통 중에 있는 사람에게 가장 고마운 일은 그들의 이야기를 묵묵히 들어 주는 것이다.

헨리 나웬은 『죽음, 가장 큰 선물』에서 "예수님의 부활은 내 믿음의 초석이지만, 그럼에도 그것을 논거로 사용하거나 다른 이들을 안심시키는 용도로 사용할 수 없습니다. 죽어가는 사람에게 '아무 걱정 말아요. 예수님처럼 당신도 부활할 거예요. 친구들도 다시 만날 거고, 하나님 앞에서 영원히 행복하게 지낼 거예요.'라고 말하는 것은 죽음을 진지하게 받아들이는 자세가 아닙니다."[35]라고 주장한다. 시공간에 묶인 실존 너머에 무엇이 있는지 모르는 가운데 죽어가는 사람을 진지하게 대하는 자세가 아니라는 것이다.

박완서 작가도 『한 말씀만 하소서』에서 자식 잃은 참척(慘慽)[36]의 고통과 슬픔을 기술했는데, 특히 "하느님께서는 의인을 먼저 데려가신다는, 예수쟁이들의 상투적인 위로는 딱 질색이었다. 내 아들은 물론 의인도 아니었지만, 만약 그런 소리를 조금이라도 믿어야 한다면 세상의 어느 에미가 자식에게 정의나 도덕을 가르칠 수 있단 말인가."라고 울부짖었다.

퀴블러로스도 "'말을 넘어선 침묵'에서 죽어가는 환자 곁에 앉아 있을 수 있는 힘과 사랑을 지닌 사람은 그 순간이 두렵지도 고통스럽지도 않으며, 그저 육체 기능이 정지하는 평화로운 순간임을 알 것이다. 평온한 인간의 죽음을 지켜보자면 떨어지는 별이 떠오른다. 광활한 하늘에서 번쩍이던 수백만 개의 별 중 하나가 짧은 순간 확 타오르다 이내 끝없는 어둠 속으로 영원히 사라진다. 죽어가는 환자 곁을 지키는 치료사가 된다는 것은 이 광활한 인류의 바다에서 개별 인간의 고유함을 우리에게 일깨우는 것이다. 그것은 인간의 유한함, 우리 삶의 유한함을 우리에게 일깨우는 것이다."[37]라면서 책을 마쳤다.

한편 철학자 버트런드 러셀에 의하면 우리 외부에 무엇이 존재하는가를 완전하게 인식하는 것은 촉감에 기초한다고 한다. 프레드릭 뷰크너 목사도 인간은 육체적 존재이기 때문에 다른 사람들과 웃고, 울고, 놀고, 대화하고, 함께 일하는 것만큼이나 서로 육체적인 어루만짐이 필요하다면서 접촉의 중요성을 강조하였다. '어루만짐(touch)'은 다른 사람과 접촉하는 것, 소위 스킨십을 의미한다. 즉 서로 어루만지는 것은 사람들 사이에 뭔가 유대감이 있음을 뜻한다. 어루만지면 치유 과정이 시작되는데 괴로움은 줄어들고, 고통은 변화된다.[38]

루이스 토머스(Lewis Thomas) 박사는 1980년대 초반 "어루만짐은 진정한 의사의 비결이자 필요적인 기술이며, 의사의 가장 효과적인 치료"라고 기술하였다.

어떤 사람은 타인이 손을 대면 좋아하지 않지만 환자들은 그렇지 않다. 결코 그렇지 않다. 그들은 접촉을 바란다. 고통 속에서의 절망이란 인간적 접촉의 부재이기도 하다.

"사람이 고뇌하고 있을 때는 단 한 번의 눈짓이나 단 한 번의 악수가 몇 년 동안 쌓아온 우정을 대신할 수도 있습니다."[39]

8. 버킷리스트 실행, 소원 들어주기

[그림 3]에서 코에 산소 줄을 차고 있는 노인 환자가 맥주병을 들고 있다.[40] 미국 위스콘신 애플턴에 살던 노버트 쉠이 삶의 마지막 순간에 원한 것은 '사랑하는 이들과 맥주 한잔 마시기'였는데 이 소원을 성취하였고, 그는 몇 시간 후 사망했다고 한다.

화순 바람(HOPE) 호스피스 지원센터 임영창 목사도 마지막 소원 성취 프로그램을 시행하고 있다.[41] 엘리자베스 퀴블러로스는

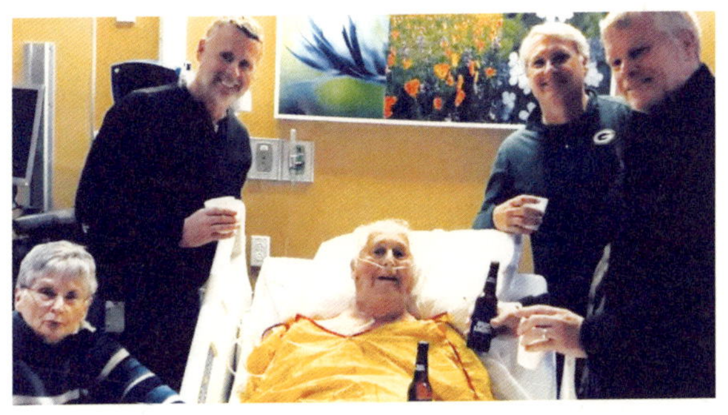

[그림 3] 환자가 마지막 순간에 원한 건 '사랑하는 이들과
맥주 한잔 마시기'였는데 그 소원을 이루었다.

인생수업에서 마지막 순간에 간절히 원하게 될 것을 '지금' 하라고 했는데 임종기에 있는 환자의 소원을 들어주는 프로젝트가 많아졌으면 좋겠다.

언젠가 병원 원목실에서 젊은 임종기 환자의 결혼식이 열렸다. 환자복을 입은 신부는 어쩌면 가장 초라했을지 모르지만 크나큰 행복 그 자체였고, 주위를 눈물바다로 만들었다.

나가면서

고대 인도의 철학 경전 『우파니샤드(Upaniṣad)』에는 "죽음이 당신에게 올 때 두렵고 슬프게 느껴진다면 불행한 사람이고, 죽음을 긍정적으로 웃으면서 맞아들인다면 영적 성장을 이룬 사람이다."라는 말이 있다고 한다.

임종 환자가 좋은 죽음을 맞이할 수 있도록 의학 및 돌봄을 하려면 죽음의 제도화(institutionalization of death)[42]를 마련하여 실천해야 한다. 이것은 의료인들이 임종 환자의 고통을 줄이고 편안한 죽음을 맞이할 수 있도록 뒷받침하는 제도를 만드는 데 그 목적이 있다. 특히 임종 환자에 대한 집중치료 시 의학적 기술의 적용 문제(심폐소생술, MRI 등)와 간호체계 효율화, 호스피스 조직 유지 등을 골자로 한다. 좋은 죽음을 맞이할 수 있도록 배려하는 틀을 마련하는 것이다.

『티베트 사자의 서』 아함경에는 "죽음의 사신이 언제 찾아올지 아무 생각도 없고 귀 기울이지 않는 자는 누구나 남루한 육체에 머물며 오래도록 고통 속에서 살아가리라."[43]라면서 죽음을 잘 맞이하라고 한다.

　최근 유행어 중에 SBNR(Spritual But Not Religious)이 있는데 영
적이지만 종교적이지 않은 상태를 말한다. 기존 종교는 싫고, 영
적 세계는 인정하는 밀레니엄 세대(MZ 세대)가 증가하고 있으며,
명상이나 요가 등을 통해 영적인 삶을 추구하는 경향을 보인다
고 한다.[44] 죽음을 연구하는 사람 가운데 종교적이지 않은 사람
이 많다. 그러나 죽음을 배우고 연구하려면 종교적인 기본 토대
가 필요하다.

　최준식 한국죽음학회 회장은 "종교가 없는 사람은 대개 죽음을
완전한 소멸로 여깁니다. '개똥밭에 굴러도 이승이 좋다.', '죽은
정승이 산 개보다 못하다.'는 한국 속담이 이를 잘 대변해 주고 있
어요."라고 한다.[45] 이런 속담은 죽음에 대한 한국인의 부정적 인
식을 반영하는 단적인 사례이고, 가장 큰 문제는 한국인이 유달
리 생에 대한 집착이 강하고 죽음에 대해 강한 거부감을 갖고 있
기 때문이라고 한다.

　김현아 교수는 『죽음을 배우는 시간: 병원에서 가르쳐주지 않
는 슬기롭게 죽는 법』에서 죽음을 준비하려면 재산을 정리하고,
사전연명의료의향서를 작성하고, 회복 가능성이 없으면(임종기)
치료거부 의사를 밝히며, 지금 이 순간, 오늘을 소중히 여기며 살
아가자고 한다. 또한 현대의학의 죽음 비즈니스에 속지 않기 위해
서는 누구에게나 죽음을 배우는 시간이 필요하다고 주장한다.[46]

죽음을 의료인에게만 맡겨놓는다면 아무것도 바뀌지 않는다. 죽음에 관련된 법을 만드는 것도 중요하지만 때로 의도치 않게 의료인을 범죄자로 만들 수 있다. 죽음에는 육체적·정신적 죽음도 있지만 더 중요하다고 생각되는 사회적·영적 측면도 있다. 의료 제도 내부와 외부, 환자와 의사는 물론이고 봉사자 및 성직자 모두가 노력하고 바꾸어 나가야 한다.

"현명한 환자가 되어 의료인과 함께 바꿔 나갑시다!"[47]라는 슬로건으로 마무리한다. 샤르댕 신부의 명제대로 "우리는 영적 체험을 하는 인간이 아니라 인간 체험을 하는 영적 존재"이다. 체험이 끝날 때까지 존엄함과 고귀함을 지키고 유지하며 영적 수준을 높여 나가야 한다.

1) 오츠 슈이치, 박선영 역,『삶의 마지막에 마주치는 10가지 질문』, 21세기북스(2011). "

2) 죽음을 친구 삼아: 구스타프 클림트의 그림", https://brunch.co.kr/@rothem/517.

3) 알폰스 데켄(2008),『인문학으로서의 죽음교육』.

4) 양주이, 강은혜 역(2018),『죽음미학』, 서울: 박이정, 死亡哲學十二讲.

5) EBS 데스 제작팀(2019),『좋은 죽음 나쁜 죽음』, 서울: 책담.

6) 오츠 슈이치, 박선영 역,『삶의 마지막에 마주치는 10가지 질문』, 21세기북스(2011).

7) Roiphe, K., 강주헌 역(2016),『바이올렛 아워』, 서울: 교보문고.

8) 알폰스 데켄(2008),『인문학으로서의 죽음교육』.

9) 김광식(2016),『김광석과 철학하기』, 파주: 김영사.

10) 엘리자베스 퀴블러로스, 이진 역(2018),『죽음과 죽어감』, 서울: 청미.

11) "죽음 준비 교육의 목표: 죽는 것도 사는 것도 '계획 있게'", 가톨릭평화신문(2009. 8. 30.),

12) 하태영, "자의 퇴원과 의사의 치료중단 논쟁", 경남도민일보(2004. 7. 6.).

13) "김 할머니에서 아름다운 죽음으로", 의사신문(2020. 3. 24.).

14) Singer P., 박세연 역(2017),『더 나은 세상: 우리 미래를 가치 있게 만드는 83가지 질문』, 서울: 예문아카이브.

15) 오진탁(2007),『마지막 선물』, 서울: 세종서적, p. 38.

16) '호스피스 · 완화의료 및 임종 과정에 있는 환자의 연명의료결정에 관한 법률(약칭 연명의료결정법)', https://www.law.go.kr/LSW/lsInfoP.do?lsiSeq=180823.

17) 도쿠나가 스스무, 한은미 역(2004),『들꽃 진료소』, 김영사.

18) "말기암 환자 사망 1개월 전 의료비 최대 지출", https://www.kookje.co.kr/news2011/asp/newsbody.asp?key=20131009.99002122436.

19) "허대석 교수가 말하는 연명의료결정법이란…'환자를 위한 최선의 가치는 무엇인가", http://www.medigatenews.com/news/4101217508.

20) 교황청 보건사목평의회(2019),『새 의료인 헌장』, 서울: 한국천주교주교회의.

21) "'의료 집착'은 생명 존중이 아니다", 가톨릭뉴스 지금여기(2017. 2. 2.).

22) https://blog.naver.com/drkschang/222495741455.

23) 켄 머리(Ken Murray), "의사들은 왜 쉽게 죽음을 맞이할까", Time지(2014. 9. 2.), https://m.blog.daum.net/artofaging/2965152.

24) 사전연명의료의향서(事前延命醫療意向書): 2018년 2월부터 시행되고 있는 '호스피스 완화의료 및 임종 과정에 있는 환자의 연명의료결정에 관한 법률, 약칭 연명의료결정법'에 따른 법적 문서.

25) 이런 신기한 현상을 간호사들은 '기적의 시간', '마지막 촛불을 태우는 시간', '희망의 시간'이라고 부른다. 고칸 메구미, 오시연 역,『천 개의 죽음이 내게 말해준 것들』.

26) 스즈키 히데코, 심교준 역,『떠나가는 사람이 가르쳐 주는 삶의 진실』, 바오로딸, https://blog.naver.com/banjy66/140146898227.

27) "의학 발달로 죽을 사람도 살려 임사체험자 최근 두 배 급증", 중앙선데이(2011. 6.

26.), https://www.joongang.co.kr/article/5692720.

28) "뇌가 충격받았을 때 생기는 환각 현상일 뿐", 중앙선데이(2011. 6. 26.), http://sunday.joins.com/article/view.asp?aid=22252.

29) 톨스토이, 『이반 일리치의 죽음』, 강영안, 『나는 어떻게 죽을 것인가』.

30) "빈센트 반 고흐, '거룩한 구두 한 켤레'", 가톨릭일꾼(2017. 12. 25.), http://www.catholicworker.kr/news/articleView.html?idxno=1893.

31) 헨리 나우웬, 최원준 역(2001), 『상처 입은 치유자』, 서울:두란노.

32) 오츠 슈이치, 박선영 역, 『삶의 마지막에 마주치는 10가지 질문』, 21세기북스(2011).

33) https://sapporominami.com/web_semminer/第9回-「not-doing-but-being」/.

34) William Ruddle, 이은실 역(2015), 『헨리 나웬: 상처 받은 인간 · 상처 입은 치유자』, 타임교육.

35) 헨리 나웬, 홍석현 역(1998), 『죽음, 가장 큰 선물』, 서울: 홍성사.

36) 자손이 부모나 조부모보다 먼저 죽는 일.

37 엘리자베스 퀴블러로스, 이진 역(2018), 『죽음과 죽어감』.

38) Kuhl D.(2005), 『웰다잉(Well-Dying)』, 서울: 바다.

39) 헨리 나웬, 최원준 역(2001), 『상처 입은 치유자』, 서울: 두란노.

40) 드루티 샤, "이 임종 사진에서 우리 모두가 배울 수 있는 것", BBC뉴스(2019. 12. 1.), https://www.bbc.com/korean/features-50582462.

41) "'당신의 마지막 소원은 무엇입니까', 바람 지원센터, 시한부 삶 선고 환자, 마지막 소원 성취 프로그램 진행", 화순매일신문(2019. 8. 5.), http://www.hsmaeil.co.kr/465705.

42) 우정(2018), 『죽음의 인문학적 이해』, 서울: 이지.

43) 파드마삼바바, 『티베트 사자의 서』.

44) "종교는 없지만 영적 존재는 믿는다", 중앙일보(2019. 4. 8.), https://www.koreadaily.com/news/read.asp?art_id=7132510.

45) "죽음을 미리 배우면 삶이 달라진다", 세계일보(2006. 10. 24.).

46) 김현아(2020), 『죽음을 배우는 시간』, 파주: 창비.

47) 고칸 메구미, 오시연 역(2020), 『천 개의 죽음이 내게 말해준 것들』, 파주: 웅진지식하우스.

48) 인터넷 자료.

[부록 1] 사전연명의료의향서

■ 호스피스·완화의료 및 임종과정에 있는 환자의 연명의료결정에 관한 법률 시행규칙 [별지 제6호서식] <개정 2023. 7. 31.>

사전연명의료의향서

※ 색상이 어두운 부분은 작성하지 않으며, [　]에는 해당되는 곳에 √표를 합니다.　　　　　(앞쪽)

등록번호	※ 등록번호는 등록기관에서 부여합니다.	

작성자	성 명	주민등록번호
	주 소	
	전화번호	

호스피스 이용	[　] 이용 의향이 있음　　　　　[　] 이용 의향이 없음	

사전연명 의료의향서 등록기관의 설명사항 확인	설명 사항	1. 연명의료의 시행방법 및 연명의료중단등결정에 대한 사항 2. 호스피스의 선택 및 이용에 관한 사항 3. 사전연명의료의향서의 효력 및 효력 상실에 관한 사항 4. 사전연명의료의향서의 작성·등록·보관 및 통보에 관한 사항 5. 사전연명의료의향서의 변경·철회 및 그에 따른 조치에 관한 사항 6. 등록기관의 폐업·휴업 및 지정 취소에 따른 기록의 이관에 관한 사항
	확인	[　] 위의 사항을 설명 받고 이해했음을 확인합니다.

환자 사망 전 열람허용 여부	[　] 열람 가능　　　　[　] 열람 거부　　　　[　] 그 밖의 의견	

사전연명 의료의향서 등록기관 및 상담자	기관 명칭　　　　　　　　　소재지	
	상담자 성명　　　　　　　　전화번호	

본인은 「호스피스·완화의료 및 임종과정에 있는 환자의 연명의료결정에 관한 법률」 제12조 및 같은 법 시행규칙 제8조에 따라 위와 같은 내용을 직접 작성했으며, 임종과정에 있다는 의학적 판단을 받은 경우 연명의료를 시행하지 않거나 중단하는 것에 동의합니다.

작성일　　　　　　　년　　월　　일

작성자　　　　　　　　　　(서명 또는 인)

등록일　　　　　　　년　　월　　일

등록자　　　　　　　　　　(서명 또는 인)

사전장례의향서(事前葬禮意向書)

나에게 사망진단이 내려진 후 나를 위한 여러 장례의식과 절차가
내가 바라는 형식대로 치러지기를 원해 나의 뜻을 알리고자
이 사전장례의향서(事前葬禮意向書)를 작성한다.

나를 위한 여러 장례의식과 절차는 다음에 표시한대로 해 주기 바란다.

---

1. 기본 원칙

(1) 부고

(1).1 나의 죽음을 널리 알려 주기 바란다.(　)

(1).2 나의 죽음을 알려야 할 사람에게만 알리기 바란다. (　)

(1).3 나의 죽음은 장례식을 치르고 난 후에
　　　알려 주기 바란다.(　)

(2) 장례식

(2).1 우리나라 장례문화를 바르게 이해하고 전통문화를
　　　계승하는 차원에서 해주기 바란다.(　)

(2).2 나의 장례는 가급적 간소하게 치르기 바란다.(　)

(2).3 나의 장례는 가족과 친지들만이 모여 치르기 바란다.(　)

2. 장례 형식

2.1. 전통(유교)식(　)　2.2. 천주교식(　)　2.3. 기독교식(　)

2.4. 불교식(　)　　　　2.5. 기타(지정)(　)

3. 부의금 및 조화

3.1 관례에 따라 하기 바란다. (　)

3.2 일체 받지 않기 바란다. (　)

4. 음식대접

4.1 음식 등을 잘 대접해 주기 바란다.(　)

4.2 간단히 다과를 정성스럽게 대접해 주기 바란다. (　)

5. 염습

5.1 정해진 절차에 따라 해 주기 바란다.(　)

5.2 하지 말기 바란다.(　)

6. 수의

6.1 사회적인 위상에 맞는 전통 수의를 입혀주기 바란다.(　)

6.2 검소한 전통 수의를 선택해 주기 바란다.(　)

6.3 내가 평소에 즐겨 입던 옷으로 대신해 주기 바란다.(　)

7. 관

7.1. 사회적인 위상에 맞는 관을 선택해 주기 바란다.(　)

7.2. 소박한 관을 선택해 주기 바란다.(　)

8. 시신 처리

8.1 화장해 주기 바란다.(　)

8.2 매장해 주기 바란다.(　)

8.3 내가 이미 약정한대로 의학적 연구 및 활용 목적으로
　　기증하기 바란다. (　)

<화장하는 경우 유골은>

① 봉안장 (　)　② 자연장 (　)　③ 해양장 (　)

④ 기 타 (　)

<매장하는 경우>

① 공원묘지 (　)

② 선산(先山) (　)

③ 기타 (　)

9. 삼우제와 사구재

8.1 격식에 맞추어 모두 해 주기 바란다. (　)

8.2 가족끼리 추모하기 바란다. (　)

8.3 하지 말기 바란다.(　)

10. 기타

영정사진, 제단 장식, 배경음악 등에 대한 나의 의견

____

____

____

____

이상은 장례의식과 절차에 대한 나의 바람이니 이를 꼭 따라 주기 바란다.

년　　　월　　　일

작성자 이름　　　　　　　　　　서명

냉철한 머리보다
따뜻한 가슴으로 II

글쓴이 장경식

1판 1쇄 인쇄 2025. 10. 20.
1판 1쇄 발행 2025. 10. 30.

펴낸곳 예지 **| 펴낸이** 김종욱
표지 · 편집 디자인 예온

등록번호 제 1-2893호 **| 등록일자** 2001. 7. 23.
주소 경기도 고양시 일산동구 호수로 662
전화 031-900-8061(마케팅), 8060(편집) **| 팩스** 031-900-8062

© Chang. Kyoung - Sig 2025
Published by Wisdom Publishing. Co.
Printed in Korea

ISBN 979-11-87895-55-8 03680

예지의 책은 오늘보다 나은 내일을 위한 선택입니다.